现代语言学史论集

张春泉　李心释／主编

西南师范大学出版社
国家一级出版社　全国百佳图书出版单位

PREFACE 前言

2016年年初，本论文集的主编之一李心释教授倡议举办一次现代语言学史高端论坛。随后，在学界同人、西南大学文学院众同事的大力支持下，我们于2016年10月28日至30日，在西南大学文学院举办了第一届全国现代语言学史高端论坛。

这次论坛共举办了9场次大会报告、3组小组讨论，来自北京大学、北京师范大学、南开大学、山东大学、华中师范大学、江苏师范大学、南京航空航天大学、扬州大学、安徽大学、武汉大学、四川外国语大学、湖北工程学院、四川文理学院、湖北师范大学、西南大学等全国各地的30余位学者汇聚一堂，就现代语言学史的各个方面充分交流，集众人之智慧，创学术之高远。

我们所理解的“现代语言学史”是一个开放的概念，其外延较为宽泛，可涉及语言理论和应用的方方面面，包括普通语言学和汉语语言学，也包括语音学、语义学、语法学、修辞学等分支领域。我们注重学科交叉融合，重视语言形式、意义与功能的结合，提倡基于语言事实的问题意识和理论创新。

由于与会并提交论文的学者学术背景不尽相同，也因为现代语言学史的某些特定内涵，故收入本论文集的论文覆盖面比较宽，单篇论文的篇幅和表述风格不尽一致。这或许会给读者的阅读造成某些不便，谨请谅解。

CONTENTS

目录

中国传统“正音”观念与正音标准问题①

曾晓渝

（南开大学文学院）

一、引言

汉语自古存在超方言的通用语，即汉民族共同语。早在先秦时期，汉民族共同语被称为雅言。《论语·述而》：“子所雅言，《诗》《书》、执礼，皆雅言也。”郑玄注：“读先王典法，必正言其音，然后义全，故不可有所讳。”（阮元校刻《十三经注疏》，1980：2482~2483）两千多年来，汉民族共同语分别称为雅言、通语、凡语、官话、国语、普通话，传统“正音”观念根深蒂固。

然而，汉语历史上“正音”的标准究竟依据什么，这却是汉语史学界至今争论的焦点问题。平田昌司《文化制度和汉语史》（2016：4~7）指出：自隋代到清末长达一千三百多年的科举制维系着中国的思想、知识体系，《切韵》系统韵书支撑着这个由朝廷管理、全国各阶层士大夫维护参与的文化制度。可是，维护传统制度与适应语言演变，两者的抉择成为传统语言制度的难题。由于存在正音规范能否包容各地方言体系的多

①基金项目：国家社科基金重大项目“基于‘华夷译语’的汉藏语历史研究”（项目编号142DB094）。本文初稿承蒙杨亦鸣教授提出中肯意见，修改过程中承蒙鲁国尧教授热情赐教，也听取了博士生倪博洋的意见，谨此一并致以谢忱！感谢匿名评审专家的中肯意见。

样性、是否代表强势口头语言的问题，因此，一旦开始探讨标准口语问题，我们很快就会陷入困境。

如何才能走出汉语史“正音”问题的困境呢？笔者以为须从如下根源问题思考。

其一，相对于世界语言文字的历史，汉语史上“正音”意识凸显是相当独特的，这与记录汉语的汉字性质密切相关。方块汉字是一种表意注音的音节文字，一字一词（或语素）是其显著特点，而字音则相对隐性，不同于拉丁文等西方表音文字。因而，自从秦始皇统一中国“书同文”以来，伴随汉字超方言优越性的是其“正音”问题。

其二，传统“正音”观念主要涉及汉字读音的规范，这其中有两层关系：书面读书音与口语通用雅音的关系，历代文人致力于此；通语读音与方言读音的关系，这并非汉字读音规范主流，方言读音差异无碍字义理解，必要时造方言俗字即可。

其三，学者们在争论“正音”时，各自对“正音”的理解存在差异，并且研究材料与研究目的存在矛盾。由于古代汉语普遍存在读书音与口语音之别，而传统“正音”观念多重含义交错，读书音、口语音所指模糊，对此学者们往往缺乏清晰认识。另外，当今学者的研究目的一般都指向标准口语音，可纯粹记录口语音的历史资料十分匮乏，这就形成了矛盾：主要利用具有读书音性质的韵书韵图资料，却要力求说清楚古代实际口语标准音。

汉语史的“正音”标准问题不可忽视，这直接关涉汉语语音史研究的思路方法，影响现代研究者对不同时段、不同区域汉语语音历史演变的合理解释，故写此小文，希望与同行学者共同探讨。

二、历代韵书的读书音、通用雅音性质特点分析

学界关于正音标准问题的争论主要围绕历代代表性韵书展开，这是因为古代韵书基本上都是规范字音的工具书，而韵书作者规范字音的标准是他们心目中的“正音”。换言之，自从有了韵书，传统“正音”观念才真正落到了实处。因此本文从历代重要韵书的性质特点开始讨论。

表1. 文中相关术语说明表（“+”是；“-”否）

		保守存古	跨地域交际	上层交际	跨阶层交际	备注
读书音						随时代逐渐改进
口语音	通用雅音	+	-	-	-	多少夹带读书音
	通用俗音	-	+	+	+	
	方言雅音	-	-	+	+	受通用雅音影响
	方言俗音	-	-	-	+	

（一）正统地位韵书的读书音性质

1.《切韵》《广韵》系韵书

《切韵》（陆法言等601）、《广韵》（陈彭年等1008）系韵书的性质学界历来有争论，各种观点简要概括为四种：（1）长安音（高本汉1987[1953]：2）；（2）洛阳音（陈寅恪1992[1949]：298）；（3）是根据南方士大夫的雅言、书音，折衷南北异同而定的（周祖谟2000[1966]：174）；（4）是兼采古今方国语音的综合音系（张琨1979，邢公畹1982：64）。笔者曾撰文强调过“《切韵》音系具有异质程度较高的综合性质”（曾晓渝，刘春陶2010）；现在鉴于作者陆法言编著《切韵》的直接缘由是“私训诸弟，凡有文藻，即须声韵”，进一步明确认为《切韵》系韵书，只适用于读书音。

2.《礼部韵略》《集韵》

《礼部韵略》(丁度等1037)是宋代礼部科举考试所用的官韵范本，简称《韵略》。该书在韵书史上影响颇大，金人王文郁《平水新刊韵略》(1229)和南宋刘渊《壬子新刊礼部韵略》(1252)都是在《礼部韵略》206韵基础上进一步归并韵部，“以省重复”。

《集韵》(丁度等1039)，当时因宋祁、郑戬上书皇帝，批评《广韵》“多用旧文，繁简失当，有误科试”，同时贾昌朝也上书批评《韵略》“多无训释，疑混声、重叠字，举人误用”(王应麟《玉海》)。于是宋仁宗令丁度等人重修这两部韵书，编成《集韵》。《集韵》分韵的数目和《广韵》全同，只是韵目用字，部分韵目的次序和韵目下面所注的同用、独用的规定稍有不同。与《广韵》相比较，《集韵》切语用字有一些改动，这是其吸收时音的体现。此外，《集韵》收字多，而且收了不少古字、异体字。《礼部韵略》《集韵》均为当时科举考试服务，体现读书音系。

3. 平水韵

平水韵在韵书史与文化史上影响深远。“平水韵”一指南宋刘渊《壬子新刊礼部韵略》(1252)，该书依据《广韵》韵目下所注的“同用”归并韵部，得108韵，后又将去声证韵合并到径韵里，最终得出107韵。另一指金人王文郁《平水新刊韵略》(1229)为代表的韵书，该派韵书将上声拯韵并入迥韵，得106韵。宁忌浮(2016:62)继承清代钱大昕的说法，认为刘书是王书的翻刻本。

《广韵》韵目的“同用”“独用”规定可能早在唐代开元五年(717)至天宝十四年(755)就已经有了(王兆鹏2004:199,219;平田昌司2016:13)，“同用”可能有唐代实际语音的基础。可是，平水韵遵守《广韵》“同用”的原则合并相邻韵部，却未将金元时期读音相同的韵部如“江”“唐”“阳”合并，亦未将一些实际读音相去较大的如“元”“魂”“痕”韵拆开，可见平水韵与口语有较大差异。既然如此，平水韵无疑是读书音系。

4.《五音集韵》《古今韵会举要》

(1)《五音集韵》

《五音集韵》又名《改并五音集韵》(韩道昭1208),据宁忌浮(2016:13~49)研究,该书在韵书史上的重要影响体现在:率先简化《切韵》系韵书的206韵为160韵,它不遵守唐宋人在韵书的韵目下注明同用、独用的条例,而是按实际语音加以合并;用36字母标注小韵,为每一韵的字注明其所属声纽,开创了韵书编纂的新局面;某些同音字反映当时北音全浊声母清化、影喻母混、入声消变现象。但是,作者恪守“随乡谈无以凭焉,逐韵体而堪为定矣”的条例,如东韵、尤韵强行立微母等,因此《五音集韵》音系基础是读书音。

(2)《古今韵会举要》

《古今韵会举要》(熊忠1297)是对《古今韵会》(黄公绍1292之前)删繁举要而成。此书将《礼部韵略》的206韵合并成107韵,并主要收录了《集韵》的反切。《古今韵会举要》的革新精神主要体现在:字音详注7音,并注发音方法清音、次清音、浊音、次浊音等,如“公,沽红切”,后注“角清音”,实际表明了声母类别;各韵所收的字分为不同的“字母韵”,其大多以韵母为区别;三种入声韵尾界限被打破,-p、-t、-k尾往往归同一“字母韵”,显示元代入声演变情况。该书沿用中古韵书编纂体例,审音精当,注释宏富(宁忌浮2016:10),其音系基础是当时的读书音。

5.《洪武正韵》

《洪武正韵》(1375)是明代皇帝朱元璋命乐韶凤、宋濂等编纂的国家韵书。宋濂序写明撰作原则“壹以中原雅音而定”,从1375年初版的76韵本,到1379年重修出版的80韵本,可以看出作者们在力求依据“中原雅音”(通用口语雅音)调整韵部、部分浊音清化等,但整个音系格局却因袭传统韵书,入声韵调独立,平声不分阴阳,保留全浊声母等(宁忌浮

2009:19~49),这些特点表明《洪武正韵》本质上是与当时口语通用雅音有相当距离的读书音。

(二)反映时音类韵书的通用雅音共性

1.《中原音韵》

元代的《中原音韵》(周德清1324)作为我国第一部曲韵韵书,曲韵比诗韵更接近口语,所以在相当程度上反映了元代"中原之音"的特点,即:平分阴阳,浊上变去,入派三声(全浊入声归阳平、清入声归上声、次浊入声归去声),浊音清化,入声韵塞音尾消失。但是,《中原音韵》中的入声字全部单列于相关阴声韵部的阳平、上、去三声之后,而且,作者周德清多次提及入声字用法:"入声作三声者,广其押韵,为作词而设耳。毋以此为比。当以呼吸言语还有入声之别而辨之可也。"(1982[1324]:212~213)。因此,"中原之音"里是否有入声,学者们至今观点不一。杨耐思(1981:49)认为还有入声;薛凤生(1999:71)认为《中原音韵》所依据的口语音里已无入声调了,但当时的读书音可能有入声;张玉来(2010,2012)认为当时北方共同语音系有阴平、阳平、上声、去声、入声五个调类;宁忌浮则认为已无入声了(2016:274)。

可见,《中原音韵》入声字单列,又将入声分派在阳平、上声、去声之后,这表现出作者在处理口语雅音与读书音时的纠结心态。

2.《韵略易通》

明代兰茂的《韵略易通》(1442)以一首《早梅诗》概括出20个声类,音系中浊音清化、平分阴阳、浊上变去等反映了北方官话通语的语音特点。但是,书中入声调、入声韵独立,而且-p、-t、-k尾分列,这些又反映出作者对读书音的保守(张玉来1999:29,宁忌浮2009:189)。之后本悟的《韵略易通》(1586)是兰茂本的续刻修改本,其中"重×韵"反映了云南官话-m>-n，an/aŋ、in/iŋ 有混，无撮口呼，入声韵合流的特点（张玉来 1999:49，宁忌浮 2009:190）。但是，本悟将《早梅诗》改成了36字母，而其中的全浊声母配列于送气清音，难以反映官话浊音清化“平送仄不送”的实际情况。

3.《重订司马温公等韵图经》和《合并字学集韵》

《重订司马温公等韵图经》（徐孝 1602）和《合并字学集韵》（徐孝，张元善 1606）分别是《合并字学篇韵便览》的韵图、韵书部分，反映了明代北京话语音特点：全浊声母清化，分尖团，知照合；-m>-n、-n -η 分明，无入声韵；平分阴阳，浊上归去，全浊入归阳，次浊入归去；清入归去（其中部分有阴平、上声的又读）。（郭力 2003:33~77，宁忌浮 2009:243~259）《重订司马温公等韵图经》《合并字学集韵》基本没有受到著者徐孝（河北保定完县人）、张元善（河南商丘永城县人）家乡音的影响，但是韵图虚设“敷、微”声母的存古现象（郭力 2003:106），则明显受读书音影响。

4.《西儒耳目资》

金尼阁所著《西儒耳目资》（1626）综合了明代中原、江淮官话的特点，基本反映了明代官话（口语通用雅音）的特点，主要理据如下表。

表 2.《西儒耳目资》音系特点对比表

<table>
<tr><td rowspan="2">音系</td><td>声母</td><td colspan="3">韵母</td><td colspan="2">声调</td></tr>
<tr><td>①庄组内转归精</td><td>②-m >-n</td><td>③-n-η 有混</td><td>④有入声韵</td><td>⑤浊上归去</td><td>⑥有入声调</td></tr>
<tr><td>北京官话</td><td rowspan="2">-</td><td rowspan="2">+</td><td rowspan="2">-</td><td rowspan="2">-</td><td rowspan="2">+</td><td rowspan="2">-</td></tr>
<tr><td>中原官话</td></tr>
<tr><td>江淮官话</td><td>+</td><td>+/-</td><td>+</td><td>+</td><td>+</td><td>+</td></tr>
<tr><td>《西儒耳目资》</td><td>+</td><td>+</td><td>-</td><td>-</td><td>+</td><td>+</td></tr>
</table>

上表中明代北京官话据《重订司马温公等韵图经》（徐孝 1602），中

原官话据《交泰韵》(吕坤1603),江淮官话据《书文音义便考私编》(李登1586)。(详见曾晓渝2014)

但是,《西儒耳目资》里全浊上声仍归上声。对此,金尼阁(1957[1626]:4)解释:"或问间有半圈在几字之上何?盖因多字之音,古今不同。假如'似'字古音为上,今读为去,音韵之书从古,愚亦不敢从今,故表以半圈指之,然此类多在上声。"另外,据张维佳、郭书林(2011:297,307)对《西儒耳目资》的异读研究,发现相当多的异读源自《广韵》音切。连外国传教士也称"音韵之书从古,愚亦不敢从今",可见读书音的影响之大。

5.《李氏音鉴》

《李氏音鉴》(李汝珍1810)是以18世纪末的北京语音为基础的,但书中韵图反映的音系又包含有下江官话的特点,比如有入声调。所以,对于《李氏音鉴》的性质,学界有"北音与吴音的综合"(胡适,钱玄同1979[1942]),"北方官话与下江官话的折中体系"(史存直1985),"李氏的书在一定程度上反映了当时的实际读音,但他为了包括南北方音,所以他的韵图所表现的就不是单一音系"(李新魁1983)等不同看法(转引自杨亦鸣1992:34~37,197)。《李氏音鉴》卷六《字母五声图》里入声和阳声韵相配,并非当时北京的实际口语音,而是为诵读和写作诗赋需要而设置的读书音(杨亦鸣1992:108~110)。

6.《韵籁》

《韵籁》(华长卿1889)是清末有关天津话的一部韵书。书中描写了当时天津话的特点:知庄章组部分字与精组字混,尖团音不分,-m>-n,"儿"韵字音[ɚ]等。但是,作者又说明"编中改移之韵概遵《阐微》定音,俾归画一",即遵照反映清代读书音的官修韵书《音韵阐微》(李光地,王兰生1726)。因此,《韵籁》中"浊上归上"、入声字单列这些特点与清末天津话实际情况相距甚远(曾晓渝2015)。

(三)小结

历史上正统地位的韵书都具有读书音性质,这是由科举考试制度决定的,同时古代诗文的吟诵也客观需要使用读书音;而历史上有影响的时音类韵书则一般具有通用雅音的共性。

读书音与口语通用雅音并非截然对立。读书音虽然相对保守存古,但不得不随实际口语的变化而逐渐改进;口语通用雅音的基础音会倾向于各朝代的都城音,但又或多或少夹带读书音,正因为此才称其为雅。

三、历史上正音标准问题剖析

(一)有关正音标准的历史记载

明确提及正音标准的历史记载很少,历代相关文献摘录并说明如下。

北齐颜之推《颜氏家训·音辞篇》:“……自兹厥后,音韵锋出,各有土风,递相非笑,指马之喻,未知孰是,共以帝王都邑,参校方俗,考核古今,为之折衷,搉而量之,独金陵与洛下耳。”周祖谟补注:“金陵即建康,为南朝之都城。洛下即洛阳……为魏晋后魏之都城。盖韵书之作,北人多以洛阳为主,南人则以建康音为主。”(引自洪诚《中国历代语言文字学文选》,1982:138~140)颜之推观念中的正音兼南方金陵音和北方洛阳音。

北宋寇准与丁谓论正音:“寇莱公与丁晋公同在政事堂。一日,论天下语音何处为正,莱公言:‘西洛人得天下之中。’丁曰:‘不然,四远皆有方言,唯读书人然后为正。’”(明陶宗仪《说郛三种》卷五《谈选》)同为北宋重臣,寇、丁二人的正音观点却不同,一个认为是洛阳音,一个认为是读书音。

南宋陆游《老学庵笔记·卷六》:“四方之音有讹者,则一韵尽讹。……中原惟洛阳得天下之中,语音最正,然谓‘紘’为‘玄’、谓‘玄’为‘紘’,谓‘犬’为‘遣’、谓‘遣’为‘犬’之类,亦自不少。”陆游认为洛阳音最正,但是洛阳音中也存在不少读音不准的问题,如“紘/玄”“遣/犬”开合相混。

南宋陈鹄《耆旧续闻·卷七》:“乡音是处不同,唯京都天朝得其正。陆德明作《释音》,韵切亦多浙音。”同样是南宋文人,陈鹄认为正音在京都开封。

元代周德清《中原音韵》(1324):“惟我圣朝兴自北方,五十余年,言语之间,必以中原之音为正。”但是,周德清对于“中原之音”里是否有入声却含糊其词。

明代宋濂《洪武正韵·序》(1375):“……钦遵明诏,研精覃思,壹以中原雅音而定。”(引自宁忌浮2003:164~165)虽然《洪武正韵》明确以“中原雅音”为标准,但是皇帝朱元璋因“尚有未谐叶者”(1379)、“字义音切未能尽当”(1390)一再命令修改。(引自宁忌浮2009:19)《洪武正韵》从76韵本到80韵本,前后两届可谓精英的编纂者不敢不尽力,可还是令皇帝朱元璋不满,根源在于他们陷入是依据口语通用雅音还是传统读书音的两难处境。

明代章黼《韵学集成·凡例》(1460)第四条:“中原雅音以浊音字更作清音及无入声。”(引自宁忌浮2009:45)由此可知当时的“中原雅音”里已经浊音清化,而且没有入声韵了。不过,章黼的《韵学集成》与《洪武正韵》音系一样,保留了全浊声母和入声韵,与实际口语通用雅音大相径庭。

明代西方传教士利玛窦、金尼阁《利玛窦中国札记》(中华书局1983:30,388,391)中记述:“除了不同省份的各种方言,也就是乡音之外，还有一种整个帝国通用的口语，被称为官话，是民用法庭用的官方语言。懂得这种通用的语言，我们耶稣会的会友就的确没有必要去学他们工作所在的那个省份的方言了。”1600年，利玛窦等从南京启程到北京，一位身居要职的太监“把他在南京买的一个男孩儿作为礼物留给了神父们，他说他送给他们这个男孩儿是因为他口齿清楚，可以教神父纯粹的南京话”。根据这些记述，似乎“南京话”是当时通用口语官话的标准音，否则神父不会学习“纯粹的南京话”。但实际上金尼阁《西儒耳目资》(1626)音系并非记录的南京方言(曾晓渝2014,2016)。

清初顾炎武《日知录》卷二十九《方音》(1670):“五方之语虽各不同，然使友天下之士而操一乡之音，亦君子之所不取也。……邺下之士音辞鄙陋，风操蚩拙，则颜之推不愿以为儿师。是则惟君子为能通天下之志，盖必自其发言始也。”顾炎武认为君子不能操乡音，但他并未点明何为正音，这在他学生潘耒的著作《类音》中可以有所了解。

清代潘耒《类音》卷一《南北音论》(1712):“……将勒成一书公之天下，欲使五方之人去其偏滞，观其会通，化异即同于大中至正而已矣。或曰：‘河洛天地之中，雅音声韵之正，子居吴会而成一家言，其得为中正乎？’曰：‘不偏之谓中，均齐之谓正，非疆域之谓也。……将以晓天下曰《类音》之音，非南音非北音，乃人人本有之音也。’”(笔者据国家图书馆所藏《类音》版本抄录)可见，潘耒并不认为河洛音为正，而是以兼容南北之音的读书音为正。所以，虽然《类音》在反映口语上如对明确开齐、合撮、四呼概念有重要贡献，但为了保留读书音，其音系中全浊声母、入声韵仍都具备。

清代罗愚整理刊表的《切字图诀》(1767)中说明：“采见溪群疑诸母为三十六母切读，摄以开合呼，正以中州音。”(李新魁1980)《切字图诀》音系采用有全浊声母的36字母，分平、上、去、入四声(参见李新魁，麦耘1993:84)，这与所谓“正以中州音”是相矛盾的。

清后期裕恩《音韵逢源》(1840),其兄裕禧为之作序:“五弟容斋以手订《音韵逢源》一书见贻,公余多暇反复推求其法……虽向之有音无字者亦可得其本韵,天地之元声于是乎备矣。惜其不列入声,未免缺然。问之则曰:‘五方之音清浊高下各有不同,当以京师为正,其入声之字或有作平声读者,或有作上、去二声读者,皆分隶于三声之内。’”由这段序言可知,清后期北京话语音渐为正音,口语中已经入派三声。此书不列入声却令裕禧感到缺然,显然当时文人更看重延续传统读书音系的《音韵阐微》(李光地,王兰生1726)。

德国学者甲柏连孜(1881[2015]:17):“汉语方言中,以官话传播最广、声望最高。……官话分为三种次方言:一,南官话,也称正音,意思是正确的发音,其中心区域在南京,近代经受了一些蜕变;二,北官话,其最主要的形式是京话……三,西部官话,其中心区域在成都府,即四川的省府。”

(二)历代“正音”标准不一问题解析

从前面所列材料可以看出,“正音”观念历代都存在,但具体标准差别较大,例如:有的指某处口语音,有的指非南非北的读书音;标准区域宽泛(如“金陵与洛下”“中原雅音”“中州音”);所定标准与实际音系相差甚远(如《洪武正韵》音系并非“壹以中原雅音而定”)。之所以存在这些差异,其根本原因分析如下。

首先,读书音的标准具有主观性。《切韵》由颜之推等“我辈数人定则定矣”;各种韵书也都按作者各自的理想标准编写,导致即使同时代的“正音”韵书也有相当差异。

其次,口语通用雅音的标准具有动态弹性。虽然总体倾向于首都音或权威性方音,但缺乏约束力,加上各地方言差异和语言接触,通用雅音在实际口语中难以一致。

再次，无论是读书音还是口语通用雅音的标准，都存在观念上保守传统与客观上适应语言演变的矛盾，这与中国古代文化制度、客观社会条件限制直接相关。

（三）对近代官话标准音之争的反思

一般说来，某一时期的通用语标准音是以政治文化中心地区的方音为基础，因此，中国历史上首都的长安音、洛阳音、汴京音、北京音、南京音都可能分别是历代“正音”的基础方音。但实际并不这么简单，比较突出的是近代汉语标准音问题。

1. 明代通用官话的基础方言

关于明代官话的基础方言，存在截然不同的观点：（1）以鲁国尧（2007）、张卫东（2014）为代表，肯定明代官话以南京话为基础方言；（2）以麦耘、朱晓农（2012）为代表，明确指出“南京方言不是明代官话的基础”，“南京官话是中原书音在南方的地域变体”。

对于上述争论，何九盈（2015：165~172）指出：“‘明代官话的基础方言是什么？’这个问题本身就不能成立，无法回答，且有以今律古之嫌。我们现在全国只有一种普通话，是法定的，有明确的基础方言、语音标准。明代，乃至清代就不是这样了。明代有南京官话、中原官话、北京官话……论地位，北京官话、南京官话最为重要。当我们回答官话的基础方言是什么时，要看你问的是哪一种官话。……请注意，我的论点是：‘官话的性质是一回事，官话的地位又是一回事。性质决定于基础方言，地位取决于政治，更取决于文化。’如果把地位和性质搅和在一起，就会得出这样明显背于事理的结论：‘明代官话的基础方言未必以北京音为标准；明代的汉族共同语即官话是有入声的。’明代至清初，南京官话的地位高于北京官话……北京是政治中心，南京是文化中心。”

笔者认为，明代官话基础方言之争，实质是明代官话“正音”之争。所谓“正音”，即权威性官话方音，主要体现于口语雅音。尽管现代学者讨论“正音”问题时可能自觉不自觉地以今律古，但“明代官话的基础方言”这个问题本身客观存在，因为明代客观存在全国通用官话，当时来华传教士力求要学全国通用的“南京官话”。不过，明代的南京指的是南直隶，区域覆盖今江苏省和安徽省，明代的南京官话并非现代意义的南京方言；通过对域内外明代官话材料的分析研究，当时通用官话（口语雅音）的基础音系实际上是中原官话与江淮官话的融合体（曾晓渝2016）。

2. 北京音何时成为近代官话的标准音

北京话语音什么时候开始被确立为全国通用语标准音的地位，是元代，明代，还是清代？一直以来学界这几种观点都有，尚无定论。这里有必要了解，日本从江户时代（1603—1868）及明治前期，汉语学所教授的汉语主要是南京官话，直到明治9年（1876）才转而主要学习北京官话（六角恒广1988：122，陈晓2018：91）。也就是说，直到清代后期日本汉语教学才由南京官话转为北京官话。另外，根据德国学者甲柏连孜（1881[2015]：17）记述：“北官话，其最主要的形式是京话。这种官话广为人们接受，似乎有望成为胜出者。官员们优先考虑讲的，来华欧洲外交人士学习的，都是这种官话。”由此可见，时至清中期，北京音尚未取得权威性官话方音的地位。

近代通用官话究竟以南京音还是北京音为标准的争论，实质是对“正音”、通用语基础音更替的认识问题，实际情况很可能是：明清时期读书音、通用口语雅音倾向于有入声的南官话（南京音为代表），北京音到清末才成为全国通用语的标准。

四、结语

自秦朝"书同文"至今两千多年来,汉字超方言的优越性得以充分发挥,而伴随的是历朝历代知识精英为"语同音"不懈努力及传统"正音"观念的确立。因此,汉语语音史研究绕不开历代"正音"标准问题。

现代汉语普通话标准明确,基本实现了读书音与口语音一致,雅、俗差异不大,这样的现实很容易使现代学者忽略古代"正音"问题的复杂性,在研究古代韵书音系时往往以今律古,以至产生疑惑和争议。对此,须明了以下几点。

第一,在共同的"正音"观念下,汉民族共同语的历史并非单线发展,而是雅言与俗语、文言与白话、正式语体与口语语体等多重并行;就语音而言,则存在读书音与口语音、通用音与方音、雅音与俗音的差别。而历代传统"正音"观念差别界限模糊,标准不一。

第二,古代文人"正音"观念根深蒂固,崇尚读书音;从隋唐到清末,读书音以《切韵》音系为基础,各种韵书都或多或少带有人为规范的读书音色彩。这既是由科举制所决定的,也是读诵写作诗赋的客观需要。因此,囿于正音观念,古代诗赋的押韵及韵书音系,一般不反映作者籍贯地方言音系,不过有可能自觉不自觉带有零星方言时音特点。

第三,凡历史上有重要影响的韵书均起汉字正音规范作用。可是,这些韵书的编撰者,有的倾向于保守遵从传统读书音,有的偏重于口语通用雅音,有的则力求二者兼顾,这在客观上就造成"正音"所指究竟是书面"读书音"还是口语"通用雅音"之间的纠缠不清。

第四,近代反映时音的韵书一般反映通语口语雅音,甚至清末传教士用注音字母记录的《西蜀方言》(钟秀芝 1900)亦反映当时成都话"有入声调、声母分平翘分尖团"的口语雅音特点(曾晓渝 2018)。随着清末科举考试制度被取缔(1905 年之后),同时兴起的"国语运动"倡导"言文一致”，口语雅音彻底失去了存在的根基，因而自20世纪初期开始，通用口语的雅俗之别逐渐消失。

参考文献

[1]陈晓.基于清后期至民国初期北京话文献语料的个案研究[M].北京:北京大学出版社,2018.

[2]陈寅恪.陈寅恪史学论文选集[M].上海:上海古籍出版社,1992.

[3][瑞典]高本汉.中上古汉语音韵纲要[M].聂鸿音译.济南:齐鲁书社,1987.

[4]郭力.古汉语研究论稿[M].北京:北京语言大学出版社,2003.

[5]何九盈.中国现代化进程中的语文转向[M].北京:语文出版社,2015.

[6]洪诚选注.中国历代语言文字学文选[M].南京:江苏人民出版社,1982.

[7][德]甲柏连孜.汉文经纬[M].姚小平译.北京:外语教学与研究出版社,2015.

[8][法]金尼阁.西儒耳目资[M].北京:文字改革出版社,1957.

[9]李新魁.论近代汉语共同语言的标准音[J].语文研究,1980(01).

[10]李新魁,麦耘.韵学古籍述要[M].西安:陕西人民出版社,1993.

[11][意]利玛窦,[法]金尼阁.利玛窦中国札记[M].何高济,王遵仲,李申译.北京:中华书局,1983.

[12][日]六角恒广.中国语教育史の研究[M].东京:日本东方书店,1988.

[13]鲁国尧.研究明末清初官话基础方言的廿三年历程——“从字缝里看”到“从字面上看”[J].语言科学,2007(02).

[14]麦耘,朱晓农.南京方言不是明代官话的基础[J].语言科学,2012(04).

[15]宁忌浮.洪武正韵研究[M].上海:上海辞书出版社,2003.

[16]宁忌浮.汉语韵书史·明代卷[M].上海:上海人民出版社,2009.

[17]宁忌浮.汉语韵书史·金元卷[M].上海:上海人民出版社,2016.

[18][日]平田昌司.文化制度和汉语史[M].北京:北京大学出版社,2016.

[19]王兆鹏.唐代科举考试诗赋用韵研究[M].济南:齐鲁书社,2004.

[20]邢公畹.汉语方言调查基础知识[M].武汉:华中工学院出版社,1982.

[21]薛凤生.汉语音韵史十讲[M].北京:华语教学出版社,1999.

[22]杨耐思.中原音韵音系[M].北京:中国社会科学出版社,1981.

[23]杨亦鸣.李氏音鉴音系研究[M].太原:山西人民教育出版社,1992.

[24][日]远藤光晓.近150年来汉语各种方言里的声调演变过程——以艾约瑟的描写为出发点[A].[日]远藤光晓,[日]石崎博志.现代汉语的历史研究[C].杭州:浙江大学出版社,2015.

[25]曾晓渝,刘春陶.《切韵》音系的综合性质再探讨[J].古汉语研究,2010(01).

[26]曾晓渝.《西儒耳目资》音系基础非南京方言补证[J].语言科学,2014(04).

[27]曾晓渝.修改本《韵籁》内容初探[A].[日]远藤光晓,[日]石崎博志.现代汉语的历史研究[C].杭州:浙江大学出版社,2015.

[28]曾晓渝.明代南京官话性质考释[J].语言科学,2016(02).

[29]曾晓渝.《西蜀方言》的音系性质[J].方言,2018(03).

[30][美]张琨.《切韵》的综合性质[A].中国社会科学院民族研究所语言室.民族语文研究情报资料集(四)[C].北京:中国社会科学民族研究所,1984.

[31]张维佳,郭书林.《西儒耳目资》的异读[A].张渭毅.汉声:汉语音韵学的继承与创新(上)[C].北京:中国文史出版社,2011.

[32]张卫东.论与南京话、明代官话历史相关的几个问题[A].郭锡良,鲁国尧.中国语言学:第七辑[C].北京:北京大学出版社,2014.

[33]张玉来.韵略易通研究[M].天津:天津古籍出版社,1999.

[34]张玉来.《中原音韵》时代汉语声调的调类与调值[J].古汉语研究,2010(02).

[35]张玉来.《中原音韵》所依据的音系基础问题[J].语言研究,2012(03).

[36]周祖谟.切韵的性质和它的音系基础[A].周祖谟.文字音韵训诂论集[C].北京:北京大学出版社,2000.

[37]〔宋〕陈彭年等.宋本广韵[M].北京:北京市中国书店,1982.

[38]〔宋〕陆游.老学庵笔记[M].北京:中华书局,1979.

[39]〔宋〕陈鹄.西塘集耆旧续闻[M].北京:中华书局,2002.

[40]〔元〕周德清.中原音韵[A].中国戏曲研究院.中国古典戏曲论著集成一[C].北京:中国戏剧出版社,1959.

[41]〔明〕陶宗仪等.说郛三种[M].上海:上海古籍出版社,1989.

[42]〔清〕顾炎武.日知录[M].上海:上海古籍出版社,2006.

[43]〔清〕阮元校刻.十三经注疏[M].北京:中华书局,1980.

[44]〔清〕裕恩.音韵逢源[M].北京:首都师范大学出版社,2015.

延展性:音核与音段的必要属性
——兼论音节观念的嬗变[①]

陈保亚　陈　樾

(北京大学中国语言学研究中心　美国迈阿密大学数学系)

一、音节的必要性

音节是语言音响链条中的自然单位,是母语者最容易感知到的两种语音单位之一,另一种是韵(rhyme)。所谓最容易感知,严格地说是指发音人能否判定同一性。发音人最容易判定的同一性是两个最小的可以单说的形式是否读音相同,比如"头、手"很容易断定是两个不同的音节,但要断定声母是否相同,则需要确定韵母是否同一。这是一个非常困难的问题,因为韵母不单说,这就只能依靠押韵来断定这里的韵母是否同一。但是,像"字"和"记"的韵母是否同一,就不容易让发音人给出明确的回答。尽管如此,"字"和"记"发音人可以确定是不同的音。

以上是从田野调查的角度确定音节的必要性。从生成规则的角度看,后结构语言学和生成音系学早期的SPE理论基本上抛弃了音节这一单位。在后生成音系学理论中,音节的地位又得到恢复,这说明音节这

①本研究得到2018年教育部基地重大项目"语言变异和接触机制研究"、2013年国家社科基金重点项目"基于严格语音对应的汉语与民族语言关系字专题研究"(项目编号:13AZD051)、北京大学翁洪武原创科研基金的支持。

一单位确实是必要的，否则不能说明很多语言规则。比如：

VNN		NVN
碎纸机	*粉碎纸张机	纸张粉碎机
修车厂	*修理汽车厂	汽车修理厂

这里语序转换的机制是什么，引起了广泛的讨论，但规则是明确的，即音节的数量在起作用："碎、纸"都是单音节，采取VNN形式，"粉碎、纸张"都是双音节。又比如：

老陈　　老张　　老李　　？老端木　　？老欧阳

单音节姓氏能进入"老X"，双音节姓氏不能。

上声变调也是以音节为条件的，无论是单语素音节还是多语素音节：

手小　　碗小　　碗儿小

"碗儿"尽管是两个语素，但仍然是一个音节，上声变调在这个音节上发生，而不是在两个语素上发生。音节概念在后来的非线性音系学中有很重要的作用，很多音系规则都以音节的识别和音节的性质为前提。

但是，判定音节是一个很复杂的问题，前人已经提出了一些判定原则，解决了一些问题，但并没有从根本上解决问题，这是后结构语言学和生成音系学SPE理论抛弃音节的主要原因之一。由于音节在解释很多音系规则时有很重要的作用，非线性音系学从更高的理论角度重新启用了音节，并且给音节以非常重要的地位，但仍然没有给出判定音节的标准，只得承认音节是一个非实体单位（王洪君1999：109）。既然非线性音系学有很多音系规则依赖音节概念，又不能给音节一个严格的定义或判定标准，这使得很多工作不能深入下去。音节并不是非实体单位，其实体性比音段要强得多。在语言调查中我们注意到，母语者判定一个音段序列有多少音节是比较一致的，尤其是在作诗或编歌词的时候能够断定两个音段序列的音节数是否相同，在给音符填词的时候能判定音节的数量（关于这一点后面还要讨论）。

索绪尔（Saussure）很早就注意到了音节的重要性和比较容易辨认的性质。索绪尔（1916）说："这种音位学的方法有一点是特别欠缺的：它过分忘记了在语言中不仅有一个个音，而且有整片说出的音；它对于音的相互关系还没有给以足够的注意。我们首先接触的不是前者，音节比构成音节的音更为直接。我们已经看到，有些原始的文字是标记音节单位的，到后来才有字母的体系。"

从田野调查的情况看，一个语言的音节数量是比较明确的，尤其是声调语言，但音位、音段、音子则由于记音宽严不同或归纳音位的宽严不同，数量很不确定。可以说，音节是音段分析的基础。

但是，音节的判定也存在一定的问题，尤其是音节内没有声调的语言。以英语为例，根据英语母语者安义宣的语感[①]：

表 1. 英语母语者的语感

<table>
<tr><th>例词</th><th>词典：音节数量</th><th>词源推测</th></tr>
<tr><td>fire</td><td>1</td><td rowspan="7">纯名词/动词形式？</td></tr>
<tr><td>wire</td><td>1</td></tr>
<tr><td>hire</td><td>1</td></tr>
<tr><td>pyre</td><td>1</td></tr>
<tr><td>sire</td><td>1</td></tr>
<tr><td>shire</td><td>1</td></tr>
<tr><td>dire</td><td>1</td></tr>
</table>

①发音人安义宣：北京大学硕士研究生。

续表

例词	词典:音节数量	词源推测
crier	2	名物化:动词/名词+反缀？例外？prior,friar,brier
liar	2	
prior	2	
friar	2	
fryer	2	
buyer	2	
brier	2	
higher	2	

音节的概念如此重要,又有如此一致的认同基础,但确定音节数量却有差异,这就有必要给音节一个严格的判定标准或定义。我认为判定音节的困难主要有4个方面:

(1)一个音段序列中有几个音节;

(2)每个音节的核心是什么;

(3)音节中音段的分布顺序是什么;

(4)音段序列中音节的分界线在哪里。

以上4个问题是相互关联的,但不是同一个问题。如果断定一个序列有几个音核,就等于断定了有几个音节。反过来,如果断定了一个序列有几个音节,也就断定了有几个音核。不过断定一个序列是一个音节并不等于锁定了该音节中音核的位置。这需要解决第3个问题。前面3个问题即使得到解决,也并不等于第4个问题得到了解决。下面先讨论已有标准在解决上面4个方面问题时的得失,再提出我们的一些解决办法。

二、响度理论

历史上关于音节的确定,有过元音理论、紧张理论、搏动理论和内爆理论等,但这些理论的可操作性都比较低。

目前影响比较大的是响度理论。早在19世纪末,欧洲学者讨论过响音和音节的关系。叶斯泊森(Jesperson1913:13,12,191)是从响度判定音节的早期代表人物,他把语音的响度分成8个等级:

(1)	不带声(a)爆发音	[p,t,k]
	(b)摩擦音	[f,s,ㄨ,x,]
(2)	带声爆发音	[b,d,g]
(3)	带声摩擦音	[v,z,↗,Ä]
(4)	带声(a) 鼻音	[m,n,.˙]
	(b) 变音	[l]
(5)	带声各种r音	
(6)	带声闭元音	[y,u,i]
(7)	带声半开元音	[˙.,o,e]
(8)	带声开元音	[,∵,a,≙]

其中数字越大,响度越大。索绪尔对这种理论提出过质疑(Saussure1916:83,92)。帕默尔(1936)在叶斯泊森(1913)的基础上给出了一个音节定义,是相当有解释力的:"代表响度的峰的就是音节的音。"

根据这一定义,帕默尔断定英语animal有三个音节,因为有三个响度峰:

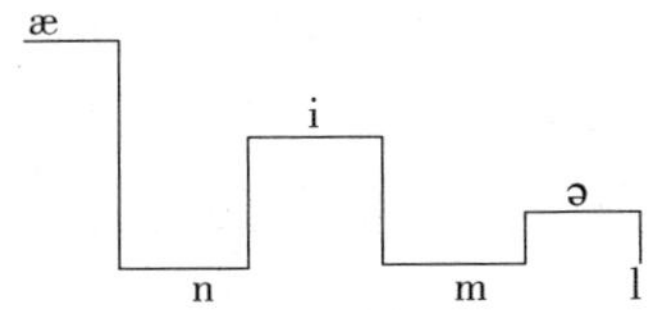

叶斯泊森和帕默尔的工作基本上奠定了音节响度理论的基础。后来的学者把音节响度理论更细化了，尤其是区别了核心音节和边际音节，解决了很多早期响度理论遇到的例外。这方面讨论最深入的是响度顺序原则（sonority sequencing principle）。响度顺序原则最早由Selkirk（1984）加以表述，他认为音节的核心响度最高，往两端的响度依次降低。响度顺序原则不容易量化，一般公认为响度顺序由高到低为元音、半元音、流音、鼻音、阻塞音。Clements（1990）提出了更细的标准，但问题还没有最终解决。不过元音作为核心，应该是没有问题的。概括地说，音节响度理论认为音段的响度不一样，有响度阶（sonority scale 或 sonority hierarchy），每一个响度峰（sonority peak）决定一个音节，每一个音节中有一个音段构成响度峰，前后是响度峰降低的音段，离响度峰越远的音段，响度越低，形成一个响度顺序。

响度顺序原则在一定程度上解决了一个音节内部音段的分布规律，但在判定一个音段序列有几个音节的时候，尤其是几个元音连接的序列有多少音节时，这种理论遇到的问题和搏动理论、紧张理论遇到的问题相似。比如ai，可以有两个音核，也可以只有一个音核，这是响度原则无法解决的。即使能够判定响度峰，有时候也不能判定有一个音节。比如英语excuse[ikskju:z]，其中[ksk]形成一个响度弧形，s是一个响度峰，应该有一个音节，但英语母语者通常认为excuse只有两个音节。有可能母语者判定音节数量的标准不是建立在响度基础上的，因为从一串耳语发音中，我们仍然能够判定音节数量。比如说一句耳语“玩儿扑克牌儿”，我们仍然能够断定有4个音节而不是6个音节。由于说的是耳语，肯定不是依据响度理论来判定音节数量。另外，即使在解决音节内部音段分布规律上，响度原则也还存在问题。响度的量化目前还停留在听觉上，声学参数还没有确定下来，因此不同的学者响度阶并不完全一样：

表2. 响度阶

序号	*Jesperson*	非线性音系学	Durand
1	不带声(a)爆发音 [p,t,k]	[p,t,k]	清爆破音
2	(b)*摩擦音* [f,s,ʃ,x]	[*b*,*d*,*g*]	*浊爆破音*
3	*带生爆发音* [b,d,g]	[*f*,*s*,*ʃ*,*x*]	*清摩擦音*
4	带生摩擦音 [v,z,ʒ,ɣ]	[v,z,ʒ,ɣ]	浊摩擦音
5	带声(a)鼻音 [m,n,ŋ]	[m,n,ŋ]	鼻音
6	(b)变音 [l]	[r,l]	l类音
7	带声各种r音	[j,w]	r类音
8	带声闭元音[y,u,i]	[y,u,i]	i,u
9	带声半开元音[ø,o,e]	[ø,o,e]	e,o
10	带声开元音[ɔ,æ,a,ɑ]	[ɔ,æ,a,ɑ]	a

这里的"非线性音系学"指王洪君(1999)《汉语非线性音系学》的排列。以上我们是按照数字越大、响度越高的方式来排列响度Jesperson和Durand给出的响度阶，可以看出，斜体两行的响度正好相反。正因为如此，音段的响度分阶存在循环论证，即研究者有可能先根据音节中音段的分布顺序来确定响度的阶，然后又说响度的阶决定了音节中音段的分布顺序。索绪尔(1916:92)也提到过响度理论的循环论证问题。响度原则另一个循环论证表现在对核心音节和边际音节的区分，响度顺序原则把符合响度顺序原则的音节看作核心音节，把不符合响度顺序原则的音节看作边际音节，于是说一个音节符合响度顺序原则是因为这个音节是核心音节，反过来又说一个音节是核心音节是因为符合响度顺序原则，并没有提出一个独立于响度顺序原则的手段来区分核心音节和边际音节。音节内部音段分布的阶或顺序可能是存在的，但似乎不是响度决定的，可能有另外的原因决定着音节内部音段的分布规律。顺序原则断定一个音节内部的音段分布有一定效力，但响度顺序原则在理论基础上还

不严格。响度理论循环论证的原因在于没有给出响度的判定标准。

从以上分析可以看出，断定多元音序列有几个音核、音节，跟断定一个音节中的音段分布顺序尽管有关系，但不是一个问题。目前最困难并且最迫切需要解决的仍然是音核和音节数量的判定问题。以上搏动理论、紧张理论、能量理论、内破外破理论、响度理论等都有一个共同点，或者是从肌肉活动的强弱出发，或者是从响度强弱出发，统一起来都是从强弱上考虑音节，即认为音节是音段序列中强弱交替的结果，一个强弱交替代表一个音节。我们把这类观念统一称为音强音节观。音强音节观存在两个根本的问题：一是不能充分地判定音核的数量，轻声音段尽管很弱，但仍然是一个音节；一是不能对耳语的音节切分做出解释。

三、元音开口度理论

正是因为母语者在耳语中也能断定音节的数量，我们认为音节的规则不应该在强弱中去找，而应该绕过强弱。有人曾用元音开口度大小来定义元音的响度。开口度越大的音，响度越大。比如Selkirk（1984a：112）提到元音开口度越大，响度越高。从叶斯泊森（1913）所列出的响度阶看，也大体有了元音开口度越大响度越大的观念。索绪尔（1916：85）认为开口度最大的a不会有外破和内破的区分，实际上也暗示开口度的作用。用元音开口度大小来量化元音响度的主要目的之一是为元音响度找出可观察的量化标准，以便更好地说明响度顺序理论，尤其是说明类似ai这样的多元音构成的音节中哪个元音是音核。但是，我们提到在耳语音中也可以判定音节数量，因此响度可能也不是音节的根本属性，继续用各种手段来定义响音等级以达到判定音节的目的在认识思路上存在问题，用开口度的大小来定义响度再来确定音核是多余的。不过，用开口度的大小来定义响度等级却给我们一个启示：开口度本身和强弱是没有关系的,我们可以直接从开口度的大小来观察音核的分布,这样就可以绕开长期以来困扰音节判定标准的强弱视角。在汉语普通话中,多元音音节中开口度大的元音总是音核。比如:

表3.汉语多元音节开口度表

带多元音的韵母	最大开口度音	韵腹	音节数
ua	a	a	1
ia	a	a	1
uo	o	o	1
ie	e	e	1
ye	e	e	1
ai	a	a	1
uai	a	a	1
ei	e	e	1
uei	e	e	1
au	a	a	1
iau	a	a	1
ou	o	o	1
iou	o	o	1
ian	a	a	1
uan	a	a	1
yuan	a	a	1
uen	e	e	1
ia∴	a	a	1
ua∴	a	a	1
io∴	o	o	1
ue∴	e	e	1

汉语普通话多元音音节中开口度最大的元音就是韵腹,也是音核。断定有几个音核也就决定了几个音节。我们可以把这个原则称为音核判定的开口度原则。一般地说,元音序列的开口度有几次高低起伏,就

有几个音核，也就有几个音节。开口度原则绕开了对响度的依赖，可以比较合理地说明哑语的音节。从某种意义上说，把汉语普通话“韦”的韵母写成ui而不是uei似乎不能反映音节开口度的信息。

每个带有元音的音节都有一个最大开口度元音。从大量语言的情况看，三个元音的音节中都是最大开口度的元音居中。因此，在可以比较元音开口度的情况下，可以认为最大开口度元音是音节的核心，较低开口度的元音分布在最大开口度元音的周围。中国传统音韵纯元音音节的韵头、韵腹、韵尾中，都是韵腹开口度最大。一般地说，在可以判定开口度大小的情况下，开口度大的是核心。根据这一原则，一个音段序列至少有多少音节就可以判定。比如，aeo至少是两个音节，因为e开口度小于左右的元音开口度，不可能是这三个音段的核心。oua也至少是两个音节，因为u的开口度小于左右的元音开口度，不可能是这三个音段的核心。不过，开口度原则只能判定aeo这样的音段序列中至少有多少音核和音节，不能判定最多有多少音核和音节，因此仍然没有从根本上解决音核和音节的判定问题。

对于一个确定的音节来说，如果该音节包含两个或两个以上的开口度不同的元音，开口度原则可以判定音核，但是在开口度相当或舌位高低相当的情况下，这个原则不能贯彻下去。以重庆话“局”（t°iu）为例：

i和u的开口度是相当的。这时候仍然必须借助后文提出的延展原则。根据延展原则，“局”的音形中u是音节核心。

即使一个多元音音节内部元音的开口度不同，开口度原则也不能够完全判定音核的位置。比如，英语的hear[hiǁ]，ǁ的开口度比i大，但音核是i（后文会详细讨论判定标准）。类似的例子：

fear　　[fiǁ]

sure　　[∢uǁ]

根据我们的调查,傣语中有“哪里”(t’a^^{35}),音核是在^上,后文还会证明这一点。前文提到重庆话中有t°iu这样的音节,i和u的开口度是相当的,但音核是在u上。英语还有三元音的情况:

hire [haiǁ]

hour [auǁr]

loyal [l iǁl]

由于这些三元音序列的中间一个元音开口度最小,所以这些三元音序列都有两次高低起伏,但是很多学者认为这些三元音序列只是一个音节。这说明开口度原则不能断定多元音序列中有多少音核和音节,同时还说明即使在一个音节中,开口度原则也不能完全断定元音的分布顺序。

开口度原则遇到的另一个根本问题是不能处理辅音音节,比如边音、鼻音等是不好判定开口度的。法语中的音节pst,其中s是音核,开口度也没有办法解释。这一点决定了开口度只是带元音音节的一种性质,还不是所有音节的根本属性。

四、音节的延展性

很少有人从音长的角度来讨论音节的判定问题。下面我先从田野调查的角度提出一个延展原则,然后再分析其他原则的适用程度。在语言调查中我们发现,发音人通常能够判定两个序列的音节是否相同,而且在诵读中音节核心可以延长,在音节和乐曲音符的配合中,音符一般只配音核。根据所调查和接触到的语言,我们总结出一个延展原则:

每个音节有一个且只有一个音段的口形是可延展的。口形可延展的音段是这个音节的音核。有几个音核就有几个音节。

所谓口形可延展,是指在话语中可以延长读音,包括耳语。比如汉

语普通话的“爱”(ai),口形可延展的音段只有a而不是i,即只有a可延长读音(包括耳语):

a——i

所以“爱”是一个音节,其中a是音节的音核。通常情况下,我们把口形可延展的音段称为可延展音段。

“鸭”(ia)的可延展音段只有a:

ia——

所以“鸭”也是一个音节,其中a是音节的音核。

“歪”(uai)的延展音段也只有a:

ua——i

所以“歪”也是一个音节,其中a是音节的音核。

口形延展允许特征的传递,比如san的延展并不仅仅是a的延展,而是a͂的延展,所以我们说是口形的延展而不是音色的延展。

但音节的可延展和音节的长短是不同的概念。只要是音节总是可以延展的,但开音节和闭音节的长短在不同的语言中有比较大的差别。不过,根据我们的调查,即使是那些音长很短的闭音节,在特定的语用条件(不是人为发音条件)下都是可以延展的,比如傣语的“十”(°ip^{35}),只不过延展的是p的停顿时间。

延展原则中音段的延展是指一次延展。通常情况下相邻两个音节的音段都是不一样的,不一样的音段通常有不一样的口形,所以有几次延展是容易判定的。当两个音节是两个相同的音段,这时有完全相同的口形,比如在汉语的乘法口诀中有“一一得一”,前两个“一”的口形可以说是完全相同的,这时的延展是两次延展,中间是有停顿的。当然,如果把“一”的音值理解成(ji),“一一”就成了(jiji),口舌位改变,更不存在判定问题。

既然两次延展中间可以有一停顿,为什么不直接用停顿来判定音节数? 实际操作起来停顿的判定有一定的困难。比如在我们的初步测试中,有人认为speak可以有两次停顿,但这个片段只可延展一次。

延展原则中的可延长性质都是指表达的需要出现的延长,不包括语言学家或研究者从研究的角度对音段故意拖长的情况。比如rice中,研究者可以故意把s发得很长,以显示擦音的性质。但在自然话语的表达功能中,这里的s是不延长的。

五、旋律中提供的延展证据

歌曲中音符的延长和歌词音节的延长最能体现延展原则。根据我们的初步调查,在歌曲中,音符和可延展音段有下面的关系:

(1)可延展音段的出现都伴随音符的出现;

(2)音符的延长都在可延展音段上;

(3)音符变化或旋律的起伏都在可延展音段上。

比如下面的民歌《在那遥远的地方》第一句:

表4. 可延展音段

me	so	la	sofa	me	so	la	–	–	sofa
在	那	遥	远的	地		方			
z*a*i	n*a*	y*a*o	yu*a*nde	d*i*		f*a*ng			

这里的读音用普通话汉语拼音,旋律用首调唱名法记音。其中汉语拼音斜体字都是可延展音段;其他非斜体字音段,一般不会落在音符起始的位置上,也不可能延长和做旋律起伏。因此,也可以把可延展音段称为音符音段。根据我们对汉语歌曲和中国民族语言歌曲的初步调查,旋律和音段的匹配都符合这种规律。

有一种衡量音节长短的莫拉理论。简单地说，长元音构成的音节或重音节通常是两个莫拉，短元音构成的音节或轻音节是一个莫拉，不过kip中的ki是一个莫拉，p是一个莫拉。经过Selkirk（1978，1984）、Hayes（1984）、Halliday（1985）、Nespor & Vogel（1986）、Zec（1988）、Zhang Hong-ming（1994）等学者研究，韵律单位的层级由大到小分为若干层，其中音步（foot）以下包括音步、音节、莫拉（王洪君1999：257）。但是，莫拉理论本身不能判定音节数量，而是在已知音节数量的情况下断定音节的长短。从音节的可延展角度看，无论是一个莫拉的音节还是两个莫拉的音节，都是可以延展的，并且都只有一个可延展音段。汉语中的虚字，如“了、着、过、的、地、得”，尽管音长很短、音强很弱，但其中的元音都是可延展的，所以仍然是一个音节。这些虚字在歌曲中都可以落在音符上，比如大家熟悉的歌曲《在那遥远的地方》：

在那遥远*的*（*fa*）地方，有位好姑娘，人们走过*了*（*mi*）她*的*（*mire*）帐房都要回头留恋*地*（*do*）张望。

这里的斜体字都是虚字，其中“他的帐房”中的“的”，还可以有旋律起伏，即从音符mi到re。又比如下面的“着、子”，也是独立占据音符的：

昨天我打从你门前过
你正提着水桶往外泼

世间溜溜的女子，任我溜溜地爱哟
世间溜溜的男子，任你溜溜地求哟

六、多元音音节问题

英语中也有很多多元音结构，下面带双元音的音段组合通常都被当作单音节：

[*a*j]/[*a*i]：buy, eye, high, ice, why, try, fly, tie, die, either, height, aisle

[*e*j]/[*e*i]：pay, bay, hay, day, say, name, rain, obey, eight, break

[*i*j]/[*i*:]：bee, fee, bleed, key, me, sea, see, even, people, machine, field, receive

[uw]/[u:]：do, should

[j]/[i]：boy, coy, toy

[*a*w]/[*a*u]：cow, how, bough

[*o*w]/[*o*u]：low, sow, owe, toe, tow, hoe, go, show, flow

[j*u*w/[i*o*u]：radio

以上音节的可延展音段都是斜体音段。据我们的初步调查，这些音节在英语歌曲中的可延展音段也都是斜体音段。根据这种看法，以上都是单元音音节。英语中还有一些真正带多元音的组合，比如：

表 5. 英语多元音组合

组合形式	单音节	双音节
ai‖r/ai‖	hire, ire, fire, lyre	higher, liar
⊔‖r/⊔‖	fair, fare, care, dare, share, there, their, air	
au‖r/au‖	flour, lour, coward, tower	flower, cowered
‖r/ ‖	door, more, pour	
i‖r/i‖	here, fear, ear, dear, deer, weird, clear	
u‖r/u‖	shure, poor, moor, tour	

大多数学者都认为这些组合是单音节，但也有些人认为其中有的是双音节。到底怎么办，还没有统一的标准。从延展原则看，有两种情况。以⊔‖在英语歌中的延长情况为例：

Scarborough Fair

6　6　3　3　3　7　1　7　　　　　　6　6—

Are you going to Scarborough Fair(f ɛə——)

这里ɛə中的ə在6音符上延长。再看另一乐句：

6　6　6　5　3　3　2　1　　　　　　7　5

Remember me to one who lives there (ðɛə——)

这里ɛə中的ə在5的起始位置出现，并且延长。再看下面的情况：

The sound of silience

5——3

People writing songs that voices never share (shɛ——ə)

这时的延长音符是在ɛ。由于ɛə中的ɛ和ə都可以延展，带ɛə的组合似乎和带ai一类的组合不同，可以看成两个音节。以上带ə的组合也有的只有一种延展方式。仍然以英语歌为例：

Everytime

I make believe that you are here(hi——ə)

It' s the only way I see clear(cli——ə)

即iə中的i是延展音，i应该看成音核，这和前面提到的开口度原则是矛盾的，和一般公认的响度原则也是矛盾的。

以上都是带ə的多元音组合的情况，看来Xə是一个音节还是两个音节还需要进一步研究。

根据延展原则所确定的音核和根据开口度原则所确定音核是不完全一致的。前面提到英语hear[hiə]，延展音段是i，最大开口度音段是ə。傣语“哪里”(t'a^35)，延展音段是^，最大开口度音段是a。如果我们依照开口度原则，就不能解释歌曲中的t'a^35只有^为最大延展这一事实。

七、汉语音节的音核分析

在汉语这样的声调语言中,多元音音节的可延展音段和声调的走向大致是:

表6.汉语多元音音节可延展音段和声调走向

声调	正常模式	延展模式	错误延展模式
阴平	5—5	5---------	5--------
	ma-u	ma--------u	mau------
阳平	3—5	3--------5	3----5----
	ma-u	ma--------u	ma---u----
上声	21-4	2---1---4-	2----1----4-
	me-i	me-------i	me---i-----
去声	5—1	5--------1	5----------1
	le-i	me-------i	me-i-------

延展模式说明韵尾所占的时间格很短,而延展音几乎可以无限延长,相比之下,延展音段几乎占用了声调的全部调型。正常模式下,给人的感觉是韵尾落在声调的后一个音高上,这似乎说明正常模式中韵尾落在声调最后音高上只是音节延长时间不显著形成的听觉。错误模式证明韵尾不可能延展。上声特别能说明问题,如果延展特别长,以上韵尾i既不可能在i上延长,也不可以在4上延长。

根据延展原则,汉语普通话多元音音节的音核都可以得到判定。一般人把汉语普通话的韵腹作为音核,根据延展原则,韵腹确实都是可延展的,以零声母多元音音节为例:

表7.零声母多元音音节可延展音段

零声母多元音韵母	可延展音段	韵腹	音节数
ua	a	a	1
ia	a	a	1
uo	o	o	1
ie	e	e	1
ye	e	e	1
ai	a	a	1
uai	a	a	1
ei	e	e	1
uei	e	e	1
au	a	a	1
iau	a	a	1
ou	o	o	1
iou	o	o	1
ian	a	a	1
uan	a	a	1
yuan	a	a	1
uen	e	e	1
iang	a	a	1
uang	a	a	1
iong	o	o	1
ueng	e	e	1

因此,以韵腹作为音核和根据延展原则判定音核是一致的。从非自主音系学的角度看,可延展音段在音值上会不同程度地受到前后音段的影响,但可延展音段的可延长性质基本上是可以确定的。

根据延展原则,元音连接序列中有几个音节的问题可以得到解决,判定方式是有几个延长点就有几个音节。当然,延展原则是指正常情况下对音段序列有多少音核和音节的判定。在实际语流中,两个音节快读

时听起来像一个音节:

西安去了两次。

先去了两次。

快读时这两句话听起来很相似:

先 xian　　　　　　西安 xi′an

但这并不能阻碍延展原则对这两个序列有多少音节的判定。在延展测试中,“先”只有一个可延展音段,即鼻化的a,是一个音节。“西安”有两个可延展的音段i和鼻化的a,是两个音节。

八、延展和强弱的关系

延展原则是在延长音段口形中判定音核,并进一步断定音节。前面总结说,搏动理论、紧张理论、能量理论、内破外破理论、响度理论等都有的一个共同点就是从强弱上考虑音节。我们把这类观念统一称为音强音节观。从延展原则的角度看,音强音节观也是有道理的,因为以延展音段为音核构成的音节链条中,确实能够从频谱上观察到振幅强弱的交替,并且这种交替的数量基本上和延展音段构成的音节数量是一致的。但是音强理论仍然不能作为判定标准,因为不通过延展的观察,强弱是观察不出来的,或者说如果不延长读音,就不可能观察强弱。或许有人说搏动理论和松紧理论也可以在慢速读音中分辨出音节来,但实际上测试起来有困难。比如:

meal

middle

要断定meal有一次搏动或一次紧张,而middle有两次搏动或两次紧张，是有一定困难的，而用延展，就很容易把两者区别开。另外，强弱理论不容易观察出音峰（音节核心），更难观察到耳语的音峰。

延展原则要求能成音节的音一定是可以延展的，而可延展的音也有资格做音节。由于元音都是话语中可延展的音段，所以都有资格做音节。辅音中有一部分不可延展，有一部分可延展。m，n，.·˙，l等流音之所以能成为音节，是因为可以延展。v也可做音节，比如成都话的“五”（v），因为v也是可延展的。其实带有擦音特征的辅音，由于气流可以持续，都是可延展的，都有理由成为音节，这样就能解释为什么法语的pst（喂，唤人注意）可以是音节。也可以认为有些可延展辅音成音节时已经带上了一个清化元音或不带音的元音。比如法语pst中的s，可以认为带上了一个s的口形。无论采取哪种看法，都构成了可延展的条件，因此也具备了成音节的条件。

九、延展性是音核和音节的属性

响度理论想从音段的固有性质预测音核，从而预测音节。前面我们看到，延展性并不是音段固有的属性，而是音核、音节的属性。一个音段序列是否成音节，需要看在具体的语言中是否可以延展。英语next中有音段序列kst，但英语中的kst并不延展，所以不是音节。整个next才是一个音节。延展原则中所说的可延展性都是指具体语言系统中的可延展性。语音学上的可延展性只是语言系统中可延展性的必要条件。

next这个例子说明，即使响度峰的存在也不能必然断定音核的存在，因为next[n␣xst]中有␣和s两个响度峰，但next只有一个音节。前面讨论过英语的excuse，由于其中有一个序列是ksk，根据响度理论，形成一个响度弧，s是响度峰，因此整个excuse有三个响度峰，应该有三个音核,有三个音节。但根据延展原则,ksk中的s没有可延展性,即s不可以延长。以上延展原则的定义中没有说“延展浊音”或“延展响音”,而只说“延展”,因为有的语言中延展音段的存在就可以形成音核和音节,并不需要响音。比如在法语中,pst中的s是可延展的,pst是一个音节,s是音核,但s不是浊音。又比如汉语普通话“嘘”(°y),也可以看成一个音节。其中y是非浊音,只是y的口型动作;°y是一个音节,音核是声带不震动的y。

延展原则或许能够解释响度分阶的矛盾。前面提到,Jesperson和Durand的响度分阶在下面两组音段上是有矛盾的:

表8.音段对比

序号	Jesperson	非线性音系学	Durand
1	不带声摩擦音[f,s,ɕ,x,]	[b,d,g]	浊爆破音
2	带生爆发音 [b,d,g]	[f,s,ɕ,x,]	清摩擦音

即Jesperson认为[f,s,ɕ,x,]的响度低于[b,d,g]的响度,但Durand的看法正好相反,认为[f,s,ɕ,x,]的响度高于[b,d,g]的响度。从延展原则看,[f,s,ɕ,x,]是可以延展的,可以作为音节核心,如上面提到的法语pst;但[b,d,g]不能延展,做音节核心的例子也没有。因此,在音段排序上,[f,s,ɕ,x,]比[b,d,g]的核心程度更高。回头再来观察响度阶的排序,可以发现,音段基本上可以分成可延续音段和不可延续音段,做音核的一定是可以延续的音段。

在很多情况下,根据元音和辅音的分布往往能够判定音节的数量。音节的一般模式是:

Cm Vf Cn

其中C为辅音,m、n表示辅音数,可以为零。V为元音,f为元音数,一般不为零,除非C中有流音。f最大值为3。f最大值为3的理由将在后文中给出。由于f的最大值为3,最小值是1,所以当两个或两个以上的元音连接时，需要由可延展原则判定是一个音节还是两个或两个以上的音节。汉语由于有声调，一般不存在音节的判定问题。

以上的模式同时暗示，一个音节中的元音从不可能被辅音隔开，所以下面格式一定是两个音节：

VCV

但是通过元音的分布来判定音节的个数这一原则不能贯彻到底，因为鼻音、流音都可能成为音节。所以从根本上说，音节数的确定仍然需要根据延展原则。延展：音核的可量化特征。

根据我们的调查，在北部泰语中，存在下面的音节①：

表9. 北部泰语音节

元音	i	i:	u	u:	ɯ	ɯ:
ap		si:ap22（捅）		khu:ap22（岁）		lɯ:ap22（牛虻）
at		khi:at22（蛙）	kua:t22（扫）	khu:at22（瓶）		dɯ:at22（沸腾）
ak		ki:ak22（鞋）		pu:ak22（白蚁）		phɯ:ak22（芋头）
aʔ		pi:aʔ35（湿）		phu:aʔ55（烂）		
am		li:am44（尖）	kua:m33（故事）	lu:am24（松）		lɯ:am24（蟒蛇）
an		ti:an33（蜡烛）	khua:n24（斧）	khu:an24（头旋）		dɯ:an33（月）
aŋ		ti:ang33（床）	kua:ŋ24（鹿）	lu:aŋ24（大）		pɯ:aŋ24（浪费）
ai			khua:i33（水牛）	khu:ai33（男阴）		
au		hi:au22（皱）	kua:u24（一种树）			

这些实例对前面提到的响度理论和开口度理论提出了极大的挑战，因为这些音节可延展的部分有的是开口度小的元音而不是开口度大的元音，并且形成了对立，比如：

khua:n24（斧） khu:an24（头旋）

我们说这里存在响度悖论和开口度悖论。如果用延展原则来确定

①发音人彭文彬：北京大学博士研究生。

这里的高元音是音核,就能解决这里的悖论。我们说khua:n24(斧)的音核在a,而khu:an24(头旋)的音核在u。

世界上不少语言存在长短音的对立。傣泰语中广泛存在着长短元音的对立,这种对立到底是长短的对立还是元音高低的对立,抑或两方面都有,一直未能得到很好的解释。根据我对德宏傣语的调查,长音是韵腹在延展,短音是韵尾在延展①:

la:i1(多)　　lai1(流)

sa:u1(姑娘)　　sau1(柱子)

xa:m2(话)　　xam2(金子)

fa:n2(麂子)　　fan2(种子)

如果是辅音韵尾,比如:

ka:p8(叼)　　kap8(紧)

长音节在韵腹元音a延展,短音节在韵尾p上停留足够的时间。无论是ka:p8还是kap8,在诗歌韵律中所占的时长一样。由于辅音韵尾不是可持续音,只能延长受阻的方式。

很多语言的音节是有强弱之分的,比如英语有词重音。现在一般认为,重音形语言的重音节和音高、音强等都有关系。根据我们的初步调查研究,音长起了更重要的作用,即在取消音长特征的情况下,会影响对词重音的感知。

汉语有轻音节,比如"椅子"这样的词。现在一般也认为"子"作为轻音节读音比较弱,比较短,没有固定的声调。我们的初步调查还显示,只要保持"子"相对较短的读音,即使音强有变化,也能感知为轻音节。

总之,延展性在确定音核位置、音节数量、长短音对立、词重音、轻音方面都有比较可行的量化手段,这显示了延展性是音节的重要属性。

①发音人德宏州芒市镇方兰琴。

参考文献

[1]Clements, G.N., *The autosegmental treatment of vowel harmony*, in *Phonologic*(Innsbruck:Innsbrucker Beitrage zur Sprachwissenschaft,1997).

[2]Halliday, *An introduction to functional grammar* (London: Edward Arnold,1985).

[3]Hayes, B., "The Phonology of Rhythm in English," *Linguistic Inquiry*, no.1(1984):33–47.

[4]Jesperson, Otto, *Lehrbuch der Phonetic* (Leipzig: B.G. Teubner, 1913).

[5]Nespor M. & I. Vogel, *Prosodic Phonology* (Holand: Foris Publications, 1986).

[6]Selkirk,E., *On Prosodic Structure and its Relation to Syntactic Structure*(Bioomington:Indiana University Linguistics club,1980).

[7]Selkirk, E., *Phonology and Syntax*: *The Relation Between sound and structure* (Cambridge,MA: MIT Press, 1984),pp.xv+476.

[8]Zec, Draga, "Sonority Constraints on Prosodic Structrue"(Ph.D. Dissertation, Stanford University, 1988).

[9]陈保亚.当代语言学[M].北京:高等教育出版社,2009.

[10][英]L.R.帕默尔.语言学概论[M].李荣,王菊泉等译.北京:商务印书馆,1983.

[11][瑞士]索绪尔.普通语言学教程[M].高名凯译.北京:商务印书馆,1980.

[12]王洪君.汉语非线性音系学:汉语的音系格局与单字音[M].北京:北京大学出版社,1999.

[13][丹麦]奥托·叶斯柏森.语法哲学[M].何勇等译.北京:语文出版社,1988.

[14]张洪明.关于短语音系学研究中的若干问题[A].石锋.海外中国语言学研究[C].北京:语文出版社,1994.

关于文言史的几个问题

刁晏斌

（北京师范大学文学院）

一、引言

笔者曾于2010年发表长篇论文《“文言史”及其研究刍议》，根据吕叔湘所提出的把汉语史分为语音史、文言史和白话史的思想，对文言史的内涵及成立依据、文言文本的分类及其分布、文言史的研究内容、文言史研究的意义和价值等问题进行了比较系统的梳理。[1]最近，笔者又发表了《传统汉语史的反思与新汉语史的建构》一文，在总结与反思前人时贤学术思想和研究成果的基础上，提出了“新汉语史”的概念，其主要内容是建立“复线多头”的汉语史新格局。所谓“复线”，就是认为汉语史首先应由两条主线构成，即文言史与白话史；所谓“多头”，即在复线之外，汉语史还应有其他几个重要的“头绪”，亦即线索，主要有语音史、方言史和通语史。如果再说得稍远一点，还应该有一个口语史。新汉语史的任务，就是理清以上各史及其相互关系，最终形成一系列相关的完整研究。[2]

本文拟在上述工作的基础上，对新汉语史中的文言史再做讨论，主要涉及以下三个问题：第一，文言史是复线而不是单线的，根据文言文本性质及其发展过程等的不同可以分为“同质文言史”和“异质文言史”，二者应该分开来研究；第二，对文言在现代汉语中是否真正完全被白话取代提出我们的意见和看法；第三，以近代以来的异质文言为切入点，探讨文言史与现代汉语的形成之间的关系。

二、文言史的简单梳理

早在20世纪40年代，吕叔湘曾着眼于发展变化，把文言分为两种，他说：

在两千多年里头，文言自身也有了相当的变化，时代的变迁怎么也得留下它的痕迹。最明显的是在词汇方面，这不用说，就是在文法方面也略略有些变化。……对于时代变迁的影响，可以有两种态度。一种是竭力仿效古人，用古语代今语，例如不说“军长”而说“将军”，不说“学生”而说“生徒”。结果，虽然有时还是不免露马脚，可是他们至少是拿周秦文做他们的理想的（唐宋以后的文人又常常拿唐宋古文家改造过的古文做他们的理想），他们的作品表面上也做得很像，我们可以称这一派为“正统文言”。

但是很早已经有人对于口语的影响采取较宽容的态度。他们虽然沿用文言的架子，却应合当前的需要，容纳许多口语的成分，随笔和书札里面有很多例子，公文、契约等等应用文字更是如此。这一类文言可以称为“通俗文言”。[3]

袁进则用了“典雅文言”与“浅近文言”的概念，他说：“但是两千年来的文言，还是出现了一种浅近化的趋向。最明显的证据就是明清时期的文人集子，其中的大部分文章比起先秦、两汉的文章，无疑是浅近得多，读起来容易得多。这时在客观上已经存在一种与先秦两汉典雅文言不同的'浅近文言'。什么是'浅近文言'？所谓浅近文言，就是用典用得很少，无外乎不用古字难字，不讲究音调对仗，语法也比较随便，比较接近于白话，比较容易理解……这种浅近文言，到明清时期，已经在文坛上占据了主要地位。"[4]

基于同样的认识，郭锡良明确指出汉语中长期存在"三文并存"的状态："宋代以后，汉语书面语存在三种情况：一是仿古的文言文，二是在当时口语基础上进行加工的古白话，三是继承唐代以前文白夹杂的混合语。"[5]

我们曾经着眼于内部构成因素的差异，把文言文本分为"同质"和"异质"两种：前者指先秦时期定型化了的正宗文言，以及此后历朝历代沿袭使用、基本保持原有体貌格局的模仿之作（即"拟古文"）；后者指与先秦典范相比，有了较大、较为明显变化的文本形式。二者大致可以与吕先生所说的"正统"与"通俗"对应起来。我们对异质文言的认识和定位是：产生于文言与白话的交界地带，是典型文言与典型白话之间的一种过渡性文体，它是白话的起点，而在白话最终形成之后，它依然存在，并且在汉语发展史上与"正宗"文言和后起的白话呈鼎足而三、齐头并进的格局。[1]这样，去掉白话史一条线索，文言史应该是复线而不是单线的，即包含同质文言史和异质文言史。

（一）同质文言史

语言总会发展变化的，文言自然也不例外。一些学者基于对不同时期文言形态的了解表明了自己的看法。刘志成说："有些学者以为汉代以后的书面语只是先秦书面语的继承或模仿，把问题未免太简单化了。其实，就是刻意仿古的唐宋古文运动作家的作品，与先秦的语言也有很大的差别。"①李春阳指出："文言文中，通常看不到方言色彩，而词汇句式

① 陈颖：《苏轼作品量词研究》，巴蜀书社，2003。

的古今细微变化,似乎在表明口语对于文言的某种渗透。"[6]徐时仪谈道:"唐宋八大家的著作也是文言文中的杰作,其所用语言又与《史记》有所不同。究其原因,盖时代在发展,语言也在发展演变。"[7]

然而,这方面的研究却长期从缺,主要因为受到以下两种认识的限制。一种是"不变说",即认为后世的文言模仿之作与其模仿对象相比没有什么变化。谢序华就此指出:"人们历来认为文言是不变的,如《马氏文通》将韩愈古文与先秦文言当作同类语料使用;'五四'时期斥文言为'僵死不变';当代,一般认为'东汉以来,汉语书面语开始凝固了',没有研究价值。"[8]有人虽然措辞略有不同,但表达的基本是同一个意思:"由于汉以后的大部分有正统身份的文人在著文时有意识地以先秦两汉散文使用的语言作为规范,严格遵循此种语言的规律进行写作,所以直至清末,甚至于'五四'前夕的文言文作品的基本面貌与先秦两汉时期的文言文作品极其相似。"[9]另一种是"无用说",即认为文言模仿之作虽然有变化,但是并不反映语言发展,所以对于汉语发展演变研究没有用处。比如有人说:"文言虽然以上古汉语为基础,但其主要作品均为后代所仿写,它既不能代表纯正的上古汉语,也不能体现后代汉语的演变。因此,在上古汉语的平面研究和汉语历史演变上,同样不会以文言这个范畴为对象。如果这两个方面的研究以后代文言作品为语料,就会被视为'犯规'。"[10]

正因为有这样的认识,所以,"古代汉语"通常是作为一个平面来研究的,"古汉语语法"实际上就是先秦语法,"古汉语词汇"实际上也是先秦词汇。[11]我们曾以"古汉语"为关键词,在中国知网进行搜索,找到了不少以"发展演变"为名的论文,但是前边多带有"上古汉语"的限定①,而以

①如贝罗贝、吴福祥《上古汉语疑问代词的发展与演变》(《中国语文》2000年第4期)、王鸿滨《上古汉语介词的发展与演变》(《上海师范大学学报(哲学社会科学版)》2004年第5期)、姚振武《上古汉语动结式的发展及相关研究方法的检讨》(《古汉语研究》2013年第1期)等。

"中古文言""近代文言"等为关键词进行篇名检索,结果均显示为零。

这一条线索的文言史研究,在前半截的上古范围内做了一些,而对此后长达一千七百多年的后半截的研究,充其量只能算刚刚起步,目前所见只有几篇论文和一本专著。①

如果对文言史的这条线索做一简单表述的话,我们想强调以下几点:

第一,它的时间跨度最大,可以说贯穿了整个汉语史;第二,这条线索总体而言比较平稳,没有太大的起伏变化;第三,同质文言史可以分为前后两段,前段大致在汉代以前,是正宗文言的产生、形成和发展时期,后段则是"拟古",时有一些细微的变化;第四,目前可以归之于文言史的相关研究,基本都是围绕这条线索展开的,但主要集中在前段,后段刚刚开始,很多具体的情况还不得而知,因此总体而言开拓空间比较大。

(二)异质文言史

吕叔湘指出:"言文开始分歧之后,书面语也不是铁板一块。在不同时期,用于不同场合,有完全用古代汉语的,有不同程度地掺和进去当时的口语的。"②这实际上是对前述正宗文言与通俗文言的另一种表述。黄征则从词汇角度表达了同样的意思:"随着历史的发展,汉语也不断地在发生变化,原有的词汇已越来越不够用了,口语对文言的影响和渗透也越来越明显了。"[12]以上表述主要立足于通俗文言的成因,而也有人主要着眼于前后对比,指出通俗文言自身巨大的发展变化。"其实文言本身非无变化,我们只要看看《尚书》里头那些佶屈聱牙的篇什与清末的新民体

① 文章有谢序华、张振羽的《成语的结构、语义和修辞的发展——兼从〈韩昌黎全集〉成语管窥仿古文言的语言发展》(《怀化学院学报》2008年第9期),谢序华《从唐宋古文与〈左传〉的比较看唐宋古文主语的发展——唐宋仿古文言与先秦文言句法比较研究》(《古汉语研究》2013年第1期),张文锦《唐宋仿古文言中的第一人称考察》(《科教导刊》2015年2月上旬刊);专著是谢序华的《唐宋仿古文言句法》(中华书局2011年)。

② 刘坚:《近代汉语读本》,上海教育出版社,1995。

文章的差距,就可以了然了。”[13]“作为正式语体的文言文,到《新青年》时期,与传统文言相比早已面目全非。”[14]如果我们对“面目全非”不做极端理解的话,这一表述大致反映了通俗文言史末端的一般情况。我们曾在前边提到过的拙文《“文言史”及其研究刍议》中举例对异质文言的一般情况及特点等做了一定程度的说明,以下再以一段文字为例:

即如彼于基督所显之大能大力,使其从死复活,使其在天上坐于己右,超乎一切为首领者、掌权者、有威势者、主治者、与今世来世凡有名望者之上。又将万物服其足下,使其在万物之上,为教会之元首。教会乃其身体,为充满万物之主所充满。(1895年译浅文理版《圣经》第一章)

总体而言,异质文言中的异质因素主要有两个:一是口语,二是外来语言。

口语对文言的影响和渗透在东汉以后比较集中地显现出来,而这也正是人们在汉语史的阶段划分中划出一个中古汉语的最重要理由。方一新说:“以东汉为界,把古代汉语分成上古汉语和中古汉语两大块,以东汉魏晋南北朝隋为中古汉语时期,应该可以成立。”方先生还从词汇角度概括了此期的四个特征:一是文白分歧明显,早期白话作品中口语词、俗语词大量增加;二是旧的概念使用新的词来表达,词汇复音化成为趋势,词所承载的新义位大量产生;三是基本词汇开始产生变化,新词与旧词并存并逐步取代后者;四是构词法有新的发展,附加式复音词大量出现。[15]

“中古”与“上古”之名,其中心语都是“古”,即二者都属于古代汉语,如果从文体的角度说,则都是文言书面语,只因为有了以上诸多不同,二者才得以区分。所以,中古汉语的出现和成立,是以传统文言书面语中异质成分的较多出现为依据的。这些异质成分使传统文言一定程度上有所改变,其“古雅”程度有所降低,却没有根本改变它的面貌,也没有动摇它的根基,所以它还是文言,只不过是掺杂了异质成分的文言。这样的异质文言几乎贯穿古今,它的历史比古白话长得多。

由此,我们大致可以说,异质文言史肇始于上古汉语向中古汉语的演变和过渡,而汉语史上中古汉语阶段的开始,大略也可以认为是异质文言史的开端(当然,从研究的角度说,它还应该有一个前发展阶段)。日本学者太田辰夫称中古阶段为"古代汉语的变质期",并且讨论了不少此期不同于上古的语法特征。[16]这里的"变质"或许可以看作对我们所说"异质"的一种解释。另外,这些变化都是在当时的文言文本中出现的,一方面可以看作白话因素的"冒头",另一方面也应看作文言不同于以往的新变化,所以在作为白话史研究对象的同时,也理应成为文言史研究的对象。

徐时仪认为,汉至清两千年,汉语书面语有文有白,文白并存,初以文为主,后以白为主,直到"五四"白话文运动取代了文言。[17]这是就白话史来说的,而如果就异质文言史来说,恐怕要做如下修正:初期以文言为主,后来仍以文言为主,只是"文"的程度有所降低。另外,这样的文言后来也并未完全被白话所取代(详后)。

下边我们再简单讨论外来语言因素问题。

在异质文言的发展史上,大致有两次外来因素介入的高潮,其中第一次汉语史学界讨论得较多,而第二次则基本没有涉及。

第一次介入主要表现在中古的汉译佛教典籍中。前边提到,口语因素的介入是中古汉语得以独立为一个阶段的重要原因和理由,其实还有另外一个原因和理由,这就是此时大量存在的汉译佛教典籍中外来语言因素的大量掺入,即如周俊勋所说:"中古汉语之所以能够独立出来,也是因为众多的研究显示:这个时期的语言特点既与上古汉语不同,也与其后的近代汉语有差异,而这种研究成果所依靠的主要材料正是大量的汉译佛典。"[18]

另外，口语和外来因素往往还是结合在一起的，这就越发使得其“异质”特点表现得更加明显和充分。朱庆之就此指出：“佛教由印度传入中原，为宣传教义，使目不识丁的百姓都能听懂，一些僧人在翻译佛经时不得不放弃使用典雅的文言，而采用一种跟当时口语十分接近的文白夹杂的文体……这说明早期汉译佛典与口语有非同寻常的关系，中古大部分汉译佛典是以当时口语为基础的说法是可以成立的。当然，汉译佛典具有口语俗语和不规范成分与文言文的混合、汉语和外语的混合两种特点。”[19]

异质文言史上第二次外来因素的集中介入，是近代以来“欧化”大潮的影响所致，上引称“五四”时期文言“面目全非”，即就此而言的，其典型代表如外国传教士的汉语写作与翻译，以梁启超为代表的“新民体”，林纾的文言翻译小说以及以章士钊为代表的“逻辑文”等。关于这方面的情况，我们将在后文做进一步的讨论。

归纳总结一下我们对异质文言及其发展历史的认识：

第一，异质文言最大的特点是在文言的框架下文白夹杂、半文半白，其掺入的部分主要是各时代的口语及口语性成分，以及一些外来语言成分。总体而言，它既是白话得以产生的母体，同时也是介于典型文言与典型白话之间的一种混合体，或称中间性文体，其内部没有特别强的一致性，在不同的时间往往因人而异，因文而异，在上下之间有一个较大的浮动范围。

第二，异质文言与整个白话的产生过程相生相伴，并且在白话真正产生和确立后，它也并未消失，而是作为一种独特的文本样式，与同质文言及“典范”白话鼎足而三，一方面持续发挥着自己独特的记录和表达功能，另一方面也与后两者共同形成汉语史上“三文并存”“三史并存”的独特景观。

第三，异质文言有自己从产生到发展的过程，如果以白话的产生和发展过程为参照，则大致可以归纳为两个阶段。一是作为白话的孕育母体阶段。即在整体文言的基础上掺杂进一些口语及外来成分，其发展主要表现为一些传统的文言手段和形式不断被后者所取代，或者是有不同程度的改造，并且上述变化所占比例不断提高，整个中古时期大致就处于这个阶段。二是与白话分立阶段。其特点是具有一定的稳定性，主要表现一是总体上文言的格局和框架并未明显改变，二是口语及口语性成分等仍然保持较高的比例。在整个近代汉语以至于现代汉语阶段，异质文言大致都处于这种状态。

第四，异质文言与同质文言并无本质区别（人们在谈到拟古文与正宗文言不同的原因时，也会提到口语的渗透等），典型的两者分处于一个连续统的两端，而靠近中间的部分则不易分清。但是，在两者之间划分一个大致的界限应该是不成问题的，用前引吕叔湘的话来说，就是后者“很像”正宗文言，而前者只是“沿用文言的架子”，因此自然也就不那么“像”了。如果着眼于文言之变，则后者变化小而前者变化大；如果着眼于异质成分的多少，则后者少而前者多。正因为如此，所以异质文言史的内涵远比同质文言史丰富，并且因为其在古白话的产生以及文言融入现代汉民族共同语的过程中起到更大的作用，再加上这一线索一向未引起人们的关注，所以有必要特别强调。

第五，对异质文言及其历史进行研究，有很大的意义和价值，具体表现在以下几个方面：其一，这是从中古以后一直存在的语言现象，并且在“三文”及“三史”中“三分天下有其一”，不研究它自然就不足以实现对汉语完整实时状况及其发展历史的全覆盖；其二，异质文言是由典型文言到现代白话的重要通道，换言之，它也是现代汉民族共同语的重要来源之一；其三，异质文言也有产生过程和一定的发展变化，因此其本身也可以构成一条史的线索;其四,由于其与白话之间的密切关系,所以研究它在一定程度上也是对白话史的研究,或者至少可以为后者增加一个观察角度。

我们可以从理论上把文言史的两条线索分得比较清楚,然而在实际的具体文本中,可能就不容易分得那么清楚了。徐时仪在讨论《朱子语类》的语言时有过这样的描述:“既有先秦的文言,又有唐宋的古白话和方言口语,文白相间,雅俗共存,新旧质素交融,旧义的延续和新义的诞生共存于同一平面,形成了绝对动态演变、相对静态聚集、多源而一统、同处而异彩的语言渊薮,相当于一个立体的网络,叠置着从历史上各个时期传承下来的不同历史层次的词语和宋代产生的新词新义,客观上如实反映了中近古汉语词汇的发展和演变概貌。”[20]有人说:“文言与白话的双轨并行,交错杂陈,致使欲想研究二者之一的难度无形中加大。”[21]因此,复线文言史的研究,是汉语史学界面临且必须应对的巨大挑战。

三、文言的“死”与“活”

在关于近代汉语以后或进入现代汉语之后的文言与白话关系的表述中,人们常用的说法是“白话最终取代/替代了文言”,文言“退出历史舞台”“消亡”“寿终正寝”等,这样的表述如:

关于白话文替代文言文,我们可以将之看作汉语在其自身发展过程中,因民族危机与西学东渐的进程等“民族的状况中猝然发生的某种骚动,加速了语言的发展”。[21]

文言书面语统治数千年,退出历史舞台不到百年,长时期里对白话、普通话和方言都有不小的影响。[22]

文言的消亡是一种历史必然。[23]

在辛亥革命过后，伴随着封建时代终结，固化的等级被打破，文言不再是高贵身份的象征，在复杂的社会因素作用下，浩浩荡荡的白话文运动终于宣告了文言的寿终正寝。[24]

由此就引出了一个对文言及文言史而言至关重要的问题，即文言的最终“归宿”。作为完整的历史以及对这一历史的研究，我们应该对此有一个明确的认识。

孙德金专门讨论了文言的“死”与“活”问题，认为应当从两个不同的角度去认识：其一，作为周秦时期形成并固化的一种古代标准的书面形式的整体，“五四”时期文言的正统地位可以说基本终结，代之以现代白话文这种新的汉语书面语表达系统，这种意义上的文言可以被认为“死”了；其二，如果把文言的构成成分、构成规律看作文言的本质所在，看作文言的精髓，那么就不能说文言已经“死”了。另外，孙先生还指出，文言“死去”的主要是一些词汇和极少量的结构，主体部分并没有“死”。[25]我们基本同意孙先生的观点，以下就此展开进一步的讨论。

（一）文言未“死”

无可否认，现代汉语中有大量的文言词汇、语法成分。胡双宝认为：“汉语发展的历史决定了，白话必然要吸取书面语成分，以丰富表达手段，才形成以今日白话为基底辅以必要的文言成分的书面语。”[26]作家汪曾祺说：“文言和白话的界限是不好划的。‘一路秋山红叶，红圃黄花，不觉到了济南地界’是文言，还是白话？只要我们说的是中国话，恐怕就摆脱不了一定的文言的句子。”[27]

按王力、吕叔湘等多数人的意见，现代汉语始于“五四”时期，那么，以下我们就对“五四”时期至今的情况略做考察。

先看文言语篇的存废。进入现代汉语阶段之后，白话虽然成为现代汉语书面语的主流，但是文言也并未完全销声匿迹，特别是在早期现代汉语中。号称白话小说第一人的鲁迅的《中国小说史略》（作于1923年）是用文言写成的；而“那时候（引者按，指1926年）作文都是文言文，没有写白话文的”[28]；国民党“中央社”的电讯稿直到1949年迁到台湾之后，才由文言改为白话。[29]此后，文言篇章也偶有所见，比如陈寅恪的长篇小说《柳如是别传》（1953年开始撰写，1964年夏天完稿）、钱锺书的学术巨著《管锥编》（1972年定稿）等。

有人曾经对“部分学术论著语言文言化倾向”提出批评，列出了当下写作中的两类“滥用文言”现象，其一即是通篇文言文，以某些专著的序言、跋文等最为严重，另外指出这种情况还包括已出版发表的当代学者的信函中所滥用的文言文。[30]其他方面，比如近年来媒体不时有高考文言作文的报道；甚至在网络上，凡出现某一重要的新闻人物，往往就会有“假冒”的《史记·××列传》，用的也是不那么典范的文言。

再看文言句法格式的情况。文言的主要句式几乎在现代汉语中都有存留，上引“部分学术论著语言文言化倾向”的第二类表现，就是“文白夹杂，大量使用一些并非必要的文言词语和文言句式”。我们曾经讨论过早期现代汉语中大量存在的“古句”和“准古句”，如“掌柜既先之以点头，又继之以谈话”（鲁迅《阿Q正传》），“遂使边界被占领者一个多月”（毛泽东《井冈山的斗争》）。[31]孙德金从构词法的角度讨论了“复合词中的文言语法”（包括“数＋名/动＋形”式构词、“$动_{双}$＋$名_{单}$”式构词、使动用法在构词中的沿用、名词状语在新词构造中的沿用、动状结构在新词构造中的沿用）以及“成语和词组中的文言语法”；而在句法方面，则讨论了现代汉语书面语中的“VA为B”使成结构、“以A为B”意动结构、“$动_{状}$＋动”结构等。[25]

几乎所有的文言语法书都会用较大篇幅讨论词的“使动用法”，而当代汉语中，这一形式仍然时能见到，胡正微就列举了不少用例来证明“近几年来，词的使动用法又出现渐趋活跃的新动向”[32]。冯胜利等指出，现代汉语书面语还在使用大量的文言句型，这些句型在口语中不用，可称为“书面语句型”，它们在书面正式语体中同样扮演着正式、庄雅的角色。这是现代汉语书面语的特征之一，他们目前已经收集这样的句型达300个左右，比如“……中不乏……”就是其中之一。文中列表指出，“文”的形式用“学生中不乏知识渊博的人”，而同义的“白”的形式则为“学生中也有不少知识渊博的人”。[33]一些研究文学的学者也敏感地注意到这一现象，比如陈平原指出：“甚至连最能体现当代大众趣味的电视广告，也经常出现文言的句式。更让我惊讶的是，即便在流行歌曲里，文言也并未完全绝迹。”[34]

最后看文言词语的使用情况。

张中行指出：“文言长成、定形，主要靠三个条件：一是有相当严格的统一的词汇句法系统，二是这系统基本上不随时间的移动而变化，三是这系统基本上不随地域的不同而变化。”[35]同质文言之所以为同质，就因为几乎完全沿用了这一系统，而在现代汉语中，它们依然基本存活。句法系统的情况已简单如上所说，而文言词汇在现代白话中更是一种相当普遍的存在。如有人所说：“我们也不难发现，在白话文成为主导文体之后，仍然有许多文言词汇成分活跃在我们的口语和书面语中，成为白话中的文言、现代中的古典。这体现出汉语的历史传承性。”[36]

我们认为，要全面了解和掌握现代白话中文言词汇的使用情况，应当抓住“核心词”或“典型词”。至于哪些词属于文言的“核心词”或“典型词”，则是一个非常有意思、有意义的课题。我们初步的认识是，它至少应该包括两类：一类是功能词，一类是实体词；前者主要集中在各类虚词，而后者则主要集中在几类实词。

现代汉语中，保留了大量的文言虚词。严慈认为，白话文里保留着的大量“生动活泼的表现实际生活的”文言虚词，是一份极可宝贵的财富。[37]孙德金用五章的篇幅分别讨论了现代汉语书面语中的“其”“之”“于”“以”和“所”，用大量的语料证明，它们在现代汉语中具有普遍性、常用性。[25]我们随手翻阅侯学超编《现代汉语虚词词典》目录，看到了大量的文言虚词，比如收于字母E下的6个词“而、而后、而况、而且、而已、尔后”，全部属于文言虚词；接下来的字母F下也有“凡、反、反之、方、非、非但、非特、非徒、否则、甫”等典型的文言虚词，在该字母下全部22个虚词中占45%。

就实体词来说，人们的一般共识是，文言词汇系统以单音词为主，现代汉语词汇系统以双音节复合词为主。两种词汇体系的差异使文言词常常不是以词而是以语素的身份进入现代汉语复合词系统中。因此，文言词汇与现代汉语复合词的联系更为密切。比如，仅以“视”为语素构成的就有“凝视”“远视”等50个复合词。[38]这也就是说，有大量的文言单音节常用词并未消失，它们只是改变了存在和使用方式，由词变为语素，成为现代汉语常用词的构成基础。

另一方面，也有相当数量的文言词语（包括单音节词）在现代汉语中并未完全退出使用。比如，由“虎”派生出“老虎”以后，前者仍在一定场合使用；文言的“金”“银”等在一些专业领域也在使用。这样的例子不胜枚举。《现代汉语词典》中有不少标“〈书〉”的词语，指书面上的文言词语，这样的标注在第3版中一共有5204处，占收词总量的8.68%，[39]其中以词为单位的共有3632个（单音节1090，多音节2542）。[40]另外，在《现汉汉语词典》不同的版次中，这一数字还在变化，比如到2005年的第5版，除增加了一些标“〈书〉”词语外，也去掉了一些词语的这一标记，则表明对其现代汉语词汇身份的进一步认定。[41]

如果把台澳港地区的“国语”也一并进行考察的话，那么，文言语篇、结构及词语的“活性”就更加明显了。比如，有人就香港地区书面汉语的情况谈道：“香港书面汉语保留了相当数量的文言功能词、句法结构及固定结构，并且由此发展出一些新的句法结构。……时至今日，半文半白的书面语仍然还有不小的市场，而一般的书面语中保留相当数量的文言成分，也就顺理成章了。”[42]香港地区的情况如此，台湾地区更是有过之而无不及。

综上所述，我们的结论是：文言并未消失，更未死亡，它只是改变了存在的方式。总体而言，就是或化整为零，或改头换面，大量存留在现代汉语的底层和深层，在其各级单位，从语素到词，再到词组、句子，甚至于篇章，都有文言的影子和印迹。文言仍在，从未离开，这在一定意义上也就是说，文言史并未终结，而是仍在持续。

（二）文言成分是怎样进入现代汉语的

既然各种文言形式在现代汉语中大量存在，那么剩下的一个问题就是，它们是怎样进入现代汉语中的？就来源和路径而言，不外乎以下三种可能：

第一，间接进入。即文言成分进入白话，再随白话进入现代汉语书面语。有人从词汇角度清楚地表明了这一点：“现代汉语中有不少词语来自古白话，这些词语又是怎样从上古汉语经由古白话而演变为现代汉语词语的呢？”[43]在语法方面，很多研究现代汉语的人往往上推近代，再及古代，而一些研究汉语史的人，有时也会由上古直至现代，其实都是基于这样的认识。

第二，直接进入。即文言成分不借助于白话而直接进入现代汉语书面语。周祖谟明确指出：“现代汉语就是古代汉语的继续。文言是古代的书面语言,它的语法基本上与现代汉语相同,我们就不能说文言是已经死去的语言。文言中所表现的语法结构与现代语法结构的一致性,正表现出古今语言是一个,现代语就是继承古代语发展来的。"[44]

第三,间接、直接相结合。李如龙曾画出文言、白话与普通话、方言的关系图,图中显示,文言有直接进入普通话与先进入白话再进入普通话这两条发展线路。此外,李先生还直接指出:"现代的口语——普通话不但和方言相互依存、相互作用,而且直接继承了白话的传统,吸收了不少文言的成分。"[22]以下一段话中的"一方面"与"另一方面"大致也可以作如是观:"我们现在用的是现代汉语。可是现代汉语旁边坐着一位'文言'。'文言'和现代汉语虽然差别很大,却又有拉不断扯不断的关系。一方面,两者同源异流。现代汉语,不管怎样发展变化,总不能不保留一些幼儿时期的面貌,因而同文言总会有这样那样的相似之点(表现在词汇和句法方面)。另一方面,两千年来,能写作的人表情达意,惯于用文言,这表达习惯的水流总不能不渗入当时通用的口语中,因而历代相传,到现代汉语,仍不能不掺杂相当数量的文言成分。"[45]

以上第一、二两种观点都有理论基础和事实依据,所以第三种观点就是最为全面的认识和表述了。然而,相对而言,人们对第二条路径的认识和把握还不是特别普遍和深入,而这一点又与本文论题密切相关,所以下边从两个方面做进一步的说明。

先从不同时期人们的认识和表述来看。"五四"时期,白话文的设计者们几乎不约而同地都提到,要吸收文言中的成分作为新白话的重要组成部分。比如傅斯年说:"取白话为素质,而以文辞所特有者补齐未有。"[46]周作人说:"以口语为基本,再加上欧化语、古文、方言等分子,杂糅调和,适宜地或吝啬地安排起来,有知识与趣味的两重的统制,才可以造出有雅致的俗语文来。”①此时的书面语写作，虽然一定程度上如有人所说“‘五四’是白话文的创新时期，无章可循，不讲规范，各人按各人的语文功底，或夹杂近代白话和文言，或夹杂欧化句子，或使用方言俗语，随意性很大”[47]。但是，无论如何都摆脱不了文言的因素，所以，后来的研究者才会有以下一些表述。“如果按照发生学的原则对现代白话进行溯源，其主要成分是文言、传统白话、翻译的外来语、方言等。”[48]“现代汉语书面语系统有三个来源。首要来源是以北方方言为基础的口头语，其次是百余年来的翻译文本，再次是两千多年来的古汉语文本。三大来源构成了一个有弹性的统一体。这个统一体基本上是稳定的，但它是一个动态结构。”[49]有人归纳了“五四白话”的四个基本特征：以口语为基本、融进欧化成分、留用古语成分、选收方言词语。[50]

再就语言的实际情况来看。有不少古白话中没有或不常用的形式和用法，在现代汉语中却出现，甚至比较常见。吕叔湘说：“新的书面语又会从旧的书面语吸收有用的成分：在现代汉语书刊里，文言成分，特别是利用文言词素造成的新词，比《水浒传》和《红楼梦》里多得多。”[51]这无疑是现代汉语与近代汉语在词汇上的相异之处。这样的相异之处在语法方面也有表现，比如有人讨论过古汉语名词做状语现象的衰微，指出这一现象从东汉开始衰微，到南北朝在口语中已经失去能产性，表明已经接近于衰微的尽头。[52]此后在整个近代汉语中都不多见，而到了现代汉语，特别是当代汉语中却比较多见。[53]孙德金也曾以此为例来说明文言未“死”：“词法中，至今仍是一种能产的构词方式；句法中，在书面语（甚至口语）中，具有情状意义的名词有可能做状语，并非只是存在于构词层面。”[25]

本节内容可以小结如下：经过几千年的发展，有各个层面的、相当丰

① 周作人：《燕知草·跋》，载《永日集》，上海北新书局，1929。

富的文言因素或直接、或间接地进入现代汉民族共同语,成为其重要的有机组成部分,并且保持着充分的活力。从这一角度,我们也可以说,文言史并未结束,仍在延续。就文言史与现代汉民族共同语的关系而言,我们认为,同质文言主要是直接"引入",而异质文言更多的则是"化入"。这个问题很有挑战性,当然也很有意思,我们将另文讨论,以下我们仅就后者做一些说明。

四、异质文言:沟通古今的桥梁

何九盈在讨论传统汉语的现代转型时,首先由近代来华传教士的汉语写作说起:"那时的译文和传教士的文章,虽然还是一派文言腔,但他们的认知图式、话语编码机制,尤其是词汇领域,已显然有别于中国传统的文言文。文言文内容的'西化',新语境的产生,必然会促进汉语深层结构的现代转型。"[49]袁进就此进一步写道:"西方传教士在行文时常常是把典雅的文言语句和不够典雅的直接表白的俗语组合在一起,形成一种亦雅亦俗的独特表述,加上一些典雅的包装词。这种表述很让士大夫瞧不起,以为它不文不白,不能避俗,文理不通,是语言修养不够的具体表现;其实反倒成全了它'浅近文言'的独特风格。"[4]如前所述,这样的"浅近文言"就是吕叔湘所说的通俗文言,也属于本文所讨论的异质文言,而这样的文言,就是最早的"欧化文言"。

近代以来,随着中西交流日渐增多,传统的文言也受到巨大的冲击和影响,并由此而产生了巨大的变化,形成了前述引文所说的"面目全非"的形态。就散文来说,最具影响力的是以梁启超作品为代表的"新民体",有人称之为"突破文言旧格局的急先锋"[50]。它在语言上的特点,梁氏自己表述为“时杂以俚语、韵语及外国语法”①。而有人据此进一步归纳为“吸取了生动活泼的民间俗语、谚谣、口语、俚语，并不时杂采新事物、新名词术语及外国语法，把渊雅古奥、晦涩高古的文言文改造得通俗易懂，使文章向言文一致的方向转化”，但是同时仍认为“那种半文半白的格调实际上是一种浅近的文言文，没有从根本上改变文言文的面貌”。[54]

以下举一个实际的例子：

我中国其果老大矣乎？是今日全地球之一大问题也。如其老大也，则是中国为过去之国，即地球上昔本有此国，而今渐澌灭，他日之命运殆将尽也。如其非老大也，则是中国为未来之国，即地球上昔未现此国，而今渐发达，他日之前程且方长也。（梁启超《少年中国说》）

对于新民体在近代语言发展中的作用，陈平原做过这样的表述：“晚清的白话文不可能直接转变为现代的白话文，只有经过梁启超的‘新文体’把大量文言词汇、新名词通俗化，现代白话文才超越了语言自身缓慢的自然进化过程而加速实现。”[55]司马长风更是高度评价新民体语言上欧化的革命意义：“从‘时杂以俚语、韵语及外国语法’看来，距完全用白话也只一步之差。”②

后于新民体的，还有所谓的“逻辑文”，即章士钊在民国初年创立的以文言形式写作的政论文体式。“在民初散文影响较大的逻辑文中，句法欧化表现得最为明显，逻辑文的代表作家章士钊善用‘欧化的古文’，表达繁复的意思、高深的学理。傅斯年认为这是‘几百年的文家所未有’的。”[56]这一文体“表现出与晚清文言散文主流鲜明的差异性。它推崇柳宗元文章精致的修辞技巧，却有着混杂的语汇和西化的句法”[57]。

① 梁启超：《饮冰室合集》，中华书局，1989。

② 司马长风：《中国新文学史》，香港昭明出版社有限公司，1976。

以下我们也举一个章士钊文的例子：

愚今言用才，所谓用者，易生误解。今请以说明之。用人曰用，自用亦曰用。天之生才，而适有相当之职分以发展之。举曰用，用才云者，乃尽天下之才，随其偏正高下所宜，无不各如其量以献于国，非必一人居高临下以黜陟之也。(《政本》)

散文之外，再如文学作品，这里主要说林纾的翻译作品。林纾在辛亥革命前后的近30年中，与别人合作翻译介绍了英、美、法、俄、日、西班牙、比利时、挪威、希腊等国200余种小说，达1200万字，被胡适称为“介绍西洋近世文学的第一人”[58]。

林纾的译文全用文言，但相比于传统的文言，已有很大的变化，以下是钱锺书对它的描述：

林纾译书所用文体是他心目中认为较通俗、较随便、富于弹性的文言。它虽然保留若干“古文”成分，但比“古文”自由得多，在词汇和句法上，规矩不严密，收容量很宽大。因此，“古文”里绝不容许的文言“隽语”“佻巧语”像“梁上君子”“五朵云”“土馒头”“夜度娘”等形形色色地出现了。口语像“小宝贝”“爸爸”“天杀之伯林伯”等也经常掺进去了。流行的外来新名词——林纾自己所谓“一见之字里行间便觉不韵”的“东人新名词”——像“普通”“程度”“热度”“幸福”“社会”“个人”“团体”“脑筋”“脑球”“脑气”“反动之力”“梦境甜蜜”“活泼之精神”等应有尽有了。还沾染当时的译音习气，“马丹”“密司脱”“安琪儿”“苦力”“俱乐部”之类不用说，甚至毫不必要地来一个“列底”(尊闺门之称也)，或者“此所谓‘德武忙’耳(犹华言为朋友尽力也)”。意想不到的是，译文里包含很大的“欧化”成分。好些字法、句法简直不像不懂外文的古文家的“笔达”，却像懂外文而不甚通中文的人的硬译。[59]

这样的翻译性古文，与上述新民体等有相当高的一致性，因而可以归为一类，它与现代白话的距离同样也不远。类似的文本再如辛亥革命志士邹容所写的《革命军》，有人认为是“白话文写成的名著”，并引了其中的一段：[60]

扫除数千年种种之专制政体，脱去数千年种种之奴隶性质，诛绝五百万有奇披毛戴角之满洲种，洗尽二百六十年残惨虐酷之大耻辱，使中国大陆成干净土，黄帝子孙皆华盛顿，则有起死回生还魂返魄，出十八层地狱，升三十三天堂，郁郁勃勃，莽莽苍苍，至尊极高，独一无二，伟大绝伦之一目的：曰革命。

孙德金就此发表了自己的看法：“此种文字充其量是浅近的文言文，而不能称为‘典雅的白话文’。”[25]在我们看来，这种相左的意见正好说明了异质文言与当代白话之间相邻、相接、相交的关系，也就是前述引文中所说的，二者只有“一步之差”。

通过以上叙述，我们意在证明本小节标题所示，异质文言是沟通古今的桥梁。正是借由这一桥梁，传统文言成功走进并最终融入现代白话，一方面成为后者的重要来源之一；另一方面也成就了自己完整的历史发展进程，对文言史线索的梳理以及具体发展事实的研究，有巨大的意义和价值。这在文言以及汉语史上自不待言，就是对现代汉语研究也是如此。比如，关于现代汉语的起点问题，至今未能达成共识。在我们看来，其重要原因之一，就是还没能理清现代汉语的来龙去脉，而复线文言史，特别是异质文言史的建立及研究，除了自身及其对新汉语史的意义和价值外，同时也会对这一问题的最终解决起到至关重要的作用。

参考文献

[1]刁晏斌."文言史"及其研究刍议[J].民俗典籍文字研究,2010(7).

[2]刁晏斌.传统文言史的反思及新汉语史的建构[J].吉林大学社会科学学报,2016(2).

[3]吕叔湘.中国文法要略[M].北京:商务印书馆,1982.

[4]袁进.新文学的先驱——欧化白话文在近代的发生、演变和影响[M].上海:复旦大学出版社,2014.

[5]郭锡良.汉语史论集[M].北京:商务印书馆,2005.

[6]李春阳.20世纪汉语的言文一致问题商兑[J].中山大学学报(社会科学版),2011,51(5).

[7]徐时仪.略论现代汉语的渊源和形成[J].南开语言学刊,2008(1).

[8]谢序华.从唐宋古文与《左传》的比较看唐宋古文主语的发展——唐宋仿古文言与先秦文言句法比较研究[J].古汉语研究,2013(1).

[9]李峻锷.古白话界说与近代汉语上限的探索[J].上海师范大学学报(哲学社会科学版),1988(3).

[10]徐欣路.论双言现象与汉语文言资源的利用[J].宁夏大学学报(社会科学版),2015(04).

[11]蒋绍愚.关于汉语史研究的几个问题[J].汉语史学报,2005(总5).

[12]黄征.汉语俗语词研究的几个理论问题[J].杭州大学学报(人文社会科学版),1992(2).

[13]周振鹤.古代文言与白话相去不远[N].文汇报,2002-04-20.

[14]王风.文学革命与国语运动之关系[J].中国现代文学研究丛刊,2001(3).

[15]方一新.从中古词汇的特点看汉语史的分期[J].汉语史学报,2004(1).

[16][日]太田辰夫.汉语史通考[M].重庆:重庆出版社,1991.

[17]徐时仪.汉语白话发展史[M].北京:北京大学出版社,2007.

[18]周俊勋.中古汉语分期及相关问题[J].汉语史研究集刊,2007(总10).

[19]朱庆之.佛教混合汉语初论[A].北京大学汉语语言教学中心.《语言学论丛》编委会.语言学论丛(第24辑)[C]北京:商务印书馆,2001.

[20]徐时仪.《朱子语类》中的白话语料探析[J].汉语史研究集刊,2011(总18).

[21]时世平.从传统到现代的衍变——文言白话转型论[J].理论与现代化,2013(5).

[22]李如龙.文言 白话 普通话 方言[J].语言文字应用,2003(04).

[23]黄伦峰.从文言的消亡看网络语言的发展[J].语文学刊,2013(01).

[24]黄绍君.洪水猛兽抑或春风拂面——网络语言之所见[J].学习月刊,2011(04).

[25]孙德金.现代书面汉语中的文言语法成分研究[M].北京:商务印书馆,2012.

[26]胡双宝.读《汉语白话发展史》[J].汉字文化,2008(3).

[27]汪曾祺.关于小说语言[A].中国社会科学出版社文学编辑室.小说文体研究[C].北京:中国社会科学出版社,1988.

[28]季羡林.病榻杂记[M].北京:新世界出版社,2007.

[29]张博宇.台湾地区国语运动史料[M].台北:台湾商务印书馆,1974.

[30]孙兰荃.部分学术论著语言文言化倾向忧思[J].北华大学学报,2005,6(2).

[31]刁晏斌.初期现代汉语语法研究(修订本)[M].沈阳:学海出版社,2007.

[32]胡正微.词的使动用法的新动向[J].语言教学与研究,2002(01).

[33]冯胜利,王洁,黄梅.汉语书面语体庄雅度的自动测量[J].语言科学,2008(02).

[34]陈平原.当代中国的文言与白话[J].中山大学学报(社会科学版),2002(03).

[35]张中行.文言和白话[M].北京:中华书局,2007.

[36]魏慧萍.汉语词义发展的重要背景——主导文体及其嬗变[J].吉林师范大学学报(人文社会科学版),2004(03).

[37]严慈.例释白话文里的文言虚词“之”[J].淮北煤炭师范学院学报(社会科学版),1998(1).

[38]卜师霞,张素凤.文言与现代汉语复合词[J].北方论丛,2007(01).

[39]刘延新.古语词分布状况和使用频率考察——兼评《现代汉语词典》和《现代汉语频率词典》[J].辽宁大学学报(哲学社会科学版),1999(02).

[40]苏新春,徐婷.《现代汉语词典》标“书”词研究(上)——兼谈与古语词、历史词、旧词语的区别[J].辞书研究,2007(2).

[41]王慧.词条收录变化对辞书修订的启示——以05版《现代汉语词典》标“<书>”条目为例[J].兰州教育学院学报,2012,28(7).

[42]石定栩,王灿龙,朱志瑜.香港书面汉语句法变异:粤语的移用、文言的保留及其他[J].语言文字应用,2002(03).

[43]徐时仪.古白话及其分期管窥——兼论汉语词汇史的研究[J].南阳师范学院学报,2007(01).

[44]周祖谟.从“文学语言”的概念论汉语的雅言、文言、古文等问题[A].北京大学中国语言文学系语言学、汉语研究室.“文学语言”问题讨论集[C].北京:文字改革出版社,1957.

[45]张中行.张中行作品集:第一卷[M].北京:中国社会科学出版社,1995.

[46]傅斯年.文言合一草议[J].新青年,1918(2).

[47]陈建民.中国语言和中国社会[M].广州:广东教育出版社,1999.

[48]曹尔云.关于现代白话文体的知识考据[J].涪陵师范学院学报,2005(01).

[49]何九盈.汉语三论[M].北京:语文出版社,2007.

[50]周光庆.汉语与中国早期现代化思潮[M].哈尔滨:黑龙江教育出版社,2001.

[51]吕叔湘.语言和语言学[J].语文学习, 1958(3).

[52]苏颖.古汉语名词做状语现象的衰微[J].语文研究,2011(04).

[53]刁晏斌.现代汉语史[M].福州:福建人民出版社,2006.

[54]梁景时.梁启超文章学思想及其“新民体”[J].学术交流,2007(3).

[55]陈平原.中国现代学术的建立[M].北京:北京大学出版社,1998.

[56]周逢琴.汉语欧化与近代散文文体解放[J].西南科技大学学报(哲学社会科学版),2005,22(3).

[57]孟庆澍.欧化的古文与文言的弹性——论“甲寅文体”兼及与新文学的关系[J].文艺理论研究,2012(06).

[58]施蛰存.中国近代文学大系·翻译文学集[C].上海:上海书店,1990.

[59]钱锺书.林纾的翻译[A].钱锺书.旧文四篇[C].上海:上海古籍出版社,1979.

试论两类不同的语义指向①

杨亦鸣　徐以中　胡　伟

（江苏师范大学语言研究所 南京航空航天大学外国语学院 语言能力协同创新中心）

一、引言

（一）语义指向分析方法产生背景

吕叔湘先生在20世纪70年代中期曾提出有一种歧义是单纯由于多义成分而产生歧义，不同时引起结构分歧，如“这些书他们都喜欢”，“都”的总括作用可以针对“这些书”，也可以针对“他们”（吕叔湘1984）。到70年代末，吕先生在《汉语语法分析问题》中更为明确地指出：“也有这种情形：论结构关系，A应该属于B，但在语义上A指向C，例如：(a)‘圆圆的排成一个圈’（圆的圈）/(b)‘走了一大截冤枉路’（走得冤枉）/(c)‘几个大商场我都跑了’（都总括几个）。”这些分析表明句法成分之间存在语义指向问题，这其实是后来逐渐形成的语义指向分析的先导。

一般认为，语义指向分析法是汉语语言学界的首创，也是对普通语

①本文初稿曾在“纪念吕叔湘先生百年诞辰国际学术研讨会”（北京，2004年6月22至23日）上报告过，修改稿在“全国高校现代汉语教学研究会第十四届研讨会”（浙江金华，2014年11月28至30日）上报告过。本文还得到中央高校基本科研业务费专项资金（NR2015014）、国家973计划课题（2014CB340502）、江苏省社科基金（15YYB002）、国家社会科学基金重大项目（10&ZD126）和江苏高校优势学科建设工程（PAPD）的资助，《语言科学》匿名评审专家提出了宝贵的意见和建议，一并表示感谢，文中谬误由作者负责。

言学理论的一个重要贡献。[①]语义指向是指句子中某一成分跟句中或句外的其他成分语义上的直接联系。通过分析句法成分的语义指向来解释、说明一些语法现象就称为语义指向分析。自八十年代以来，语义指向分析法已成为汉语研究中的一种重要分析方法。该分析法的产生有其历史必然性。语法分析的目的是寻求形式和意义之间的相互对应及规律，然而在研究过程中人们发现，仅靠语法分析有时并不能解决非线性的语义问题，这时语义指向分析便应运而生。从语义研究的实践来看，语义指向分析确实可以解决成分分析法、层次分析法、变换分析法等不能解释的语法现象。例如：

(1)a. 桌子上放着新鲜的水果。 b. 昨天他终于洗了个舒服的热水澡。

(2)a. 她们打坏了球。 b. 她们打赢了球。

(3)我都不知道他会来。

(4)那个人只吃了一块面包。

例(1)中，同是定语，在(a)中指向其后的“水果”，(b)中指向前面的“他”。例(2)中，(a)的补语指向后面的“球”，(b)的补语指向前面的主语“她们”。例(3)和例(4)要复杂些，句中的状语都有不同的语义指向。例(3)中“都”既可指向“我”，又可指向“不知道他会来”这一事实。例(4)中的“只”既可指向“一块”，又可指向“面包”，还可以同时指向“一块”和“面包”。可见例(1)(2)和例(3)(4)属于不同的类：前者指向固定，不产生歧义，后者有歧义。

(二)两类不同性质的语义指向

针对例(3)和例(4)，如果追问它们为什么会有不同的语义指向，为什么句子会产生歧义，过去的研究一般难以给出令人满意的解释。这也

① 陆俭明(1997)对语义指向的性质和作用做了概括。

是以往语义指向分析自身的局限性，“那就是它不能解释某一个句法成分所以会有复杂的语义指向的原因”（陆俭明1997）。

这些问题的解决需要分清两种不同性质的语义指向。一种是句法层面的语义指向，另一种是语用层面的语义指向。前者侧重于对句法成分意义的解释，后者侧重于对句子成分意义的解释。

一般认为，语言的结构规则（语法）有的是句法决定的，有的是语用决定的。但无论受哪种因素的制约，由于受到线性组合和句法规则的限制，它都选择了某种句法形式。这种句法形式有时实际上是一个空壳形式，如果不考虑语用原则的制约，只按句法规则来分析并不能发现问题的实质。换言之，它仍不能彻底解决句子内部错综复杂的语义结构问题。

以往的语义指向分析多数属于句法范围内的作业。从语用角度研究的较少。[①]杨亦鸣（2002）在肯定了传统语义指向分析为汉语研究做出巨大贡献的同时，也进一步指出了其不足，那就是它对“为什么会出现不同的语义指向的深层原因则挖掘不够”；并指出“多数学者对语义指向的探讨大都以语法分析为基础，仅仅局限于句法的框架，而不是以语用分析为基础，所以不能抓住问题的实质”。

针对有些句法结构，“仅仅把这个标为宾语，把那个标为补语，是不够的，要查考这样的名词同时可以出现几个，各自跟动词发生什么样的语义关系……”（吕叔湘1979:75）。其实吕叔湘（1984）在谈到消除歧义的手段时，甚至明确提出可以利用上文消除歧义。上文消除歧义的观点在很大程度上是从语用视角来考察的。这样的语义指向分析，就属于另一语种语义指向——语用层面的语义指向分析。

---

① 这里的语用是指language use，不是指pragmatics。

(三)语义指向分析的适用范围

首先,并非所有的句法现象都需要利用语义指向来分析。像动词与其论元关系、代词的指代关系等,它们之间的语义搭配本身就比较确定,而且,这些问题本身有时可以利用诸如"题元理论、格语法、照应与指代理论、空语类"等比较成熟的理论来解决。因此,这些问题的研究除非必要否则未必需用语义指向方法来分析。请看下面的例子:

(5)a.(东西没吃什么,)只吃了一个面包。

b.(面包吃得不多,)只吃了一个面包。

例(5)来自陆俭明和沈阳(2003:319),按照其"动词语义所指支配范围"的观点:例(5)(a)中"吃"支配的语义焦点成分是"面包",例(5)(b)中"吃"支配的语义焦点成分是"一个"。实际上稍稍变换一下,该方法就会面临新的问题。例如:

(6)(苹果/葡萄一个也没动,)只吃了一个面包。

如果说例(5)(a)中"东西"和"面包"属于同一语义类的话(实际上"东西"属于"种"概念而面包属于"属"概念),那么例(6)中的"苹果""葡萄"和"面包"等显然也属于同一类,而它们之间并无范围大小的关系。

这类问题与其说是动词的语义支配范围的问题,不如说是副词"只"的语义指向问题。而"只"的语义指向对象对应的前提则可以是类也可以是分子,它并不受"范围原则"的支配。例如(徐以中2003):

(7)a.[王老师没学过其他语言],(王老师)只学过三年英语。

b.[王老师没学过法语],(王老师)只学过三年英语。

c.[王老师没学过德语],(王老师)只学过三年英语。

可以看出,上例中与"英语"相对应的部分既可以是"其他语言",也可以是类中的分子,即其他语言中的任意一种(如“法语”“德语”等)。

其次,并非所有的语义问题都属于语义指向问题。语义指向分析是为了确定一个句法成分和其他成分语义上的相关性,因此有些语义结构问题并非指向问题。请看陆俭明和沈阳(2003:329)所举的例子:

(8)a1. 修好了　a2. 晒干了　a3. 洗干净了
　b1. 修坏了　b2. 买大了　b3. 挖浅了
　c1. 挖深了　c2. 剪短了　c3. 切薄了

该文指出,例(8)a是表示某种结果的实现,如“修好了”意思是“修电视,结果电视好了”。例(8)b是表示某种结果的偏离,如“修坏了”意思是“修电视,结果电视反而坏了”。例(8)c是表示某种结果的实现,如“挖深了”,意思是“挖坑,结果达到了规定的深度”;或者表示某种结果偏离,意思是“挖坑,结果超过了规定的深度”。

其实这类问题本质上不属于语义指向分析的内容,语义指向是指一个成分和另一个成分间语义上的联系,而在上例中,无论是表某种结果的“实现”还是“偏离”,两个语义指向成分之间的连接关系并未发生变化。如例(8)c1中,“挖深”在语义上均指向“坑”,例(8)c2的“剪短”在语义上均指向“头发”。另一方面,例(8)a也并非只能表结果的实现。如例(8)a2有时也可表结果的偏离,如“如果马上就吃,不要晾得太干,结果你把它晒干了”;同样,例(8)b也并非只能表结果的偏离,如例(8)b3“挖浅了”也可表结果的实现,“前几个坑他都挖得太深了,这个坑他挖浅了”。可见在这些例子中,表某种结果的实现或偏离本质上并非语义指向的问题。语义指向关注的是两个成分之间是否有联系的问题,而非何种性质的联系。后者的探讨恰恰属于格语法研究的重点。

因此,语义指向的研究对象和范围需要限定。本文提出,语义指向分析适合处理句法结构中修饰语(如定、状、补等)与其他成分(并不限于中心语）之间的语义关系。“动词与其论元关系、代词的指代关系”等现象，若采用语义指向分析方法并不比其他方法更简洁和系统的话，其实并非必须运用语义指向来分析。

二、句法层面的语义指向

过去对句法层面的指向谈得较多，本文对此只做简要分析，我们将重点讨论语用层面的语义指向，并分析其在语言研究中的重要作用。

（一）句法层面语义指向的含义及考察对象

对任一语言结构而言，都存在着句法结构和语义结构两种关系。句法结构关系和语义结构关系有时一致，有时并不一致。句法层面的语义指向只考察这两种结构的异同和对应，并不涉及语用因素对它们的制约。句法层面的指向分析可以分析定语、状语、补语等在句子中的语义结构关系。这些研究都可以不涉及语用因素而在句法范围内进行操作。

句法层面语义指向分析适合考察同一句法成分在不同句子中指向不同对象的情况，如前文例（1）（2）中的句子。充当句法成分（状语、补语、定语等）的单位不仅可以是词还可以是结构或短语。[①]下面分别予以说明。

1. 词作为句法成分的语义指向

先看以下一些例句。在这些句子中，充当补语的都是词。

（9）a. 他喝<u>醉</u>了酒。　　b. 他踢<u>破</u>了皮球。

（10）a. 我找不着东西<u>吃</u>。b. 我找不着老师<u>教</u>。c. 我找不着老师<u>学</u>。

例（9）中，a 句补语“醉”指向主语“他”，b 句补语“破”则指向宾语“皮

① 本文不细究实词与虚词组合或实词与实词组合的区别，下文统称为短语。

球”。例(10)是范晓和胡裕树(1992)所举的句子,a中补语“吃”指向受事“东西”(吃东西),b中补语“教”指向施事“老师”(老师教),c中补语“学”指向施事“我”(我学)。

2.短语作为句法成分的语义指向

不仅单个词在不同的句子中会有不同的语义指向,一些短语充当相应的句法成分时也会有不同的语义指向。例如:

(11)a.我在抽屉里发现了小王的钥匙。b.我在飞机上发现了敌人的航空母舰。

(12)a.老王有个女儿很漂亮。　　b.老王有个女儿很满意。

例(11)中,同是介词短语做状语,a中的短语指向后面的“钥匙”,b中的短语指向前面的“我”。例(12)中,同样的句法成分,“很漂亮”在a中指向“女儿”,而“很满意”在b中则指向“老王”。

可见,充当语义指向成分的单位,可以是词,也可以是短语。这些句子成分虽然在不同的句子中指向不同成分,但在一个句子中,它们的指向通常是确定的,并不产生歧义。陆俭明和沈阳(2003:341~342)把此类句子的语义结构归纳为“多指单义关系”,并指出“虽然结构上某个同位置的成分整体上说可能与结构内其他多个成分在语义上相联系,但一般不会造成不同的理解”。杨亦鸣(2002:177)在考察副词的语义指向时指出,有一类副词(静态副词)语义指向的确定基本不需要考虑语用因素的制约,它的语义指向比较单一,不会引起语用歧义。这类副词的语义指向在句法层面就可以确定。

我们还须进一步思考,为什么这些句子在句法层面就可确定其语义指向?其语义指向受哪些因素制约?这就涉及句法层面语义指向的动因问题。

（二）句法层面语义指向的动因分析

有两条规律可以制约句法层面的语义指向，分别是“语义特征匹配制约”和“人类认知规律匹配制约”。“语义特征匹配制约”是指，两个词如果能够组合成一个语言结构，那么它们必定具有某个或某些相同的语义特征，否则两者是无法进行组合的。（邵敬敏 2000：23）句子中语法成分之间是否形成语义指向关系的前提决定于它们之间是否有直接联系。实际上，它们是否有“直接联系”的前提是他们是否能够“直接联系”。简言之，如果它们具有相同或相关的语义特征则可能有语义指向关系，反之则不然。重新看一下前文例（1）中的句子。

（1）a. 桌子上放着新鲜的水果。b. 昨天他终于洗了个舒服的热水澡。

例（1）a 中的主要成分有“桌子上”“放”“新鲜的”“水果”等，但是定语“新鲜的”表物体的一种性质，不可能与它们都会有语义指向关系，只能与其中的“水果”有语义指向的关系。因而，“新鲜”只能与“水果”搭配，不能与其他成分搭配。同样，在例（1）b 中定语“舒服的”，由于是描写“人的一种感受或心情”，在句子中只能指向“他”这个人，不会是其他成分。

可见，句法范围内的语义指向关系受到词的语义特征的限制。“语义特征匹配制约”可以正面解释两个成分之间能够存在指向关系。我们可以利用这一规律来确定句子成分间的语义指向。例如：

（13）a. 他重重地摔了一跤。　b. 他狼狈地摔了一跤。

同是状语，例（13）a 中“重重地”语义为描写一种程度，在句中只能与“摔了一跤”搭配，形成指向关系；例（13）b 中“狼狈地”语义上显然是描写与人有关一种状态，在句中只能指向“他”。

“人类认知规律匹配制约”是指，虽然两个成分之间具有相同的语义特征，但根据人类认知的一般规律，有些不合理的搭配可以排除。因此

“人类认知规律匹配制约”规律可以从反面排除两个成分之间不存在的指向关系。例如在例(11)a中，尽管“在抽屉里”原则上可以和“我”也可以和“钥匙”搭配，但根据一般人类认知规律，此处它只能和“钥匙”搭配；再如例(11)b中，尽管“在飞机上”原则上可以和“我”也可以和“航空母舰”搭配，但此处它只能和“我”搭配。

(三)句法层面语义指向的特点及局限

句法层面的语义指向分析有三个特点：语义指向比较单一；限于在句法范围内添加成分；指向成分的意义比较具体。下面分别加以说明。

根据上文分析可以发现，句法层面语义指向分析适合考察同一句法成分在不同的句子中指向不同对象的现象。这就是说，句法范围内适合分析“多指单义”的情况。在同一个句子中，它们的指向通常是确定的，一般不会产生歧义。这是第一个特点。如果在同一个句子中语义指向不明确，这时候就会产生歧义。句法层面的语义指向分析也可以分析这些歧义。比如：

(14)a. 你别砍累了。

b. 你别砍坏了。

(15)a. 老张有个女儿很漂亮。

b. 老张有个女儿很骄傲。

在这些句子中，例(14)a没有歧义；例(14)b有歧义，既可以是“你别把桌子砍坏了”，也可以是“你别把刀砍坏了”(陆俭明 1997)；例(15)a没有歧义，“漂亮”肯定指女儿；例(15)b就有歧义，既可以是“老张骄傲”，也可以是“老张的女儿骄傲”。

针对例(14)中的句子，可以通过在句法范围内补充一些成分来确定句子的意思。总之，句法范围内的语义指向分析不需超出句外就可以得到确定的意义。这是句法层面语义指向分析的第二个特点:限于在句法范围内添加成分。例(15)中的句子即使不补充其他成分,在句法范围内也很容易看出句子是否有歧义,因为在这些句子中无论是指向成分还是被指向成分的意义都比较实在、具体,在句法范围内比较容易确定其指向关系。这是句法层面语义指向分析的第三个特点:指向成分的意义比较具体。

但句法层面对语义指向的分析也有它自身的局限。比较而言,句法层面语义指向适合分析“多指单义”的句子,这时在句式与意义之间一般是“一对一”的关系。也就是说,作为句法成分的语义指向,它可以有多个选择,但只有如此选择。语用层面语义指向适合分析“多指歧义”,这时在句式与意义之间是“一对多”的关系。也就是说,作为句子成分的语义指向,它可以有多个选择,但无法知道究竟如何选择,它须依靠在句外通过确定语用前提的办法来做出选择。

三、语用层面的语义指向

语言是动态变化的,语言结构通常也不可能脱离实际语用之外而存在。有许多结构规律其实起始于语用现象的约定俗成化(Levinson1987)。Givon(1979:209)曾指出:“今日之句法即昨日之语用。”因此我们在分析结构规律的来源和本质时,常常需要从语用的角度来考察,这样便于抓住问题的关键。以副词“都”的研究为例,它在学界颇受关注,也颇具争议。争议的焦点主要集中在“都”是否属于全称量化以及“都”属于左向量化还是右向量化?目前尚无定论。但讨论有一个明显的发展趋势,那就是越来越多的学者认识到语境或语用因素在其中起重要作用。具体而言,许多在形式语义学的框架下不能说的“都”字句(如“他都喝过青岛啤酒”“半只鸡都吃了”),在添加一定的语境后均可成立。(徐烈炯 2014;沈家煊 2015)可见,语用因素已成为考察句子意义不可或缺的内容。接下来将主要探讨语用层面语义指向的内涵及作用。

(一)语用层面语义指向的含义及考察对象

语用层面的指向分析与句法层面的分析一样,其目的也在于考察句法结构关系和语义结构关系的异同和对应。但与句法层面研究不同的是,语用层面的研究主要考虑语用因素对不同语义指向的制约。语用层面语义指向分析适合考察同一句法成分在同一个句子中指向不同对象的现象,如例(3)和例(4)。与句法层面的语义指向一样,在语用层面,充当句法成分的语言单位也可分为词和短语两类。

1.词成分的语义指向

请看杨亦鸣(2002)中的一个例子。

(16)她尤其喜欢玫瑰。

例(16)由于语义指向的不同可产生三种意义。这种语用歧义仅仅在句法范围内是难以确定的,但在语用范围内,通过增加语用前提的办法则往往容易解决(关于语用前提的内涵及作用,详见下文分析)。

a.[那群人中],她　尤其　喜欢玫瑰。

b.[她不是一般喜欢],她　尤其　喜欢玫瑰。

c.[她喜欢花],她尤其喜欢玫瑰。

再如,疑问副词"究竟",它在一定的语用前提下由于语义指向不同也会产生不同理解。

(17)"他究竟去了没有?"①

a.[别人都去了],他　究竟　去了没有?

b.[他昨天说去的],他　究竟　去了没有?

2.短语成分的语义指向

不仅词成分在同一句子中有不同的语义指向,短语充当相应的句法成分时也会有不同的语义指向。例如:

(18)伦敦人最常去布赖顿。(李宝伦,潘海华2005)

这个句子在一定的上下文中有两种不同的理解。分别是:

a. [其他地方的人不常去布赖顿],伦敦人　最常　去布赖顿。

b. [伦敦人不常去别的地方],伦敦人　最常　去　布赖顿。

又如"非X才V"格式的短语,在一定的语用前提下由于语义指向不同也会产生不同理解。

(19)非把事实摆出来我才相信。(《现代汉语八百词》)

a. [要是没有事实我不会相信的],非　把事实摆出来　我才　相信。

b. [哪怕小王已经相信了],非　把事实摆出来　我　才相信。

可见在语用层面,充当语义指向成分的可以是词也可以是短语结构。语用层面的语义指向分析适合分析"多指歧义"句子。在"多指歧义的结构关系中",所要分析的句法成分从语义特征的角度大都难以确定

① 陆俭明、沈阳(2003:340~341)认为,在这个句子中"究竟"只能指向"有形的疑问成分"——"没有"。本文对此有不同看法,认为"究竟"还可以指向前面的主语"他"。

它与其他成分之间的搭配关系，这时候从语用前提的角度进行分析就显得适合而且必要。

（二）语用层面语义指向的动因分析

1.语用前提和焦点的内涵

前提一般被看作交际双方的共知信息或无争议信息。Leech（1983）把前提分为语义前提和语用前提，并指出前者易于用真实性关系理论来描述，后者需用语用理论来描述。

本文语用前提的概念类似于Leech（1983）对语用前提的看法，我们把话语中说话人想强调的成分叫语调中心或信息中心（杨亦鸣1988，2000）；与信息中心相对应的成分叫语用前提，杨亦鸣（2000）曾称之为“现实前提”或“话语前提”，它在话语中没有出现时又叫“意念前提”或“认知前提”，为方便起见，可统称为语用前提或前提。

与前提相对应的是焦点，本文这一定义采用一般意义上的说法，认为焦点是说话人在传递中最关注的信息，这一意义上的“焦点”与预设相对[①]。为了与“语用前提”相对应，有时称之为“语用焦点”，也就是前面所说的“信息中心”或“话语中心”。

2.语用前提、焦点以及语义指向之间的关系

一般认为，语义指向的对象，实际上就是焦点（沈开木1999：174）。通过考察还可以发现，句子中焦点的不同是由于语用前提的不同所致。前提如果不确定，有时一句话中哪一个成分成为焦点是不确定的。为便于理解，请看这样一个笑话（《现代文萃》2003年第2期）：

---

① 参见《现代语言学词典》，[英]戴维·克里斯特尔编，沈家煊译。语言学界对焦点有不同看法，徐烈炯、刘丹青等认为，焦点有自然焦点、对比焦点、话题焦点；徐杰、李英哲等认为，焦点在性质上只有一类。本文对焦点的理解类似徐杰的观点，即承认一个句子中有且只有一类焦点（徐杰2001）。

甲：在昨天的舞会上，我真是出了大洋相。

乙：怎么了？

甲：请柬上明明写着："只能系黑领带"，可是到了那里我才发现每个人还穿着衬衫！

在这个笑话中，"只能系黑领带"这句话客观上可以有两种理解。一种是"不能系其他颜色的领带，只能系黑领带"；另一种，假设这个听话人是个像机器人一样不会思考的傻瓜，他也可以理解为"参加晚会时，像衬衫等衣服就不必穿了，只能系黑领带"。可用下式表示：

(20)a. 只能 系黑领带，不能系其他颜色的领带。

b. 只能 系黑领带，其他衣服像衬衫等就别穿了。

依照上文的分析和对相关术语的界定，在例(20)a中，前提句为"不能系其他颜色的领带"，"只"字句"只能系黑领带"中的"焦点"是"黑"，"只"的"语义指向"为"黑"；在例(20)b中，前提句为"其他衣服像衬衫等就别穿了"，"只"字句"只能系黑领带"中的"焦点"是"系黑领带"，"只"的"语义指向"为"系黑领带"。

可见，无论是哪种理解，说话人只有先确定语用前提才会有相应的信息中心，即语用焦点，从而产生确定的语义指向。因此，确定语义指向对象的依据是相应的语用前提。也就是说，语用层面语义指向的深层动因是语用前提，可以把它称为"语用前提制约原则"。

（三）语用层面语义指向的特点及优势

1. 语用层面语义指向的特点

语用层面的语义指向分析适合考察"多指歧义"的句子，这是语用层面语义指向分析的第一个特点。从语用层面语义指向的动因中可以看出，在分析句子中句法成分间的语义指向时，需要添加一定的语用前提才比较容易确定，而增加的前提显然位于原有的句子之外，也就是说增加的成分超越了句法的范围。这是语用层面语义指向分析的第二个特点。第三个特点是，句子中指向成分单位的意义大都比较空灵，如副词“只”“都”“才”“就”“难道”“究竟”等。

还可以通过比较句子语义上的自立性来辨别两种不同的语义指向。句子的自立性是指一个句子在不需要语用背景的情况下，在心理上可否被接受，是不是觉得别扭或感觉似乎缺少什么。例如，单说“他反而打她”，我们会觉得很别扭，如果对这句话不加解释，心理上便难以接受；但单说“他非常爱她”，我们就不觉得别扭，心理上也可以接受。我们认为前者的句子语义不自立，后者的句子语义自立。利用“句子自立性”特征来考察，可以发现句法层面语义指向中的句子语义上的自立性都比较强，如前文例(1)(2)(13)(14)(15)等；而语用层面语义指向句子的自立性都比较弱，如前文例(16)(17)(19)等。

为便于理解，可以把两种语义指向分析的特点归纳为下表1：[①]

表1. 两种语义指向分析的特点

指向特征 / 指向类别	特点1	特点2	特点3	特点4
句法层面语义指向	多指单义	句子范围内添加成分	指向成分意义具体	句子自立性较强
语用层面语义指向	多指歧义	句子范围外添加成分	指向成分意义空灵	句子自立性较弱

① 这些特点可作为辨别两种不同语义指向的相对指标，而非绝对的划分标准。

2. 语用层面语义指向分析的优点

其一，弥补以往语义指向分析的不足。

句法或语义范围内语义指向的探讨只是指出了不同语义指向的表面现象，这只是一种描写，有时这种描写仍然是不全面的。这种情况下只有在语用范围内引入语用前提的概念才能进一步解释不同语义指向的深层原因。例如（尹世超 1988）：

（21）这又是一起大案。

该句中"'又'语义所指向的这层意思（此前已发生过类似案件）显然在文外"。但这个语义指向的对象到底是什么呢？这个问题的答案显然要在语用、语境的范围内来寻找，它不是在句法范围内所能解决的。例如（邵敬敏 1990）：

（22）我把这个问题一起解决了。

这句话中，"一起"在语义上除了跟句中"这个问题"联系外，还同句外的潜在项"那个问题"发生联系。有关这类问题的分析，段业辉（1992）曾举了这样一个例句，以获得比较彻底的解释：

（23）因为他血管里流着贫下中农的染色体，又披着油污的工作服，身价比吃粉笔灰的黑帮高一个数量级……

文章指出："'又'前面的语言成分所表示的相关或相类的事物是使用'又'的前提，'又'的语义要受到这个前提的制约。"可见，有些语义指向对象可从前提等语用背景的角度确定。

其二，对语义指向的分析更加简约。

有些语义指向、语用歧义现象，如果在句法或语义范围内分析非常复杂，这时若在语用范围内分析却非常简单。先看这样一个例句：

（24）上海一小学出台新校规：女老师上课必须化淡妆。（“网易新闻”2002/10/13）

这个句子可有两种歧义：一种理解是，学校要求所有女老师上课不但要化妆，而且必须化淡妆；另一种理解，学校要求所有女老师上课尽量不化妆，要化的话只能化淡妆。这样解释起来，虽然勉强可以理解，但歧义现象仍然不明显。如果采用本文的分析方法，通过增加相应的语用前提来确定其语义指向，那么解释起来就非常简洁、易懂。例如：

a.[针对目前老师“浓状艳抹”地去上课的现象]，上海一小学出台新校规：女老师上课必须　化淡妆。

b.[针对目前老师“衣冠不整”地去上课的现象]，上海一小学出台新校规：女老师上课必须　化淡妆。

可以看出，在例（24）a句中强调的重点是化妆必须“淡”，例（24）b中强调需要化妆这一事实。[1] 可见，这种分析方法可以使表面很复杂的、不易说清楚的现象一下子简洁、明朗起来。

其三，可以彻底消解语用歧义。

杨亦鸣（2000）在分析副词“也”在句中由于语义指向的不同而产生歧义时指出，“‘也’字句歧义就其本质而言是语用平面上的歧义，与语法范畴关涉不大”。以往的研究在分析由语义指向的不同而产生的歧义时，通常从句法或语义的角度进行，如果是句法层面造成的歧义那当然可以，如果是语用层面造成的歧义就不可能分析出满意的结果。这样对歧义的分化往往是不完全的，更不能深刻揭示产生歧义的本质原因。如

① 像“必须”“应该”等属于比较特殊的一类动词——能愿动词，其功能与副词比较相似，在句中可以看作修饰语。它在句中也会产生歧义。Rooth（1996）把其看作对句子焦点敏感的结构，这样的句子可产生不同歧义（李宝伦，潘海华2005）。

周刚(1998)在分析“只”字句的意义时曾指出,“只”具有两个不同的义项:①表示限定范围,②表示数量少。并认为可运用这两个义项来分化歧义。例如:

(25)他只给了十元钱。

这个句子,既可理解为:

a.他只给了十元钱。

也可理解为:

b.他只给了十元钱。

这两种歧义是由上述的两个义项造成的,“只”表示①的意义时,理解为例(25)a义;“只”表示②的意义时,理解为例(25)b义。这种解释比《现代汉语八百词》的解释更加细致。但是,这个句式除了有上述两种义外,还可以有第三种理解,即:

c.[他没有给别的什么,也没有多给点钱给他],他只给他 十元 钱。

这时“只”同时指向“十元”和“钱”的情况,这一点似乎用“只”的两个义项的说法不太好解释。纵使可以说,此处的“只”既表示①义也表示②义,也不能解释下面例句里的现象:

(26)[我没教过英语],只 学过 英语。

这里的“只”指向“学”,它既不表示①义也不表示②义。可见,从语用角度通过增加语用前提的方法来分析句法成分的语义指向,可以使得分析更加严密、彻底(徐以中2003)。

四、两类指向产生的深层动因及表层条件

(一)句法层面语义指向和语用层面语义指向的深层动因

在语言研究中,句子的前提一般可分为两类:语义前提和语用前提;重音也有两类:自然重音和对比重音;甚至否定也可分为语义否定和语用否定(沈家煊1993)。相应地,指向也有两类,分别是句法范围内的语义指向和语用范围内的(基于一定语用前提)语义指向。从语言研究的目的来看,句法语义范围内语义指向的研究侧重对语言现象的描写,而语用范围内对语义指向的探讨则是对语言现象的解释。

不论是句法层面的语义指向还是语用层面的语义指向,它们都是为了弄清语言的句法结构和语义结构的对应关系,寻求“形式”和“意义”的印证。但为什么句子的语义结构和句法结构之间存在复杂的对应关系呢?这是因为源于客观世界的语义结构是复杂的,多维的,而言语单位的组织却是线性的,一维的。因此,一个错综复杂的语义结构要进入同一个句子,就必须遵循一定的句法规则,有时还受到相应语用原则的限制。杨亦鸣和李大勤(1994)指出:“一个单位一旦进入结构,它就不再是以单位的身份与其他成分发生关系,而是以它所充任的成分与相关的句法成分产生语法上的联系。因而名词性单位尽管不能与副词组合,但一旦当它充任了谓语,那它就可以以谓语的身份接受由副词充任的状语的修饰、限定。如‘他简直骗子’。”

因此,如果反过来看,在语言结构中的各个单位之间,受句法成分制约的语言线性组合有时只是一种空壳形式,组合在一起的两个成分之间并不一定具有某种直接联系,而没有组合在一起的间接成分之间也并非就没有直接联系。这从跨语言的事实中也可窥一斑。汉语的“也”可以指向句中的不同成分,当然是在不同的语用前提条件下;而表示类似意

义的“也”在日语中，它修饰哪一个成分就会附着在该成分上，不会产生像汉语那样不同的语义指向（杨亦鸣 2000）。这说明语义结构在表征为句子结构时要受到不同语言句法规则的制约。可见，语义结构的多维性和句子的线性组合的一维性是语义结构和句法结构不一致的根本原因，也是两类语义指向能产生不同语义指向关系的基础。

（二）指向歧义产生的表层条件

所谓指向歧义是指由于语义指向的不同而带来的歧义。根据前文的分析，制约句法层面语义指向的动因是句法成分的语义特征，制约语用层面语义指向的动因是不同的语用前提。接下来需要思考的是会不会有超越语义特征和语用前提的其他表层因素导致歧义的产生？先来看下列几组例句：

（27）a. 来了两个大学教授。（歧义：“两个”既可指向“大学”也可指向“教授”）

b. 来了两位大学教授。（无歧义：“两位”指向“教授”）

（28）a. 我帮他洗了一件大衣。（歧义：“衣服”可以是“我”洗或“他”洗，还可以是两人同时“洗”）

b. 我帮他削了一个梨。（无歧义：“削梨”的是“我”而不是“他”）

（29）a. 老李盯着小李喝咖啡。（歧义：“喝咖啡”可指向“老李”或“小李”，也可同指两人）

b. 老李盯着小李写检查。（无歧义：“写检查”只指向“小李”）

（30）a. 小王父亲生病，请假回家去了。（歧义：“请假回家去了”在句中指向不明）

b. 小王的性格不像他爸爸，很开朗。（歧义：“很开朗”可指向“小王”，也可指向“小王爸爸”）

c. 这孩子追得我直喘气。(歧义:存在"我追孩子"和"孩子追我"两种情形)

d. 这个人连我都不认得了。(歧义:存在"我不认得这个人"和"这个人不认得我"两种情形)

e. 刘芳看望被丈夫打伤的李红。(歧义:"丈夫"既可指向"刘芳"也可指向"李红")

上面例(27)a、(28)a、(29)a以及例(30)中的各个句子都有歧义,而(27)b、(28)b、(29)b通常没有歧义。为什么采用同样的句法结构,有的句子有歧义,有的句子没有歧义呢?这些歧义的产生需要什么样的客观条件呢?经考察可以发现,这些歧义的句子有一个共同特征:即句子中都有两个NP和一个指向性成分,歧义的产生都是它们之间的指向不明确造成的。

可见,不论是在句法范围还是在语用范围内,句法的整体结构其实提供了导致歧义的表层条件。[①]所谓"整体结构"是就语言中线性句法结构这个空壳形式而言的,由于客观世界是多维的,反映客观世界的语义结构也是多维的。按理想的状况,不同的语义结构表征为不同线性组合的句法结构时不会产生歧义。可事实上,不同语义结构在表征为句法结构时由于受到线性组合的限制,往往只能形成一种句法结构,这时候就产生了歧义。所以说,句法的整体结构是导致歧义产生的客观条件。

到目前为止,我们发现语义特征、语用前提、句式的整体结构等都是语义指向的制约因素。如果仅仅局限于句法,往往会发现导致语义指向不同的往往是词语的差别(语义特征)。实际上,无论是在句法范围还是在语用范围内,语言的整体结构都可以看作超越语义特征和语用前提而导致歧义的表层客观条件。但语言的整体结构本身并不能够分化或确定歧义,因为指向不同导致的歧义需要靠语义指向的手段来分析。

---

① 就所见资料来看,陆俭明和沈阳(2003:314)也曾针对这类句子谈到"歧义结构"的现象,惜未做深入探讨。

五、语用前提分析的规律性

在语义指向研究中，人们在确定语义指向关系时往往依据的是语感。语法分析如果都笼统地归结为语感的话，有时很难说清楚，也很难令人信服。语言有口语和书面语两种表现形式。因此分析和确定语用前提也必须考虑到口语和书面语两种情况。接下来分口语和书面语两个层次来说明前提的确定和增加并非任意，它具有一定的规律可循。

（一）口语中确定语用前提的规律

在话语分析中，可以把说话人想强调的成分叫语调中心，与语调中心相对应的成分叫语用前提。话语中语用前提与语调中心的关系非常密切。通常情况下，说话人常根据语用前提来安排所表达的语调中心，这是从言语生成的角度而言的；反过来从言语理解的角度来看，语调中心的变化往往随着语用前提而变化。在语义指向分析中，话语语调中心的变化往往意味着语义指向和语用前提的不同。听话人可以根据话语中心的重音分布规律来确定语义指向，从而推断相应的语用前提。根据杨亦鸣（1988，2000）对“也”字句的研究发现，其语调中心的语音特征大致有以下特点：语调中心各音节的发音速度相对减慢，音时增长，音节间的幅距扩大；语调中心各音节音强增加，音高加宽。但其内部各成分之间又有重与次重之分，并非等同。接下来请看“我才看了一遍”这样一个例句，根据话语中心的轻重读规律，该句可有两种意义：

（31）a我才看了　一　遍，还要再看两遍。

b我　才　看了一遍，你就别指望看了。

语音实验也证明了上述分析。这两个句子的语图如下（软件Praat；

发音人:男,27岁,普通话):

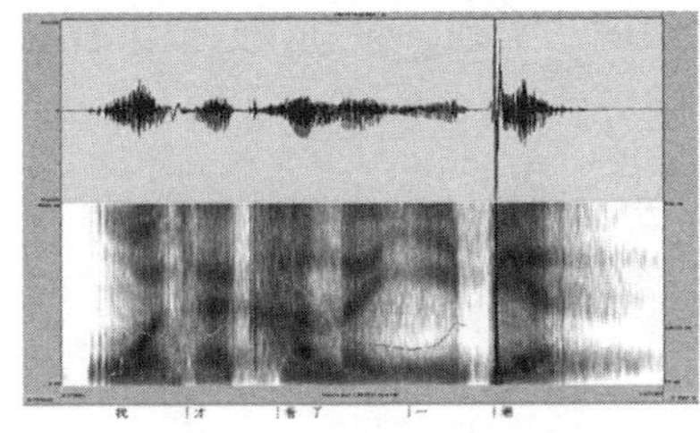

图1　例(31)a语图

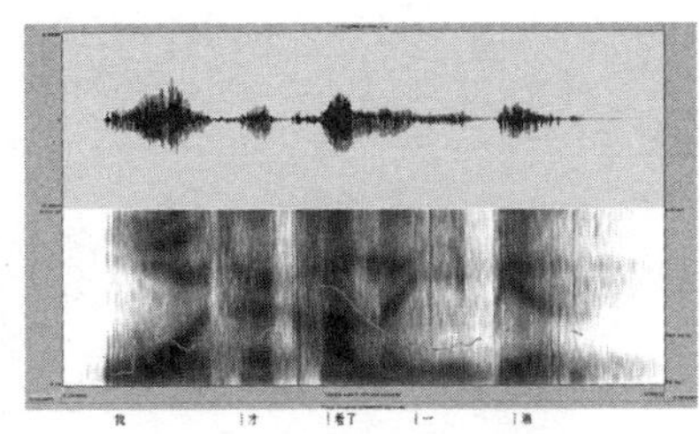

图2　例(31)b语图

采用现代语音学的手段测量"才"及相关成分的音高、音节时长、元音时长和音强,得出各自的图谱及声学数据如下表2和表3。

表2.例(31)a句子成分声学数据

指标 / 例字	基频（Hz）	音节时长（ms）	元音时长（ms）	音强（db）
Wo我	102~191	223	166	71
Cai才	134~197	166	108	68
Yi一	158~214	213	213	67
Bian遍	165~276	216	141	79

表3.例(31)b句子成分声学数据

指标 / 例字	基频（Hz）	音节时长（ms）	元音时长（ms）	音强（db）
Wo我	78~212	330	307	75
Cai才	179~221	145	109	67
Yi一	161~189	162	162	64
Bian遍	157~208	262	232	68

从表中可以看出,例(31)b的"我"比例(31)a中的"我"在基频变化范围、音节时长、元音时长、音强上都要高,显示"我"在例(31)b中是要

强调的中心。例(31)a中的“一”在各个声学特征指标上都大于例(31)b中的“一”,显示“一”在例(31)a中是要强调的中心。通过数据也可看出,无论是“我”还是“一”,它们的音频和时长的变化最显著。采用类似的办法,杨亦鸣(2000)、徐以中和杨亦鸣(2010,2014)、徐以中和孟宏(2015)对“也”“就”“很”“不”“还”字句的语音学分析表明:句子语调中心的语音特征的变化往往蕴含语用前提的变化。因此,我们可以根据句子语调中心的语音特征推断句子的语用前提。

(二)书面语中确定语用前提的规律

利用轻重音规律和成分的语音特征在口语中可以确定相应的语义指向,但在书面语中由于重音并无相应的形式标记,想要用重音的办法来确定语义指向会比较困难。因此,在书面语中需要找到一个确定语义指向对象进而确定语用前提的对应规律。

在书面语中,可以把句子中被强调的成分叫信息中心,与信息中心相对应的成分叫语用前提。经考察发现,前提的增加并不是任意的,它具有一定的规律性。杨亦鸣(1998,2000)曾举多例说明,增加语用前提遵循的规律是:“前提句与本句只有中心部分各不相同,其余部分是共用的。”例如:

(32)他也许出差了。

这个句子其实有两种理解:

a.[小王没出差],他　也许　出差了。

b.[他没来上班],他也许　出差了。

在增加语用前提时,遵循这样的规律:针对例(32)a句,如果句中的“他”成为语义指向对象,那么前提句就保持“出差”不变,只须把与“他”

相对的部分变成别的如“小王”“小李”等就可以了；针对例(32)b句，如果句中的“出差”成为语义指向对象，那么前提句中就保持“他”不变，只须把与“出差”相对的部分变成别的如“没来上班”“没来吃饭”等就可以了。即把下图中箭头所指之处的成分做相应变换就可以了。

a.[小王没出差]，他　也许　出差了。

b.[他没来上班]，他　也许　出差了。

用同样的方法可以确定例(33)和(34)的语用前提。

(33)只小李的妹妹喜欢言情小说。(徐以中2003)

a.[小赵的妹妹不喜欢言情小说]，只小李的妹妹喜欢言情小说。

b. [小李的弟弟不喜欢言情小说]，只小李的妹妹喜欢言情小说。

c. [小赵的弟弟不喜欢言情小说]，只小李的妹妹喜欢言情小说。

(34)他不赞扬新选出的局领导。(沈开木1984)

a. 别人赞扬新选出的局领导，他不赞扬新选出的局领导。

b. 他批评新选出的局领导，他不赞扬新选出的局领导。

c. 他赞扬上次选出的局领导，他不赞扬新选出的局领导。

d. 他赞扬新任命的局领导，他不赞扬新选出的局领导。

e. 他赞扬新选出的处领导，他不赞扬新选出的局领导。

f. 他赞扬新选出的局职工代表，他不赞扬新选出的局领导。

在上面这些例句中，增加相应的语用前提时，先写出前提句与本句共用的部分（没有画线部分），然后将中心部分（语义指向对象）相对应的前提部分变换一下，保证它们各不相同就可以了，当然这里可以排除一些连接性成分的影响。实际上，上面的过程可以归纳为下面的公式：

x1 + x2 + x3 + x4 + (Z)…… S1 + S2 + S3 ……Y1 + Y2 + Y3 + Y4 +（ADV）…… S1 + S2 + S3 ……

在这个公式中，假定需要为“Y1 + Y2 + Y3 + Y4 +（ADV）…… S1+ S2+S3 ……”这样的句子增加相应的语用前提，并且假定存在“（ADV）”，它同时指向“Y1 + Y2 + Y3 + Y4”，在增加语用前提时，未被指向的部分“S1 + S2 + S3 ……”保持不变，被指向部分变为“x1 + x2 + x3 + x4 + (Z)”就可以了。Z表示根据需要另外增加的一些连接词。

如果为“我们学校的王老师过去也教模糊数学”这句话增加一个语用前提，使“也”同时指向“我们学校的王老师过去”这些成分，按照上面的规则就比较容易得到下面的句子：

(35)[你们研究所的李老师现在教模糊数学]，我们学校的王老师过去也教模糊数学。

利用上面归纳出的公式可表示为：

[x1：你们] + [x2：研究所的] + [x3：李老师] + [x4：现在] ……[S1：教] + [S2：模糊] + [S3：数学]……

被指向部分：不同　　　　未被指向部分：同

[Y1：我们] + [Y2：学校的] + [Y3：王老师] + [Y4：过去] +（ADV：也）……[S1：教] + [S2：模糊] + [S3：数学]……

总之，无论在口语还是在书面语中，语用前提的确定及相关语用歧义分化具有一定的规律可循。

六、结语

本文区分了句法和语用层面两类不同的语义指向，强调了语用前提对语义指向的制约作用，还强调句法的整体格式和结构规律对不同的语义指向的制约作用。但实际上影响和制约某个单位在句中语义指向的因素是很多的，并不仅限于语用前提，比如各个单位本身的语义特征、句法环境、语序等都是语义指向的制约因素（朱晓亚1994；古川裕2000）。由于这些因素比较容易被发现，以往对这些因素的探讨也比较多，而语用前提这个制约因素一般是隐藏的，不容易被发现，因而本文在这方面加以强调。而且就其本质而言，语用前提对语义指向的制约是根本的，第一性的[①]，其他制约因素必须在这个根本因素发挥作用之后才体现自己的制约能力。但本文的研究并不意味着其他语义指向的制约因素就不重要。我们认为，这些不同因素对某一特定句式的语义指向所起的作用是不相等的，其中有的发挥的作用大些，有的小些；而且同一制约因素对某一句式的不同成分所起的作用也是不平衡的。

在未来的研究中，探讨不同因素对某一成分的制约作用以及同一因素对不同成分的制约作用并尽可能发现它们的优先序列，这种指向层级性的研究将会成为语法研究中一个新的亮点。

① 心理学家曾考察过儿童在认识发展过程中对语用结构的习得，其考察研究得出这样的结论：句法结构产生于语义结构，语义结构产生于语用结构。这就充分说明：句子的语用决定了句子的语义和句法结构（参见常敬宇2001）。

参考文献

[1][英]戴维.克里斯特尔.现代语言学词典[M].沈家煊译.北京:商务印书馆,2000.

[2][英]利奇.语义学[M].李瑞华等译.上海:上海外语教育出版社,1987.

[3]常敬宇.谈句子的语用研究[J].汉语学习,2001(02).

[4]段业辉.论副词的语义制约[J].南京师范大学学报(社会科学版),1992(02).

[5]古川裕."跟"字的语义指向及其认知解释:起点指向和终点指向之间的认识转换[J].语言教学与研究,2000(03).

[6]范晓,胡裕树.有关语法研究三个平面的几个问题[J].中国语文,1992(4).

[7]Givon, Talmy. *On Understanding Grammar* (New York: Academic Press, 1979), pp.207-233.

[8]Levinson, Stephen C. "Pragmatics and the Grammar of Anaphora: A Partial Pragmatic Reduction of Binding and Control Phenomena," *Journal of Linguistics*23(1987).

[9]李宝伦,潘海华,徐烈炯.焦点关联现象与对焦点敏感的结构及焦点的语义解释(下)[J].当代语言学,2003(02).

[10]徐烈炯,潘海华.焦点结构和意义的研究[M].北京:外语教学与研究出版社,2005.

[11]刘丹青,徐烈炯.焦点与背景、话题及汉语"连"字句[J].中国语文,1984(4).

[12]吕叔湘.汉语语法分析问题[M].北京:商务印书馆,1979.

[13]吕叔湘.汉语语法论文集[M].北京:商务印书馆,1984.

[14]吕叔湘.歧义的形成和消除[J].中国语文,1984(5).

[15]陆俭明,沈阳.汉语和汉语研究十五讲[M].北京:北京大学出版社,2003.

[16]邵敬敏.副词在句法结构中的语义指向初探[A].华东师范大学中文系.汉语论丛(一)[C].上海:华东师范大学出版社,1990.

[17]邵敬敏.汉语语法的立体研究[M].北京:商务印书馆,2000.

[18]沈家煊."语用否定"考察[J].中国语文,1993(5).

[19]沈家煊.走出"都"的量化迷途:向右不向左[J].中国语文,2015(1).

[20]沈开木."不"字的否定范围和否定中心的探索[J].中国语文,1984(6).

[21]沈开木.语法.理论.话语——现代汉语的探索[M].广东:广东人民出版社,1999.

[22]徐杰.普遍语法原则与汉语语法现象[M].北京:北京大学出版社,2001.

[23]徐杰,李英哲.焦点和两个非线性语法范畴:"否定""疑问"[J].中国语文,1993(2).

[24]徐烈炯."都"是全称量词吗?[J].中国语文,2014(6).

[25]徐以中.副词"只"的语义指向及语用歧义探讨[J].语文研究,2003(02).

[26]徐以中,杨亦鸣."就"与"才"的歧义及相关语音问题研究[J].语言研究,2010(01).

[27]徐以中,杨亦鸣.副词修饰副词现象研究[J].语言科学,2014(06).

[28]徐以中,孟宏.副词"还"的歧义及相关语音问题[J].汉语学报,2015(01).

[29]杨亦鸣."也"字语义初探[J].语文研究,1988(03).

[30]杨亦鸣，李大勤．试析主语槽中的“NP的VP”结构语法研究与语法应用[A]. 邵敬敏．语法研究与语法应用[C]. 北京：北京语言学院出版社，1994.

[31]杨亦鸣．试论“也”字句的歧义[J]. 中国语文，2000(2).

[32]杨亦鸣．论副词的语用分类[J]. 汉语语言与计算学报，2003(1).

[33]尹世超．结构关系与语义指向[J]. 语文研究，1988(03).

[34]周刚．语义指向分析刍议[J]. 语文研究，1998(03).

[35]朱晓亚．新时期以来的汉语句法语义研究[J]. 语文建设，1994(06).

当代词汇语义学在中国的发展与义位问题研究

王晓鹏

（山东大学文学院）

一

词汇语义学是现代语义学的一个分支。“词汇语义学”这一术语，大约在20世纪中叶才出现，乌尔曼的结构主义语义学中已提出“词汇语义学”的概念。此后在70、80年代，欧美相继产生了许多关于词汇语义学的论著，如苏联学者阿普列相（Ю.Д.Апресян）的《词汇语义学：语言的同义手段》（1974-1984年），美国学者帕尔默在其《语义学》（1976年）中有第四章“词汇语义学”等。特别是1986年英国语言学家克鲁斯（D. A. Cruse）出版的《词汇语义学》（*Lexical Semantics*）是一本系统研究词汇语义学的里程碑式的专著，在该领域影响深远。

之后，欧美等国出现了一系列有影响的专著和论文集，尤其是美国在词汇语义学研究方面进展最快，成就最显著。较有影响的论著有Jackson（1988）、Singleton（2000）、Lipka（2002）、Behrens & Zaefferer（2002）、Cuyckens et al.（2003）、Halliday & Yallop（2007）、Hanks（2008）等，词汇语义学逐渐成为当代语言学和语义学的重要研究领域。

词汇语义学的研究对象是词汇语义，与传统词汇学中的词义研究有交叉的部分。但是，词汇语义学将词义研究从词汇学中独立出来，发展为现代语义学的一个分支学科，无论是在研究对象、范畴上还是在研究方法上都与传统词汇学区分开来。我们可以从国外具有代表性的词汇语义研究中看到这一点。

例如，阿普列相通过深层语义结构中的语义配价（主要探讨谓词语义单位配价），探究词汇语义单位之间的组合方式和搭配能力，是如何在表层句法上、词汇及词形（形态）上表现的。①

又如克鲁斯在《词汇语义学》一书中，提出在语境中考察、描写词的语法形式和意义的各种关系，描写词汇在具体、实际语句中的各种语义行为、语义特征和语法特征。对词汇（主要是英语）语义关系进行了全面描写。他说："一个词，其词义构成情况是对该词所在语句中的语义特征关系的综合的、谱式的反映。当然，这些语句必须是实际的，符合语法规则的语句。"这成为他词汇语义研究的公理式的命题。②

二

20世纪80年代，当代词汇语义学理论开始传入我国。1984年，林书武摘译了帕尔默《语义学》第四章、第五章，合为《第二部分·词汇语义学》在《国外语言学》（1984年第2期）上刊出。"词汇语义学"这一术语渐渐为中国大陆语言学界所知。③ 20世纪90年代，中国大陆已出现了以词汇语义学命名的论著，如黎良军的《汉语词汇语义学论》（广西师范大学出版社，1995年）。

但是，我国真正具有当代词汇语义学性质的第一本专著则是张志

①参见张家骅等：《俄罗斯当代语义学》，商务印书馆，2003。

② D.A.Cruse，*Lexical semantics*（Combridge :Combridge University Press,1986），pp.1–20.

③ 李葆嘉：《词汇语义学史论的壮丽风景》，《江苏大学学报》（社会科学版）2013年第1期。

毅、张庆云的《词汇语义学》，该书由商务印书馆2001年出版。该书的学术背景主要是苏俄词汇语义学，较全面地介绍了当代词汇语义学，论述了词汇语义学基本原理。作为国内最负盛名的词汇语义学家，张志毅先生熟悉有关词汇语义学的理论并能察其得失，从多角度对汉语词义之间的关系进行系统描写。该书的章节安排富有理论体系性。[①]

张志毅、张庆云《词汇语义学》的出版对我国词汇语义学的研究和发展带来重要的推动作用——该书出版后在国内语言学界产生了较大影响，2004年被教育部推荐为研究生教学用书，多次再版、重印。历届语言学（尤其是词汇学专业）研究生、本科生都受到此书影响、熏陶，一大批词汇语义学领域的青年学者（包括笔者本人）就是在阅读此书中成长起来的。至此，词汇语义学在中国逐渐发展起来，成为中国当代语言学的重要研究领域。

与此同时，国外的词汇语义学著作相继引入中国。这一时期，我国语言学界在词汇语义学研究方面开始活跃，相继出现了一些成果。一是介绍、引进国外词汇语义学研究，如王文斌的《英语词汇语义学》（浙江教育出版社，2001年），张家骅等的《俄罗斯当代语义学》（商务印书馆，2003年），2009年北京世界图书出版公司引进了克鲁斯的《词汇语义学》原文翻印版（剑桥大学出版社），等等。这无疑更加促进了我国词汇语义学的研究。二是出现了词汇语义学理论与现代汉语、古汉语词汇语义研究的融合，研究方法有了更新，研究视野更加广阔了，产生了许多研究成果，如陈淑梅主编的《词汇语义学论集》（中国文史出版社，2006），薛恩奎的《词汇语义量化研究》（黑龙江人民出版社，2006），王东海的《古代法律词汇语义系统研究：以〈唐律疏议〉为例》（中国社会科学出版社，2007），蔡晖的《词汇语义的动态模式》（北京大学出版社，2011），郭纯洁

① 李葆嘉：《词汇语义学史论的壮丽风景》，《江苏大学学报》（社会科学版），2013年第1期。

的《项位词汇语义研究》(中国社会科学出版社,2013),等等,都属于词汇语义学领域的研究成果。

三

当代词汇语义学理论使词汇、词义研究更加深入,推动了研究观念的更新,特别是可以从当代词汇语义学角度深入探究汉语词汇的"义位"问题。

西语 sememe 直译为"义位"[①],1908年由瑞典语言学家诺伦(A. Noreen)首先提出,[②] 后逐渐成为西方现代语言学中语义研究的一项术语,并于20世纪中叶引入中国语言学领域。无论国外还是国内,在语义分析和研究中,人们对"义位"这一术语都曾有过不同的理解。[③]

在汉语词汇中,"义位"是一项基本术语,通常用来指称一个词的最小词义单位。对于有些学者来说,一个词的一种意义,称为一个义位;某一义位在具体句子中的运用表现为该义位的变体,一个义位包含若干意义成分"义素"。这两种理解在"义位"概念外延上其实是相当的。在后一种含义上,国内较早界定并使用"义位"术语的是蒋绍愚,他在1979年撰写的《关于古汉语词义的一些问题》(发表于《语言学论丛》第七辑,1981年)一文中初步提出,继而在《古汉语词汇纲要》[④] 中对这一术语做了更加明确的阐述。高守纲的《古代汉语词义通论》和张联荣的《古汉语词义论》等论著持相同观点。20世纪80年代中期至90年代,又有贾彦

① 词尾"eme"直译为"位"(基本单位)。

② 贾彦德:《语义学导论》,北京大学出版社,1992,第20页;张志毅,张庆云:《词汇语义学》,商务印书馆,2001,第16页。

③ 伍铁平:《评高名凯〈语言论〉中的"位""素"理论》,《语言教学与研究》1979年第2期。张志毅,张庆云:《词汇语义学》,商务印书馆,2001,第16页。

④ 蒋绍愚:《古汉语词汇纲要》,北京大学出版社,1989,第37~47页。

德的《语义学导论》《汉语语义学》，唐超群的《什么叫义位》《义项·义位·概念》，宋永培的《论古汉语词义的系统辨析》，苏新春的《汉语词义学》等论著，从不同角度对“义位”术语做出解释。从不同角度定义义位，有利于全面认识其内涵。张志毅、张庆云的《词汇语义学》从词汇语义学角度总结了不同角度的“义位”界说，[①]展示了义位概念内涵的诸多方面。

整体来看，从词汇语义学角度探究义位，可以深入认识义位的四个方面的问题：

（一）义位的性质

首先，关于“什么是义位”的问题。词汇语义学立足于词义的系统性，主要是从语境和语句中具体词义的动态关系（组合、聚合关系）以及分布来得出其单位。从这一点来看，“义位”是一个词的词义系统（词位义结构）中的最小词义单位。也就是说，从词汇语义聚合关系看，义位是最小级别的词义类聚单位，从横向语义组合关系上看则是具有一定词汇形式的能够独立存在、运用的最小句义结构单位，有独立的句义组合功能或独立的语法意义功能。所以，义位总是相对于某个词而言的，它是一个词的具体词义组合分布上的聚合类别单位。

其次，汉语词汇语义学义位观点的提出，有利于把握住汉语词汇语义结构单位在语义组合、聚合关系上的功能和特征，也有助于全面精确地描写各时期汉语共时词义系统和历时变化关系，使静态研究与动态研究相互补充，从而可以刻画出词义变化的条件，这是非常有价值的探索。

再次，义位不同于义项。“义位”与“义项”是不同学科范畴的术语，“义位”属于语言语义学范畴，“义项”属于词典学、辞书学范畴。义位的确定必须以实际语言中词义分布情况为语言依据，是从具体词义或者说义位变体中抽象出来的一种词义单位，是客观性的词义常体。以实际语

---

① 张志毅，张庆云：《词汇语义学》，商务印书馆，2001，第15～19页。

言为依据，这种客观性是归纳义位的根本标准。而义项的确定，尽管以符合语言实际、反映义位为基础，但在操作上，它的分合可以根据词典的性质、任务为评价标准[①]。不同性质的字典或词典，义项的确定和划分可能会有所不同。

（二）义位的分析问题

在词汇语义学中，词义是可以分析的。

义位的分析，一方面从具体语境和语句中分析个体词义关系、义位关系和义位的构成。从个体词义组合关系中考察词义出现条件、分布特征和义域，从而分析出义位的构成成分、构成方式及其语义要素。通过词义的组合关系来观察、分析词义的聚合关系，不仅可以得出个体词义之间的关系——是否属于同一单位，还可以分析出义位之间的关系。

在义位的分析问题上值得注意的是，在当代词汇语义学视野中，义素并非结构主义和描写语言学所说的语义的最小切分单位，而是指从实际语言使用中的词义动态组合关系及其类聚中以及静态的词汇语义关系中分析出来的语义要素，简称“义素”。这种语义要素不仅建立在语义二元对立的共性与区别性分析的基础上，而且是由多元关系系统的对比、交叉、互补、关联呈现的要素；不仅是语义关系的要素，还是多层面的语义与语法、语用的关系，语义与认知（知识背景）、经验、情景感受、色彩的关系要素。当代词汇语义学视野的义位分析继承了结构主义语言学的义素分析法和语义场分析法，但在此基础上又超越了这些方法，形成更加广阔、灵活、符合词义运用实际情况的分析体系。

另一方面，分析义位的语义构成，不仅有词汇语义关系和语法意义关系。词汇语义学分析的义位既包括实词义位，也包括虚词义位。也就是说，对义位意义构成的分析不能仅仅局限于词汇意义，还应分析它的

① 符淮青：《词典学词汇学语义学文集》，商务印书馆，2004，第90页。

语法意义。对于一部分虚词来说,它的义位只有单纯的语法意义而无词汇意义。

(三)义位的归纳问题

从词汇语义学角度来看,义位归纳实际上就是从具体语境中的个体词义的动态组合关系所形成的词义类聚中区分、归并出词义单位。因此,义位归纳是建立在对词义动态关系分析的基础上的。归纳义位需要处理、辨清义位变体和义位变义的关系,而这些关系的辨识与分析,不仅要全面考察个体的词义语义特征和语法特征,还要考察和分析个体词义使用(语用)行为或个体语义的感性偏好(心理及语义认知)的特点。从这一点来说,是不同于传统词汇学的词义分析的。

(四)义位的分类、义位系统的描写和解释

按当代词汇语义学的思路来划分义位类别,则更注重其分类的多层级性。当代词汇语义学吸收、综合了历史语言学、结构主义、生成主义以及认知语言学和语用学的方法,观察和分类具有综合的特质,形成了多层级义位分类体系。在研究义位系统方面,不仅描写还进行解释,这就使义位系统研究走向了更加精深的层次。

此外,从词汇语义学角度探究"义位",还可以从深层探究义位在其词汇语义结构中的结构关系、位置、作用等,使词汇和词义研究更加深入、系统,使其研究更加精准、细微。

“X的X，Y的Y”构式的形、动二分格局及相关问题讨论①

黄劲伟　林　青

（四川外国语大学中文系）

一、引言

（1）现在的新书，纸张考究，印制精工，版式上也挖空心思，但仍然难以取悦于我。原因是多方面的：一是开本各异，长的长，短的短，宽的宽，窄的窄，插架后参差不齐……（王开林《淘书心得》）

（2）连日来，在云梯乡的山间地头，林农们正忙着采摘山核桃，打的打、捡的捡、挑的挑、扛的扛，一派繁忙景象。

这一构式常用于对某一话题进行说明，如（1）（2）中的“长的长，短的短，宽的宽，窄的窄”“打的打、捡的捡、挑的挑、扛的扛”分别是对“现在的新书”和“林农们”进行说明。《现代汉语词典》（2012：272）谈“的”字用法涉及此结构，认为：“‘的’字前后用相同的动词、形容词，连用这样的结构，表示有这样的，有那样的。如：推的推，拉的拉|说的说，笑的笑|大的大，小的小。”

相关的研究不少，如奚博先（1984）、陈建民（1986）、徐国玉（1991）、李芳杰（1997）、熊伟明（2002）、张凤芝（2002）、傅惠钧（2002）、罗茵（2005）、郭华（2006）、储泽祥（2010）、孙浩（2010）、崔山佳（2004/2006a/2006b/2012）等，但仍有不少地方须进一步补正。

从已有的研究来看，能够进入“X的X，Y的Y”构式的主要是动词和

①本研究获得重庆市社会科学规划项目（2016BS025）资助。曾在中国语言学会第十七届学术年会（北京语言大学）宣读，承蒙与会者马庆株、崔山佳、安福勇三位先生指点，谨致谢忱。

形容词，但两类词在该构式中的整体表现以及对构式内部造成的分化未得到重视。大多数研究是将各种类型的词和该构式的不同变式放在一起讨论，仅有李芳杰（1997）、傅惠钧（2002）、崔山佳（2006b）和储泽祥（2010）等对动词类做过专项研究，而未见到对形容词类的专门研究。此外，现有研究多是针对X与Y的先后顺序和语义限制进行解释，而对"X的X"不能单说这一现象关注不够，除储泽祥（2010）从次范畴化角度对动词类大都要求连用做过解释外，形容词类必须成对连用尚无人关注，也没有人回答为什么形容词类的"X的X，Y的Y"都具有消极义，等等。而这些对加深汉语词类范畴（尤其是动词和形容词）的认识具有一定理论和现实意义。

语言中划分词类的主要依据是句法功能，而位于相同句法结构中的不同词类必然有差异。本文集中描写"X的X，Y的Y"构式在形容词类和动词类上的差异，并试图对"X的X，Y的Y"构式在形容词类和动词类上表现出的二分格局以及相关问题做出解释。文中例句如未加说明，皆来自北京大学CCL语料库。

二、"X的X，Y的Y"构式的形、动二分格局

（一）形式上的二分

1. 项数

"X的X，Y的Y"构式中"X的X"或"Y的Y"的项数必须大于等于两项。对形容词类而言，项数具有强制性要求：必须为偶数。如例（3）（4）（5）分别是两项、四项和六项，且两两相对，互为反义。

（3）家里老的老，小的小，一些人又带着幸灾乐祸的目光看着我。

(4)再看队伍里的其他鼓手,天啊,高的高,矮的矮,胖的胖,瘦的瘦,参差不齐,像一支临时召集起来的军队……(赵凝《平等的就是美丽的》)

(5)特别是课桌,宽的宽,窄的窄,长的长,短的短,高的高,低的低,真是"宽窄高低各不同"。这还不说,最要命的是桌子还破烂不堪……(百度)

而动词类对项数是否为偶数没有强制要求,例如:

(6)看完录像,谈完行为艺术,几个人又是洗浴的洗浴,打长途的打长途。(铁凝《有客来兮》)

(7)于是,大家跑的跑、滚的滚、爬的爬,用尽所有方式逃命自救。随后,渝北区人民医院救护车闻讯赶来,将受伤的17人送到医院急救。(青岛新闻网《上千马蜂蜇伤17名除草村民5人重伤转入急救》)

(8)出了大门,信步走到周家,周家原本是人丁兴旺的,这会儿死的死,逃的逃,嫁的嫁,出门的出门,坐牢的坐牢,只剩下周妈一个人,孤零零地在家过年。(欧阳山《苦斗》)

(9)当时上上下下的同事和领导,免的免,调的调,处分的处分,离职的离职,退休的退休,伤的伤,死的死……到如今,身边周围在职的几乎就只剩了他一人!

例(6)是2项,而例(7)(8)(9)分别是3项、5项、7项,很难说是谁与谁"两两相对,互为反义"。

表示颜色和味道的词也可进入"X的X,Y的Y"构式,但是从项数以及下文要谈到的音节数、语义功能和语用效果等参项来看,它们与动词类"X的X,Y的Y"构式特征更为接近,因此我们把颜色词和味道词类归入动词类"X的X,Y的Y"构式。味道词、颜色词类既可以是偶数项,也可以是奇数项,在项数上是否成偶与动词一样,也不具有强制性。例如:

(10)在我以前的小学大门口,站着一位老伯伯卖冰糖葫芦,我们班的同学都吃他卖的冰糖葫芦,冰糖葫芦味道甜的甜,酸的酸,可好吃啦。(高珊2013)

(11)金秋十月的九寨使人眼花缭乱,绿的绿,红的红,黄的黄,美不胜收。(刘志富2008)

值得注意的是,形容词类即使与其他词类同现,也仍然要求保持成偶的格局。如:

(12)到了吃萝卜的季节,这里菜市上的萝卜可真是琳琅满目,大的大,小的小,长的长,短的短,白的(白),红的(红),青的(青),真可以组成一个庞大的家族。(百度)

例(12)中形容词与颜色词(白、红、青)同现,尽管颜色词不成偶,然而形容词依然成偶数对出现:"大—小""长—短"。可见,形容词类与动词类"X的X,Y的Y"构式在项数是否成偶上具有不同的要求。

2.音节数

当"X"与"Y"为形容词时,在音节上也同样有着严格的限制。不仅要求X、Y音节数目相同,而且要求都是单音节,即1-1,1-1,……如:

(13)党可真有两下子,天南海北,党政军企,身经百战的虎将,运筹帷幄的官员,各有绝门的专家,各色头面人物,土的土,洋的洋,文的文,武的武,汉满蒙回藏苗瑶……(王蒙《王蒙自传》)

根据前人的研究及我们的调查,形容词类的"X"与"Y"只能是单音节。又因为形容词类项数为偶数且两两相配,故形容词类"X的X,Y的Y"构式具有音步整齐的特点。而动词类则不具备这一特点,不受音节和音步的限制。例(6)(7)(8)(9)中动词的音节数分别是2-3、1-1-1、1-

1-1-2-2、1-1-2-2-2-1-1，再如：

(14)我们开始有30来个人，后来走的走、散的散、牺牲的牺牲，最后就剩我一个人了。

(15)那两天，队员们……砌花洞的砌花洞，编席子的编席子，安窗户的安窗户，抬花的抬花……(冰心《像蜜蜂一样劳动的人们》)

例(14)(15)中动词的音节数分别为1-1-2和3-3-3-2。

通过对形容词、动词、颜色词、味道词进入"X的X，Y的Y"构式在项数、音节数的考察，可得出形容词与动词具有明显的对立格局。如表1所示：

表1.形容词类与动词类"X的X，Y的Y"形式对比

比较参项		形容词类	动词类		
			颜色词	味道词	动词
项数必偶		+	−	−	−
韵律	音节求单	+	+	+	−
	音步求齐	+	−	−	−

"X的X，Y的Y"构式中颜色词、味道词类在项数、音节数上表现为更多地向动词靠拢，而不向典型形容词(性质形容词)靠拢。因此在形式上，颜色词、味道词类"X的X，Y的Y"构式可归入动词类。它们在形式上的表现可归纳为：

形容词项数必偶，音节必单，音步必定齐；

颜色词项数不定，音节必单，音步不必齐；

味道词项数不定，音节必单，音步不必齐；

动词项数不定，音节不定，音步不必齐。

(二)语义上的二分

虽然形容词、动词都能进入"X的X,Y的Y",但在X与Y的语义关系上二者有所差异:形容词类X与Y必须互为反义;而动词类不受此限制,语义相近、相关甚至无关都能进入。

根据杨吉春(2007)对汉语反义复词的考察,单音节性质形容词都能找到反义词。刘志富(2008)统计《汉语形容词用法词典》共有162个单音节性质形容词,我们将这些词进行语料检索,发现能够进入"X的X,Y的Y"构式的都互为反义。以"老"为例检索CCL语料库,得到能够进入"X的X"的语料统计如下:

表2."老"进入"X的X"的使用情况

<table>
<tr><td>语义</td><td>性质义</td><td colspan="2">变化义</td><td rowspan="4">合计</td></tr>
<tr><td>形式</td><td colspan="2">"X的X,Y的Y"</td><td>"X的X了,Y的Y了"</td></tr>
<tr><td>X与Y</td><td>互为反义</td><td colspan="2">非互为反义</td></tr>
<tr><td>例句</td><td>老的老,少/小的少/小</td><td>老的老,病的病</td><td>老的老了,病的病了</td></tr>
<tr><td>合计</td><td>29</td><td>7</td><td>9</td><td>45</td></tr>
</table>

属于"X的X,Y的Y"的用例36个,其中X与Y互为反义的有29例,这些用例均是对性质的描写。例如:

(16)到了热闹丛中,镇店集场,便将小车儿放下,智爷赶着人要钱,口内还说:"老的老,小的小,年景儿不济,实在的没有营生,你老帮帮啵。"

(17)你看我们这一家,老的老,小的小,没有一个男人,出不去城,只有等死!

另有7例均表示情况的变化,不属于典型形容词——性质形容词。例如[①]:

①例中TPa表示过去时间,TPr表示说话时当前时间。

(18)是时两河南北，总算平靖，前时TPa受调的军马，ØTPr多半还镇，如咬住、亦怜真班、月鲁帖木儿等，死的死，老的老，或内用，或罢官，收束第五十五回的将官。

(19)早期来台时TPa，大家还能经常在一起聚会，但最近几年TPr，这些老友，老的老，病的病，已经很久没有联络，有的可能早已过世。

例(18)(19)都能找到明显的时间线索表明出现的新情况——变化。张国宪(2004)称为“变化形容词”。而凡进入“X的X，Y的Y”的形容词，都是互为反义的性质形容词。这可用[很+_]、[不+_]、*[没+_]、*[_+了]来进行测试：

老的很老，*病的很病丨老的不老，*病的不病丨老的没老，病的没病丨老的老了，病的病了

老的很老，小的很小丨老的不老，小的不小丨老的没老，*小的没小丨老的老了，*小的小了

性质形容词都可以[很+_]、[不+_]修饰，而变化形容词不能；变化形容词可以用[没+_]、[_+了]，而性质形容词不能。

而当X与Y为动词、颜色词、味道词时，在进入“X的X，Y的Y”构式时则没有互为反义的限制，此不赘述。因此，从X与Y的语义关系看，形容词类与动词类可形成如下对立，见表3：

表3.“X的X，Y的Y”中形容词类与动词类X与Y语义关系上的二分

比较参项	形容词类	动词类		
		颜色词	味道词	动词
X与Y互为反义	+	–	–	–

（三）语用上的二分

根据Goldberg（1995，2006）对构式的定义[①]，"构式语义"应包含词汇意义、句法意义和语用意义。构式整体意义大于其组成部分意义的相加。"X的X，Y的Y"构式也不例外。如果说《现代汉语词典》所说的"有这样的，有那样的"是"X的X，Y的Y"构式词汇意义和句法意义，那么更进一步探讨该构式的语用义即言外之意是必要的。

据语料统计，形容词类与动词类"X的X，Y的Y"构式在言外之意上差异明显：形容词类均隐含消极义，而动词类则不然，见表4：

表4."X的X，Y的Y"形容词类与动词类言外之意比较[②]

比较参项		形容词类	动词类		
			颜色词	味道词	动词
言外必有消极义	用例	（117+15）/132	–	–	161/235
	比例	100%	–	–	68.5%
		+	–	–	–

形容词类"X的X，Y的Y"隐含消极义，已有不少学者提及，如张凤芝（2002）、刘志富（2008）、王春杰（2012）等认为形容词为对举用法时，多表示不满的态度。据我们掌握的132例形容词类语料，117例性质形容词互为反义，均隐含有消极义（储泽祥2010称之为"非褒扬性"）。如：

（20）a. 现在的新书，开本各异，长的长，短的短，宽的宽，窄的窄，插架后参差不齐，模样难看。

（20）b. 现在的新书，开本各异，长的长，短的短，宽的宽，窄的窄，插架后参差不齐，*模样好看。

①"任何一个'形式意义对'，只要其形式或功能的某一方面不能通过其构成成分或其他已确认存在的构式预知，就被确认为一个构式"（Goldberg 1995：5）

② 进入"X的X，Y的Y"构式的颜色词与味道词用例较少，不具有统计学价值，姑且不计。

(20)a.用负面评价“模样难看”很自然,反映出“X的X,Y的Y”构式含有消极义,言者言外有对所描写对象的负面评价。而(20)b.用正面评价“模样好看”则很别扭,除非言者是以“参差不齐”为美的另类。这恰恰反映出这一构式所具有的消极义是客观存在的。

另有15例如“老的老、病的病”类,虽不是互为反义,但这些词本身体现出消极义。如:

(21)他又一次忍不住回忆起地震那年初来时的场景:道路破碎,房屋倒的倒,塌的塌,连个像样的住处都没有。(《钱江晚报》,2010年08月25日)

就材料所见,动词类“X的X,Y的Y”大多也含有消极义,但不像形容词类那样具有强制性。在235例中用于负面评价的有161例,占68.5%。例如:

(22)出了大门,信步走到周家,周家原本是人丁兴旺的,这会儿死的死,逃的逃,嫁的嫁,出门的出门,坐牢的坐牢,只剩下周妈一个人,孤零零地在家过年。

综上所述,“X的X,Y的Y”构式存在明显的形(性质形容词)、动二分格局,见表5:

表5.“X的X,Y的Y”形、动二分格局

<table>
<tr><td colspan="2"></td><td colspan="4">“X的X,Y的Y”构式</td></tr>
<tr><td rowspan="4">两大次类
比较项</td><td>构式类</td><td>形容词类</td><td colspan="3">动词类</td></tr>
<tr><td>词类</td><td colspan="3">形容词</td><td>动词</td></tr>
<tr><td>义类</td><td>性质</td><td>颜色</td><td>味道</td><td>动作/变化</td></tr>
<tr><td>例子</td><td>长的长,短的短,宽的宽,窄的窄……</td><td>红的红,黄的黄,白的白……</td><td>咸的咸,酸的酸,甜的甜……</td><td>说话的说话,睡觉的睡觉,写作业的写作业……</td></tr>
</table>

续表

<table>
<tr><td colspan="2"></td><td colspan="4">“X的X，Y的Y”构式</td></tr>
<tr><td rowspan="2">形式</td><td>项数上必为偶数</td><td>+</td><td>−</td><td>−</td><td>−</td></tr>
<tr><td>音节上必为单音节</td><td>+</td><td>+</td><td>+</td><td>−</td></tr>
<tr><td rowspan="3">功能</td><td>语义上必互为反义</td><td>+</td><td>−</td><td>−</td><td>−</td></tr>
<tr><td rowspan="2">语用上言外必有消极义</td><td>(117+15)/132 100%</td><td></td><td></td><td>161/235 68.5%</td></tr>
<tr><td>+</td><td>−</td><td>−</td><td>−</td></tr>
</table>

表中“＋”“－”表示是否满足形式或功能上的限制

如表所示，形、动两类在形式(“X的X”的项数、“X/Y”的音节、“X的X，Y的Y”的节奏)、语义(X与Y的语义关系)及语用(“X的X，Y的Y”的言外义)上都呈现二分格局。即：

形容词类：项数必偶、音节必单、音步必齐、语义必反、蕴含义必负；

动 词 类：项数不必偶、音节不必单、音步不必齐、语义不必反、蕴含义不必负。

以上我们对“X的X，Y的Y”构式的形、动二分格局进行了探讨，但尚须对相关问题做出进一步解释。

三、相关问题的讨论

(一)动词、形容词以外其他词类能否进入“X的X，Y的Y”构式

以上所见，“X的X，Y的Y”构式里的X和Y均是谓词性的，且表现出形、动二分格局。《现代汉语词典》亦指出：“‘的’字前后用相同的动词、形

容词……”据我们观察，能进入此构式的只能是动词类和形容词类，而不能是其他词类，如名词“*花的花，草的草”、数词“*一的一，二的二”、量词“*斤的斤，量的量”等，更不用说其他虚词。

但是语料中似乎存在少数例外。如：

(23)满扬州人见他夫妻云游的云游，乞丐的乞丐，做出这般行径，都莫知其故。(明·冯梦龙《醒世恒言》第三十七卷)

(24)曾经我们四个一起上夜网，一起逃课，一起睡觉，每次老师逮睡觉的就是我们一排的四个人。可现在东的东，西的西，再也找不回那以前的感觉了。(刘志富2008)

(25)即或幸而无事，你瞧，这爷儿三个，老的老，少的少，男的男，女的女，露头露脑，走到大路上，算一群逃难的，还是算一群拍花的呢？(清·文康《儿女英雄传》第九回)

就句法和语义限制而言，名词、方位词、区别词均不能进入“X的X，Y的Y”构式。上述能进入该构式的“乞丐”“东/西”“男/女”看似名词、方位词和区别词，但进入此构式后，受“构式压制”的影响而有所变化。崔山佳(2006a)指出例(23)“乞丐的乞丐”与“云游的云游”并列，具有动词性，应该理解为“做乞丐的做乞丐”。考察近代汉语中137例进入“X的X，Y的Y”构式的名词，发现均可根据语境补出相应的动词或介词，不妨看作动词或介词省略。例(24)中“东的东，西的西”有“各奔东西”之义，已不再是典型的方位词用法。例(25)中“男/女”是区别词，即“非谓形容词”，但进入“X的X，Y的Y”构式后可以做谓语，自相矛盾。换言之，上述例子并不构成“X的X，Y的Y”构式形、动二分格局的反例。

我们认为能进入“X的X，Y的Y”构式的词类首先必须在句法和语义上满足“X的X”/“Y的Y”成立。“X的X”/“Y的Y”的句法可以分析为：“X定语+的+Ø中心语]主语+X谓语”。这一点与汉语名词化标记“的”密切相关。“X的”名词化，学界已有充分的论述（朱德熙1982，袁毓林1994，詹卫东2000等），认为是非名词结构通过提取实现谓词性结构指称化的一种语法手段。[①]“X的X”正是利用汉语名词化的这种提取手段而生成的。以“这些桌子大的大，小的小，都不合适”（形容词类）为例论证如下：

(26)这些桌子大的大，小的小，都不合适。

a.这张桌子大=[这张[桌子]中心语]主语+[大]谓语

b.这张大的桌子大=[[这张]D+[[[大]A[的]De]A+[桌子]N]N’]NP+[大]T

c.这张大的桌子=[[这张][[[大]定语的]定语+[桌子]中心语]中心语]

=[[这张][[[大]定语的]定语+[Ø]中心语]中心语]

→重新分析→[[这张][[大]定语的]中心语]

→提取结果：[[[大]定语的]中心语]具有指称性

d.提取结果可以做主语。如：大的大=[[[大]定语的]中心语]主语+[大]谓语

根据以上推导，在谓词名词化（提取）过程中，不仅发生了谓语→定语（a→b）的句法转移，还发生了述谓性→指称性（b→c）的重新分析，在语义范畴上实现了谓词指称化。即在指称功能上，“[[大的]桌子]=[[大的]Ø]”。由此，可得出“X的X”在句法上应同时满足如下条件：“X”和“Y”可单独做谓语；“X的”和“Y的”可单独做主语；“X”和“Y”可单独做定语。且在语义上也应同时满足如下条件：“X/Y”具有述谓性；“X的/Y的”具有指称性；“X/Y”具有修饰性。

汉语中能够同时满足以上句法和语义限制的词类只能是动词、性质形容词和颜色词、味道词。因为其既可以做单独谓语，如：“马儿跑”“扁担长”“苹果红”“葡萄酸”，用于述谓；又能带“的”做主语，如“（那个）跑

---

① 朱德熙（1983）认为名词化标记“的”“者”“所”具有不同的提取功能：“者”是提取主语的；“所”是提取宾语的；“的”既能提取主语，又能提取宾语，指称范围最宽。袁毓林（1994）指出：“从指陈和陈述的观点来看，不论汉语或英语，所谓提取，实质上就是一种陈述形态转化为指称形态。”

的”“(那个)长的”“(那个)红的”“(那个)酸的”,用于指称。这也正是我们在实际语料中所见的几种重要类型。可见句法结构(构式的形式)和语义条件对语言成分的制约作用之大。据此也可排除所有体词性成分(如名词、方位词)和区别词进入这一构式。这种排他性(形、动以外的词不能进入)也证明了“X的X,Y的Y”构式的形、动二分格局确实存在。

(二)为什么形容词类都有消极义

这与能够进入“X的X,Y的Y”构式的形容词都是单音节性质形容词有关。

朱德熙(1956)指出“典型的性质形容词是单音节形容词,双音节形容词则带有状态形容词的性质”,张国宪(2000)亦说“性质形容词的主要交际功能是区别,区别是以具有分类的可能为前提的”。形容词类“X的X,Y的Y”构式均具有消极义,而其中形容词都是单音节,且互为反义词。但问题是为什么这些反义词进入“X的X,Y的Y”构式后都具有消极义?认知语言学中的框架激活理论可提供答案。

根据Fillmore(1985)和文旭(2013),知识系统(即信息资源)在大脑中的概念化表征为框架,而框架是组织话语及话语理解的重要参照。所谓框架激活,简言之就是:当提及框架内某一元素时,往往会激活(联想起)与之在同一范畴内相关(相反、相近)的元素。这也是框架成分具有共现性的认知基础。而激活的先后次序遵循从优先激活相反元素,再激活其他相近相关元素,即:相反>相近(>先于)。

形容词类“X的X,Y的Y”构式中X、Y恰好激活的是同一范畴的相反元素。“X”“Y”构成的次范畴({次话题}集合)“X的”“Y的”囊括了所述对象({主话题}集合)的全部。根据陈述句的信息“给予”交流模式,言者传达的信息(IS言者)应比听者(IL听者)所掌握的多,即:IS言者-IL听者

＝M＞0。言者在使用“X的X，Y的Y”构式时，必须传达“X的X”+“Y的Y”以外的信息。仍以(26)为例，其中“大”“小”两个反义词构成的次范畴({大的}次话题集合{小的}次话题集合)指称的是所述对象({这些桌子}主话题集合)所有次范畴的两极。即：

IS言者([[这些衣服]i主话题+[[[大的+Øi中心语]次话题1+[大]次评价]+[[小的+Øi中心语]次话题2+[小]次评价]]评价])－IL听者([[大的]i次话题1+[大]次评价]＋[[小的]i次话题2+[小]次评价])＝M＞0(其中Ø与主话题同指)

形容词类：M＝无[不大不小的]＝无[适中的]

“大的大，小的小”＝无“不大不小的”＝无“适中的”，所以这些衣服都不合适。也就是“大的大，小的小”激活了两端的“大的”“小的”，而位于中间的“不大不小的”/“适中的”在句中没有体现，造成空缺，而空缺的恰是认知框架中默认的最合适的项。

而动词类，在框架激活和信息量原则下，并不必然能得出像形容词类那样“M＝无[不大不小的]＝无[适中的]”的消极义。

有的M为积极义，例如：“这两天队员们砌花洞的砌花洞，编席子的编席子，安窗户的安窗户，抬花的抬花……”除了“队员们各干各的”之外，M＝队员们态度积极热情参与。

有的M为消极义，例如：“会场上大家抽烟的抽烟，聊天的聊天，看杂志的看杂志，打瞌睡的打瞌睡……”除了“大家各干各的”之外，M＝有人没遵守会场纪律。

因此，形容词性的“X的X，Y的Y”构式消极义的产生是由于该构式中“不X不Y”的空缺而在认知框架激活效应下语用推理的结果。因为“适合不适合”在于言者的主观判断。形容词类“X的X，Y的Y”具有强烈的主观性(一种消极评价：不满)，是一种超出/偏离言者心中标准的“断言”。

（三）为什么“X的X”不能单说

“X的X”和“Y的Y”不能单说，只有连用时才能成立。例如：

(27)a. *他们哭的哭。*他们闹的闹。他们哭的哭，闹的闹。

b. *新书长的长。*新书短的短。新书长的长，短的短。

有学者指出“X的X”不能单说是因为时制问题，“哭”“长”为光杆谓语，缺乏体现时制的成分，故不能成立。而当谓语有了时制成分“在”“了”，不再是光杆谓语时，句子就能说了。例如：

(28)a. *他们哭。他们在哭。 他们哭了。

b. *新书长。新书很长。 新书长了。

可是，对于“X的X”而言，即使给谓语X加上“在”“了”，仍然不能单说。如下：

(29)a. *他们哭的哭。*他们哭的在哭。*他们哭的哭了。他们哭的哭，闹的闹。

b. *新书长的长。*新书长的很长。*新书长的长了。新书长的长，短的短。

可见“X的X”不能单说与时制无关。我们认为应从“X的X”的信息结构上寻找答案。

首先，“X的X”是一个陈述句。典型陈述句应遵守的语用原则是：言者在陈述时必须提供给听者足量的新信息。换言之，说者占有的信息量应该多于听者，其信息交流模式是：“言者>听者”（“>”既表示信息流动方向，也表示信息量大小，可表示为：IS言者信息量＞IL听者信息量）。在“X的X”中，主语“X的”是以特征转喻主体的方式构成的“的”字结构，由于主语“X的”已经拥有主体的信息值X，如果还以“X”做谓语，本来应该传递新信息的谓语并未传递任何新信息，所以单说"X的X"时，说了也等于没说，违背了陈述句的信息交流模式，因此不能单说。

其次，"X的X"还是一个以"X的"为话题，"X"为说明的"话题-说明"结构。"话题"是言谈双方共享的已知信息（在当前语境下可以激活），"说明"是言者通过话语对听者增加的信息（至少是言者认为听者在未听到该话语前不能激活的信息）。显然，"X的X"中的"说明"部分没有提供新的信息，也违背了"话题-说明"句的信息结构原则，所以不能单说。

当"X的X""Y的Y"连用时，"X"与"Y"本身形成对比，即使"X的X""Y的Y"的信息值为空，但通过连用形成对比，给听者提供了新信息——"有这样的，有那样的"，构成不同情况的对立，而不同情况的对立也是新信息，符合信息足量原则，所以能说。

四、结语

本文根据真实语料，考察了汉语中常见构式"X的X，Y的Y"在形式和功能上呈现出的形（性质形容词）、动二分格局。语言事实证明，不同词类进入相同构式往往会对构式整体带来一定的影响，从而造成构式内部不同次类的产生。动词、形容词的共性固然重要（都能进入"X的X，Y的Y"构式），但其差异也不可忽视（"X的X，Y的Y"构式二分格局客观存在）。

需要强调的是构式整体上的句法、语义会对其构成成分形成一定的制约，并对进入该构式的成分形成"构式压制"效应。动词、形容词之外的其他词类一旦进入"X的X，Y的Y"构式，其原有的句法语义就会做出调整，不再是原来的词性。

形容词类"X的X，Y的Y"构式消极义的产生是由于语用中的互为反义的形容词作为两极激活了框架里中间项的缺失，动词类无法实现这样的框架激活，故不必然有消极的言外之意。而"X的X，Y的Y"构式中

"X的X"或"Y的Y"不能单说的原因则在于信息交流原则要求言者对听者提供的信息量不能为零,仅此而已。

语言使用中的语用推理、认知框式激活效应以及信息结构的足量原则等可对相关语言现象做出一定的解释。构式语法强调基于使用考察语言构式,有其合理性。本文对汉语"X的X,Y的Y"构式在用法上呈现出的二分格局的揭示以及对相关问题的解释便是基于使用、强调对构式整体进行系统性考察的一次尝试。不当之处,尚祈方家批评指正。

参考文献

[1]Adele E. *Goldberg.Constructions: A Construction Grammar Approach to Argument Structure* (Chicago: University Of Chicago Press, 1995).

[2]Adele E. Goldberg. *Constructions at Work* (Oxford: Oxford University Press, 2006).

[3]Fillmore, C "Frames and the semantics of understanding," *Quaderni di semantics* Vo1.Ⅵ(1985): 222-254.

[4]储泽祥.主谓同素互动的"X的X"及次范畴化所造成的影响[J].语文研究,2010(4): 25~33

[5]崔山佳.关于"×的×"格式的两点补说[J].古汉语研究,2012(2): 54~59

[6]崔山佳.关于"A的A,B的B"格式的三点补说[J].语文学刊,2006(10): 140~142

[7]岳辉,高珊."A的A,B的B"格式考察[J].社会科学战线,2015(5).

[8]罗茵."A的A,B的B"结构的构成特点及其功能解释[J].南开语言学刊,2005(1): 173~179

[9]郭华."V的V"式的句法、语义、语用分析[J]. 广西师范学院学报(哲学社会科学版),2006(S1):50~52

[10]李芳杰."V的+V"及其相关格式[J]. 汉语学习,1997(02):15~17

[11]刘志富. 现代汉语中"X的X"结构的对举现象[J]. 安徽文学:下半月,2007(11):140

[12]刘志生. 近代汉语中的"X的X"格式[J]. 古汉语研究,2001(2):46~48

[13]孙浩."A的A,B的B"格式的形式特征及各项间的关系[J]. 中国科技信息,2010(4):186~187

[14]奚博先. 试谈"A的A,B的B"的语法特点和修辞作用[J]. 语言教学与研究,1984(02):51~64

[15]王春杰."A的A,B的B"格式的特征探微[J]. 牡丹江教育学院学报,2012(02):25~26

[16]王力. 中国现代语法(下)[M]. 北京:中华书局,1943.

[17]文旭. 框架与话语理解[J]. 外文研究,2013(01):27~33

[18]熊伟明."A的A,B的B"结构的修辞性能[J]. 修辞学习,2002(1):13

[19]徐国玉."X的X,Y的Y"格式试探[J]. 延边大学学报(哲学社会科学版),1991(01):85~89

[20]杨吉春. 汉语反义复词研究[M]. 北京:中华书局,2007.

[21]袁毓林. 句法空位和成分提取[J]. 汉语学习,1994(03):2~10

[22]张凤芝. 小议"A的A,B的B"结构[J]. 语文学刊,2002(01):52~53

[23]张国宪. 现代汉语形容词的典型特征[J]. 中国语文,2000(5):447~458

[24]中国社会科学院语言研究所词典编辑室. 现代汉语词典(第六版)[M]. 北京:商务印书馆,2012.

[25]朱德熙.现代汉语语法研究[M].北京:商务印书馆,1980.

[26]朱德熙.自指和转指——汉语名词化标记“的、者、所、之”的语法功能和语义功能[J].方言,1983(01):16~31

"句法结构制图工程"研究进展及相关讨论

彭家法
（安徽大学文学院）

牛津大学出版社近年来出版了6卷总名为《句法结构制图》的系列著作。这一系列著作都是"句法结构制图工程"的研究成果。该工程最早由语言学家Guglielmo Cinque和Luigi Rizzi倡导，意大利多所大学各类研究者参与，得到意大利大学和科学研究部等多部门的资助，1999年以来召开了多次学术会议，系列著作的论文大多已在这些会议上发表、讨论、修改。

一、句法结构制图研究的基本观点

句法结构制图工程的目的在于尽可能详细地描述自然语言句子和短语的功能结构图。关于功能结构，生成语法有较坚实的研究基础，许多语言学家对此做了研究，其中包括Chomsky[6]（P61~84）对动词词缀的经典分析，也包括Huang[18]（P25~78，19）、黄正德[26]等以汉语事实为基础对语言功能结构的研究。Chomsky[7]在相关研究的基础上，提出X标杠结构可以加以扩展，包含非词汇性的屈折语类和标句语类；小句的功能结构可以表达为"CP - IP - VP"。接着，Abney[1]和Pollock[20]分别对DP和句子的功能结构进行了探索，他们循着Chomsky相同的研究思路对DP和IP进行分解。其后，研究功能结构的文献越来越多，这些文献普遍关注的问题是：小句、短语内部包含哪些功能结构，这也就是如何精确地绘制语言结构图的问题，从而形成语言结构“制图工程”。

从事制图研究的语言学家认为自然语言小句和各种短语内部存在丰富的功能中心语，这些功能中心语相互之间的排序存在一定规律，功能中心语相互组合构成特定的“功能层级”。语言学家特别感兴趣的是：虽然不同语言的功能语类是显性实现还是隐性实现可能存在不同，同时不同语言可能会存在不同的“移动”从而导致语言成分显性位置的差异，但是不同语言的功能层级在中心语的种类、数量、相对顺序方面都存在共性。

二、制图研究的相关证据和比较句法、类型研究

无须多说，并非所有语言学家都接受这种观点。制图工程要证明功能层级存在共性必须提出具体证据，这种证据主要有以下五类副词和动词的相对词序[20][2][21][16][15]。语言学家希望系统地研究这些证据，使这些证据互相支撑，最终完整地描绘出自然语言各种短语和句子的功能层级。

从事制图工程的语言学家大多假设，句法中存在着丰富的功能语类，这方面特别需要相关证据支持。所有语法学都会区分词汇语类（比如名词、动词）和功能语类（或称语法性的语类，如限定词、标句词）。很多学者用开放类和封闭类作为区分词汇类和功能类的诊断手段，如果这种手段可信的话，功能语类的种类就会非常多。不仅限定词、标句词是功能性的，连词、情态词、时体词、助动词、代词、量词、焦点副词等也都是封闭类，因此也都应该是功能性的。

词汇语类较为容易辨认，只要确定该语类是开放性的即可。所有语言中的名词都是开放类，而形容词、副词、动词的情形就不是那么清楚了。比较句法和类型研究显示，有些语言中形容词是很小的封闭的类，特别是那些形容词不能用做谓语的语言；副词情形与形容词相似，很多语言的副词是一个封闭的类。有些类型学文献报道很多语言中的主要动词也是封闭类[17](P40)。

制图工程的几类证据大多得到比较句法和类型研究的支撑。比较句法和类型研究有助于语言学家发现普遍语法中功能语类变化的多样性及统一性。单一语言研究，即使再深入，也很难解释普遍语法丰富的功能范畴，因为某些语言中的功能范畴经常是隐性的。更为重要的是，不同语言的比较可以为语言学家确定不同功能投射相对顺序提供证据。

三、制图工程和最简方案

表面看来，制图工程和最简方案似乎存在理论矛盾。制图工程强调句法结构的丰富性，并试图如实地描写这种复杂的结构；最简方案则试图最大限度地减少语言理论的复杂性。最简方案的句法表达式比以前所假设的要更简单，而制图工程文献中的表达式却看起来非常复杂。

制图研究者认为，这种差异只是一种假象。最简方案关注句法计算的基本机制认为这种机制应该是极为简单的组合操作，即“合并”；但简单的计算机制并不意味所生成的结构也是极为简单的，一个极为简单的递归操作可以生成非常丰富复杂的语言结构。

最简方案强调的核心语类包括C，T，v，V，可是这些核心语类只是为了说明方便而采用的代码，并非所有语类。Chomsky[11](P8)承认句子的某些部分存在更复杂的结构。

近年来，最简方案文献中建议删除的唯一功能中心语是一致中心语，因为它没有语义内容，因此是冗余的，不可解释的。删除中心语的论证并非没有争议，而且即使删除，依然需要假设某种功能类来描写、解释与一致关系等相关的语言现象。

制图工程相关研究发现IP区域的功能中心语包括情态、时、体、语态等，这些中心语具有明确的语义内容，无疑与最简方案精神不相违背。

制图工程的代表人物之一Rizzi[21]发现CP区域也可以分解为以下几个功能中心语。首先是功能中心语“示意语力”和“有定性”。示意语力和有定性都具有明确的语义内容。示意语力指说话人通过说出的一个话语所实施的行为，如许诺、命令、请求等，用于指示“句子类型”，有定性表达时、情态相关的性质。其次是话题和焦点。话题是一种高层主语，语境中所指为言语使用者所熟悉，与“评论”相对。焦点是信息传递过程中最受关注的信息，与预设相对。话题和焦点的语义内容（语篇功能方面的）也是明确的。

制图工程和最简方案的差异假象是两者的研究分工造成的。最简方案聚焦生成机制，而制图工程试图准确描述结构细节，两种研究分工不同，基本思路并不矛盾，而是互相促进的。事实上，制图研究也是以经济原则和接口条件等最简方案的一些基本原则为指导的。

推动制图工程的一个重要因素是“语言简单性”，这和最简方案的核心思想完全一致。制图工程的一个指导准则是：“形式标记——语义特征——中心语”之间的一一对应，即每个中心语（及其投射的短语）可以定义为一个单一的语义特征和与该特征相对应的语言形式；复合结构由最简单的结构单位扩展而来。句法原子都由单一的结构单位构成；复合中心语也存在，但不是句法原子，而是由中心语向中心语移动操作而组合形成的。句法原子具有简单性，付出的代价是必须接受结构单位的递归扩展。递归是相对简单而经济的,所以自然语言选择由句法原子扩展得到复合结构,愿意付出功能结构多重连接的代价。

四、讨论

制图工程在语言结构的具体描述方面吸收了类型研究的很多重要成果,对世界多种语言的丰富现象做了较为充分的研究。制图研究与最简方案也构成很好的互动关系,制图研究一方面从最简方案得到原则方面的指导,另一方面也对其有所补充。Baker[3]曾指出最简方案似乎不重视对语言现象的描写,这可能会使追随乔姆斯基从事具体语言研究的学者感到无所措手足。制图研究无疑为语言研究者如何在最简方案原则指导下具体描述语言现象做了很好的示范。当前制图工程的某些观点在国内学术界也得到了应用,蔡维天[23][24]用制图工程的观点来阐明汉语状语和模态词的语法性质,并解释其分布与解释之间的对应关系。司富珍[27]以制图工程为基础研究语用信息在句子和名词短语层面的句法化问题。汉语制图工程研究还有很大空间。

很多语言学家担心制图研究假设的大量功能范畴可能有违最简方案的经济原则,制图研究需要进一步研究的问题在于:寻找操作性较强的标准来限制功能语类的泛滥。

Chomsky[10](P349~355)提出像“一致关系”这样的功能成分只表示语法关系而缺乏任何实质意义,不能作为中心语[25]。但是,具体语言研究中究竟怎么定义“实质意义”,不同研究者有不同理解。同时,如果一致关系这样的功能成分不是中心语,怎么描述这部分结构,仍然是个问题。

Cinque & Rizzi[13]提出用透明法来处理句法和语义语用的接口问题,即语言形式和解释之间直接对应。同时,他们假设如果某些语言为一个特定功能中心语的存在提供了证据,那么这种中心语就会在世界所有语言中都存在，认为即使没有显性出现，其隐性也存在着。这种研究方法必须处理的是如何对语义进行切分的问题，而大多数语言学家的观点是语义是个连续体，不加限制很难进行形式分析；不同语言的具体语言形式在种类、位置、解释等方面往往存在细微差异。透明法必然导致功能中心语的大量出现。

这里问题的实质依然是当代语言学特别关注的问题：句法和语义的关系，或曰句法自主性问题。句法是用来表达意义的，但句法不能完全归结于语义。比如语法性范畴的核心意义是表示自然性别，但很多语言中性范畴扩展到所有名词性成分，很多名词的范畴分类是无法用性别来解释的；时态范畴本是用说话时间为事件发生时间定位的，但很多语言中没有时间性的数学逻辑公式也必须用时态句来表达。认知学派强调语言和认知的关联性，在该学派看来，语言的LF层次与认知的概念结构没什么区别，只是观察角度不同而已。Chomsky[8](P2~3)也将“概念–意念系统”用作LF的同义语，都是语言官能所建构的一种表达式，但其后不久Chomsky[9](P390)就明确将“概念–意念系统”看作一种行为系统，区别于解释性的LF层次。从这里我们可以看出最简方案时期的乔姆斯基仍然坚持句法自主性，区别于认知语言学。在我们看来，如果不根本解决句法语义的关系问题，制图研究中功能中心语的确认标准问题就很难解决。

参考文献

[1]Abney Steven P, "The English noun phrase in its sentential aspect," (Ph.D. Dissertation, MIT, 1987).

[2]Baker Mark, "The Mirror Principle and Morphosyntactic Explanation," *Linguistic Inquiry*, no.16(1985): 373–416.

[3]Baker Mark, "Thematic Roles and Syntactic Structure," in *Elements of Grammar* (Dordrecht: Kluwer Academic Publishers, 1997), pp.73–138.

[4]Belletti Adriana, (eds), *Structures and Beyond :The Cartography of Syntactic Structures*, vol.3(New York: Oxford University Press, 2004).

[5]Benincà Paola and Nicola Munaro, (eds). *Mapping the Left Periphery :The Cartography of Syntactic Structures*, vol.5(New York: Oxford University, 2010).

[6]Chomsky Noam, *Syntactic structures*(The Hague: Mouton, 1957).

[7]Chomsky Noam, *Barriers* (Cambridge, Mass.: MIT Press, 1986).

[8]Chomsky Noam, "A minimalist program for linguistic theory,"in *The view from Building* 20 (Cambridge, Mass: MIT Press, 1993), pp.1–52.

[9]Chomsky Noam, "Bare Phrase Structure,"in *Government and Binding and the minimalist program* (Oxford: Blackwell, 1995), pp.385–439.

[10]Chomsky Noam, *The Minimalist Program* (Cambridge, MA: The MIT Press, 1995).

[11]Chomsky Noam, "Beyond explanatory adequacy," *MIT Occasional Papers in Linguistics*, 2001.

[12]Cinque Guglielmo and Luigi Rizzi, (eds.), *Mapping Spatial PPs The Cartography of Syntactic Structures*, vol.6(New York: Oxford University Press, 2010).

[13]Cinque Guglielmo and Luigi Rizzi, "The Cartography of Syntactic Structures," (CISCL working papers in linguistics, 2008).

[14]Cinque Guglielmo, (eds.), *Functional Structure in DP and IP: The Cartography of Syntactic Structures*, vol.1(New York: Oxford University Press, 2002).

[15]Cinque Guglielmo, (eds.), *Restructuring and Functional Heads: The Cartography of Syntactic Structures*, vol.4(New York: Oxford University Press, 2006).

[16]Cinque Guglielmo, *Adverbs and Functional Heads: A Cross-linguistic Perspective* (New York: Oxford University Press, 1999).

[17]Dixon Robert M.W, *Where have all the adjectives gone? And other essays in semantics and syntax* (Berlin: Mouton Publishers, 1982).

[18]Huang-T.J., "Logical relations in Chinese and the theory of grammar" (Ph.D. diss., MIT, 1982).

[19]Huang-T.J., "Wo pao de kuai and Chinese phrase structure, "*Language* 64(1988): 274-311.

[20]Pollock Jean-Yves, Verb Movement, "Universal Grammar, and the Structure of IP," *Linguistic Inquiry*20(1989): 365-424.

[21]Rizzi Luigi, "The Fine Structure of the Left Periphery," in *Elements of Grammar* (Amsterdam: Kluwer, 1997), pp. 281-337.

[22]Rizzi Luigi, (eds.), *The Structure of CP and IP. The Cartography of Syntactic Structures*, vol.2 (New York: Oxford University Press, 2004).

[23]蔡维天. 重温"为什么问怎么样,怎么样问为什么"[J]. 中国语文,2007(3):195~207

[24]蔡维天. 谈汉语模态词的分布与诠释之对应关系[J]. 中国语文,2010(3):208~221

[25]邓思颖. 以"的"为中心语的一些问题[J]. 当代语言学,2006(03):205~212

[26]黄正德. 汉语正反问句的模组语法[J]. 中国语文,1988(3):247~264

[27]司富珍. 语用信息在句子和名词短语层面的句法化[J]. 伊犁师范学院(社会科学版),2011(2):92~95

[+正负值]属性名词的三种性质定语[1]

许思齐　许艳平
（广东外语外贸大学英语语言文化学院 湖北工程学院文学与新闻传播学院）

一、引言

在人类的认知世界中，事物、事件、性状无不含有“量”的因素，投射到语言系统中便是名词、动词和形容词都带有“量”这一语义特征。本文关注的是非典型名词——属性名词的性质量，讨论的核心问题是[+正负值]属性名词的三种性质定语。

二、属性名词的“量”与[+正负值]特征

属性名词是反映属性概念的名词，常见的有“重量”“年龄”“味道”“颜色”“形状”等。每个属性都有自己的主体和属性值，属性所依附的对象就是主体，属性的具体情况就是属性值。比如，一条绳子的长度为三米，“绳子”就是长度的主体，“三米”就是其属性值。主体和属性值是我们理解属性名词的基础。许艳平、张金城（2012）曾分析过属性名词的语

①基金项目:国家社科后期资助项目“基于认知语义的属性名词句法问题研究”（17FYY018）。

义特征,认为属性名词的理解依赖于特定的生活经验,这些生活经验构成了属性名词的语义框架,主体和属性值就是其语义框架的两个构成元素。这两个语义框架元素中就包含"量"的问题。属性名词的性质量与属性值有关。

属性名词可以有多种属性值(许艳平 2013),性质是其中重要的一种,可以用不固定的量表示,也可以用固定的量表示。比如:

(1)十分潇洒的风度 / 很温和的脾气

(2)诗人风度 / 孩子脾气

例(1)中的形容词"潇洒""温和"分别用来描述"风度"和"脾气"的性质,前面均添加了程度副词,表示性质量不太固定。例(2)中的修饰语"诗人""孩子"不包含程度副词,前面也不能再添加程度副词,表示"风度""脾气"的性质比较固定,在量上没有伸缩性。可见,属性名词"风度""脾气"的性质量,可能表现得比较固定,也可能表现得不那么固定。

这两种不同的量学界已进行过研究。沈家煊(1995)认为,它们体现了人类认知上"有界"与"无界"的一种基本对立。徐通锵(1997)认为,它们体现了"离散"与"连续"语义范畴的对立。石毓智(2003)则用"量级序列"与"百分比"来表示形容词量的不确定情况,用"正负值"来表示形容词的固定量。他认为正负值形容词表示"单一的、确定的、没有伸缩性"的量,代表的对象"只具有'正''负'两个值"。

以上研究对我们很有启发作用。从例(2)可以看出,属性名词"风度"和"脾气"的性质量能够划出确定的范围,按照石先生的分析,这种性质量比较具体,也"只具有'正''负'两个值"。因为人的风度不是"诗人风度",就是"非诗人风度";一种脾气不是"孩子脾气",就是"非孩子脾气",没有中间状态存在。鉴于此,我们采用石先生的术语,称这种具有确定范围的性质量为[+正负值]特征,具有该语义特征的属性名词称为

[+正负值]属性名词。常见的[+正负值]属性名词有:

成分[1]①、道理[1]、地位[1]、动作、方法、容貌、生命[2]、式样、嗜好、数量、体裁、威风、温度、习惯[2]、效用、心情、形状、性格、性质……

[+正负值]属性名词经常选择三种形式的性质定语。

三、[+正负值]属性名词的三种性质定语

朱德熙(1984)将定语分为“限制性定语”和“描写性定语”两大类。黄伯荣、廖序东(2011)也对定语做出了同样的分类,认为限制性定语表示“人或事物的领有者、时间、处所、环境、范围、用途、质料、数量、性质、属性、来源,等等”,作用在于“给事物分类或划定范围”,“使语言更加准确严密”。黄、廖两位先生还列举了两个性质定语:

(3)他有一个中国朋友

(4)她有一个英雄母亲

“中国”和“英雄”分别是“朋友”和“母亲”的性质定语。

类似于“中国”“英雄”的性质定语也经常出现在[+正负值]属性名词之前。笔者考察过106个[+正负值]属性名词(见附录),发现它们很少以光杆形式出现,尤其是充当宾语时,前面经常需要添加性质定语,否则句子不能成立。比如在“他喜欢诗人风度”“他喜欢孩子脾气”两个结构中,定语“诗人”“孩子”不可或缺,没有了它们,属性名词“风度”“脾气”就成了光杆形式,这两个句子不能成句。根据黄、廖的分析,这里的定语“诗人”“孩子”都是在给属性分类,既缩小了属性的外延,也刻画了属性的性质,“诗人风度”刻画了风度的性质,“孩子脾气”刻画了脾气的性

①“成分[1]”表示该词条对应的是《现代汉语词典》(中国社会科学院主编,第6版)中“成分”的第一个义项,其余类推。如果词条后面没有出现阿拉伯数字,表示该词条在《现代汉语词典》(第6版)中只有一个义项。

质。因此，这些定语都属于性质定语。

我们利用兰开斯特现代汉语语料库（The Lancaster Corpus of Mandarin Chinese，简称LCMC）V1.0，对106 个[+正负值]属性名词进行了分析，发现其性质定语主要由形容词、名词性成分、动词性成分三种成分充当。这些性质定语是属性名词[+正负值]语义特征的一种句法表现。

（一）NP类性质定语

属性名词的名词定语有两种：

（5）桌子的高度 / 苹果的重量

（6）文学成分 / 文化修养

例（5）中的定语“桌子”“苹果”分别表示“高度”“重量”的依附者，是领属定语。例（6）中的定语“文学”“文化”分别表示“成分”“修养”的性质，是性质定语。例（6）中的性质定语是属性名词[+正负值]特征的一种体现。

充当[+正负值]属性名词性质定语的名词主要有四类：

（7）军人形象 / 懒汉思想

（8）东洋特征 / 欧洲风格

（9）资产阶级作风 / 无产阶级性质

（10）艺术形象 / 营养成分

例（7）中的“军人”“懒汉”表示有形实体，例（8）中的“东洋”“欧洲”表示空间领域实体，例（9）中的“资产阶级”“无产阶级”表示集体实体，例（10）中的“艺术”“营养”表示抽象实体。

名词性短语可视为名词的变体，它们充当性质定语的情况与名词基本相同。但是有两种特殊形式需要指出：一是属性名词定中结构的嵌套使用，二是多个名词定语的连用。

(11)中国特色思想

(12)英雄主义的悲剧风格

(13)公子少爷脾气

例(11)中出现了属性名词的嵌套结构。“中国”是属性名词“特色”的性质定语，“中国特色”是“思想”的性质定语。例(12)中出现了两个名词充当性质定语的情况，但它们处在不同层次上。“悲剧”是属性名词“风格”的性质定语，“英雄主义”则是“悲剧风格”的性质定语。例(13)中的两个名词性质定语属于同一层次。“公子”“少爷”语义相当，它们组合成联合短语共同充当“脾气”的性质定语。

在LCMC语料库中，我们共检索到537例由NP充当的性质定语。具体数据见表1。

表1.NP类性质定语的统计结果

NP的语义类型	出现次数	所占百分比
表离散、有形实体的NP	38	7.08%
表空间领域实体的NP	37	6.89%
表集体实体的NP	6	1.11%
表抽象实体的NP	456	84.92%

表1显示，四种NP类性质定语的出现频率从高到低排列如下：

表抽象实体的NP > 表离散有形实体的NP、空间领域实体的NP > 表集体实体的NP

我们认为，这与名词次范畴自身的语义特征有关。名词不是一个匀质的词类集合，而是一个原型范畴，内部成员有典型和非典型之分。Taylor(2001)专门讨论了各种语法范畴的典型性问题，把名词按照典型特征依次归纳为：

离散的、有形的、占有三维空间的实体 > 空间领域的实体 > 集体实体 > 抽象实体

表抽象实体的名词是非典型名词，张伯江（1994）认为，它们反映了人们对抽象事物的概括，因而“带有明显的性质意义”。藺璜（2005）认为，它们“在时间、空间、程度量上是零赋值”，“充当属性定语自由度很大”。因此，这类名词充当属性名词性质定语的频率较高。

“离散的、有形的、占有三维空间的实体”和“空间领域实体”都是典型名词，其典型语义特征为空间义。李宇明（1996）指出：“名词充当属性定语的时候，其空间义在这一特定的语法槽中被明显地削弱或完全消解，与此同时，原来比较隐蔽的性质义突显出来，成为表义的一个新的侧面。”[①]空间义的消解和性质义的突显，使典型名词能够充当性质定语，进而对属性名词的性质量进行刻画。这些典型名词充当性质定语时需要消解空间义，突显性质义，自由度不如抽象名词那么大，因而出现频率不高。

表集体实体的名词介于典型名词与非典型名词之间，空间义和性质义均不十分明显，极少充当性质定语。

另外，还有两点必须注意：

第一，性质定语的修饰成分受到限制。名词充当性质定语以后就丧失了名词的句法功能，一般不能受别的成分，如形容词、区别词和数量短语等的修饰。

第二，性质定语与中心语之间也不能随便插入“的”。仍以“东洋特征”“懒汉思想”“艺术形象”为例，这些结构中间如果插入“的”，性质定语就变成了领属定语，性质义就转化为空间义。徐通锵（1997）谈到了语义

①本文的“性质定语”是李宇明（1996）所说的“属性定语”的一部分。

范畴的转化,认为“的”是离散性语义特征的一个结构标记。徐先生所说的“离散性语义特征”相当于名词的空间义。

(二)AP类性质定语

[+正负值]属性名词经常选择非谓形容词做定语。

非谓形容词也称“区别词”和“定质形容词”,常见的如“慢性”“急性”“上等”等。邢福义(2002)指出,定质形容词表示的性质“没有级度变化”,不能受程度副词修饰,基本功能是做定语。黄伯荣、廖序东(2011)认为,“区别词表示人和事物的属性,有区分事物的分类作用”,需要加“非”来否定。

李宇明(1996)将这类词与充当性质定语的名词进行了比较,认为两者在意义上非常接近,差别在于,充当性质定语的名词“在其他情况下可以恢复其空间性”,即“可以有一般名词的用法”;而非谓形容词“在任何情况下都只能表属性”,“属性意义比名词更为显豁”。石毓智(2003)也认为,“男—女”“单—双”“正—负”这些词表示“一个单一的、确定的量”,“在量上没有伸缩性”。

正因为如此,[+正负值]属性名词经常选择非谓形容词做定语,通过这些词来进行分类,表示自身的性质量。比如:

(14)双边关系

(15)深层次根源

(16)有序状态

关系涉及的对象在两个或两个以上,所以关系有两种形式:一种是双边关系,一种是多边关系。例(14)中的非谓形容词“双边”说明了“关系”的性质,也限定了其类别,是“关系”的性质定语。同样,例(15)中的“深层次”和例(16)中的“有序”也分别是属性名词“根源”和“状态”的性质定语。“双边”“深层次”和“有序”都能找到各自的绝对反义词，形成如下配对：

(17)双边—多边[①] / 深层次—浅层次 / 有序—无序

这几组绝对反义词所表示的概念具有矛盾关系。它们之间非此即彼，肯定一个就意味着否定另外一个。同一个[+ 正负值]属性名词，其性质量也可以用不同的非谓形容词偶对(或“A”与“非A”)来限定。请看：

(18)有序结构—无序结构 / 离心结构—向心结构 / 木质结构—非木质结构

当然，不是所有的非谓形容词都可以充当这种性质定语，比如“新式”“大型”“高级”等，原因在于它们表示“趋向于某一极限的一个变量”(石毓智 2003)，或者说“带有程度意义”(李宇明 1996)。

吕叔湘(1984)将非谓形容词分为五类：以名词性成分为基础的、以动词性成分为基础的、以形容词性成分为基础的、两个成分联合的、杂类。我们分析LCMC语料库也发现，属性名词的[+ 正负值]特征可以通过这五类非谓形容词体现出来。具体数据见表2。

表2. 非谓形容词性质定语的统计结果

非谓形容词的类型	出现次数	所占百分比
以名词性成分为基础的非谓形容词	301	45.13%
以动词性成分为基础的非谓形容词	131	19.64%
以形容词性成分为基础的非谓形容词	25	3.75%
两个成分联合的非谓形容词	29	4.34%
杂类非谓形容词	181	27.14%

①我们分析的是“关系”的定语，关系不存在“单边”之说，因此“双边”与“多边”是绝对反义词。

从表2可以看出，在充当性质定语的非谓形容词中，以名词性成分为基础的非谓形容词较为常见，其次是杂类和以动词性成分为基础的非谓形容词，以形容词性成分为基础的和两个成分联合的非谓形容词不多。这可以从两个方面进行解释：

一方面，名词性成分和动词性成分表量较为具体，以它们为基础构成的非谓形容词更容易充当性质定语。

另一方面，以名词性成分、动词性成分为基础的非谓形容词和一些杂类非谓形容词能产性较强，所以出现频率较高。这三类非谓形容词中的相当一部分带有附加标记。前附加标记有“有”“无”“超”“半”“非”“可”等，形成的非谓形容词有“有序”“有限”“无形”“无机”“超自然”“超血统”“半睡眠”“半失业”“非公有制”“非智力”“非理性”“非自觉”“可接受”“可观察”等；后附加标记有“式”“型”“性”“级”“状”等，它们组成的非谓形容词更为常见。比如：

(19)阁楼式结构 / 学者式风度

(20)知识性内容 / 系统性特征

(21)夜莺型习惯 / 外向型状态

(22)大师级水平 / 出版级质量

(23)树状结构 / 网状格局

“式”“性”“型”“级”“状”这些标记附着在名词后面，“将名词的属性意义由隐性转化为显性”(李宇明 1996)，表示的性质也比较具体。

(三)VP类性质定语

属性名词的性质定语也可以为动词和动词性短语。尹世超(2002)认为，动词直接做定语时仍表示动作，但是它们“在功能上有体词化倾向，在语义上有属性化倾向”。做定语的动词能够对属性名词的性质量做出具体的规定，可以体现属性名词的[+正负值]特征。

我们发现，做性质定语的VP主要有六种结构方式。

(24)搭配关系 / 讥笑性质

(25)寄生生活 / 统治地位

(26)脱钩状态 / 缺席状态

(27)国际化性质 / 规范化方法

(28)唤醒反应 / 压倒性质

(29)思想启蒙作用 / 战斗准备状态

以上六组定语动词具有六种不同的内部结构。例(24)中的动词“搭配”“讥笑”是联合结构，例(25)中的动词“寄生”“统治”是偏正结构，例(26)中的动词“脱钩”“缺席”是动宾结构，例(27)中的动词“国际化”“规范化”是附加式结构，例(28)中的动词“唤醒”“压倒”是补充结构，例(29)中的动词性短语“思想启蒙”“战斗准备”是主谓结构。

安俊丽(2004)认为，从内部结构来看，“直接做定语的动词多属于并列式、支配式和偏正式”，按直接充当定语能力的强弱可以排列如下：

联合 > 支配 > 陈述 > 补充 > 偏正 > 附加

李晋霞(2004)认为，动词的内部构造“以梯度差异的形式制约着动词的典型性及其概念层次”，进一步也影响到动词直接做定语的能力。不同构造方式的动词在直接做定语方面的能力差异序列如下：

联合式 / 缺省性支配式 > 非缺省性支配式 > 附加式 / 补充式

我们利用LCMC语料库，对不同结构类型的VP充当性质定语的情况进行了统计。详细数据见表3。

表3.VP类性质定语的统计结果

VP的结构类	出现次数	所占百分比
联合式VP	141	42.34%
偏正式VP	67	20.12%
动宾式VP	54	16.22%
补充式VP	37	11.11%
主谓式VP	22	6.61%
附加式VP	12	3.60%

统计数据显示,六种结构类型的VP充当性质定语的能力依次排列如下:

联合式 > 偏正式 > 动宾式 > 补充式 > 主谓式 > 附加式

表3的统计结果与安俊丽(2004)、李晋霞(2004)的分析大体一致。联合式VP和动宾式VP充当性质定语的次数较多,共有195例,约占VP类性质定语的60%;附加式VP和补充式VP充当性质定语的次数较少,只有49例,在VP类性质定语中的比例不足15%。原因何在?安俊丽(2004)认为与动词动作性的强弱有关,联合式动词的动作性最弱,与后面的抽象名词形成"非支配关系"的可能性最大,附加式动词则正好相反。李晋霞(2004)认为,联合式动词和动宾式动词的典型性较弱,更倾向于表示基本层次范畴的动作行为,这样的动词直接做定语的能力较强。我们认为,以上两位学者的分析有一定道理,动作性较弱的动词往往典型性较弱,充当性质定语的可能性相对较大。

还需要补充一点。在形式上,VP性质定语与属性名词的组合比较紧密,不能随便插入其他成分。这一点,可以将性质定语与非性质定语区别开来。请看:

(30)搭配关系→搭配的关系

(31)生活习惯→生活的习惯

(32)跳跃动作→跳跃这一动作

例(30)结合紧密,中间一般不插入"的"和其他成分。例(31)插不插入"的"两可。不插入"的","生活"充当属性名词"习惯"的性质定语,限定"习惯"的类别;插入"的","生活"充当属性名词"习惯"的领属定语,表示"习惯"的依附对象。例(32)可以插入"这一",表明"跳跃"是一种具体的"动作",不属于性质定语。

四、结语

[+正负值]属性名词的性质定语主要有三种成分:名词性成分、非谓形容词、动词性成分。从LCMC语料库统计结果来看,非谓形容词出现次数最多,名词性成分次之,动词性成分最少。具体数据见表4(Xu Yanping, Xu Siqi, and Zhang Jincheng 2014)。

表4.三种成分性质定语的统计结果

属性值定语的类型	出现次数	所占百分比
非谓形容词	667	43.39%
NP	537	34.94%
VP	333	21.67%

这三种成分都具有共同语义特征,那就是表示确定范围的性质量。张国宪(2000)指出:"定语的典型语义特性是时间、空间、程度量的零赋值。"非谓形容词符合这一标准,是属性名词的典型定语。名词性成分和动词性成分则是非典型定语。

这三类成分看似差异较大,为什么都能够出现在同一句法位置上,充当[＋正负值]属性名词的性质定语呢？张伯江(1994)从功能方面进行了解释，认为名词、动词做定语是发生“功能游移”的结果，此时它们的指称义丧失，性质义凸显，而功能游移的方向就是非谓形容词。刘正光(2005)从认知角度进行了分析，认为名词、动词充当属性名词的性质定语属于“语言的非范畴化”现象，此时的名词、动词在典型分布特征消失、功能发生转移的同时，也完成了“由指称到陈述的转变”。张、刘两位先生的分析很有解释力，有利于我们透过现象看本质，更好地弄清词汇语义与句法表现之间的内在联系。

附录(本文所考察的106个[＋正负值]属性名词)

标准、差别、成分[1]、道理[1]、地位[1]、动作、方法、方面、分歧[2]、根源[1]、关系[1]、规律、过程、环节[2]、结构[1]、结果[1]、经验、境界[2]、距离、力量[1]、目的、内容、能力、趋势、权利、生活[4]、手段[1]、思想[1]、思想[2]、思想[3]、特征、途径、因素[1]、因素[2]、印象、原因、责任、证据、质量[1]、智慧、爱情、布局、成就、出身[2]、次序、道德、反应[2]、反应[5]、范围[1]、费用、风度、风格[1]、风格[2]、负担[2]、感觉[1]、感情[2]、格调[1]、根据[2]、功夫[2]、关键[2]、核心、基础[2]、价值[2]、教训[2]、结局、境地[1]、理想[1]、力气、立场[1]、利润、能量[2]、怒火、气概、气势、前途、情调、权力[2]、荣誉、容貌、生命[2]、式样、嗜好、数量、体裁、威风、温度、习惯[2]、效用、心情、形状、性格、性质、需要[2]、学业、意志、饮食[1]、欲望、愿望、韵味[2]、债务、职位、装饰[2]、状态、资格[1]、作风[1]、作用[3]

参考文献

[1]安俊丽.动词直接作定语的界定及分析[J].淮海工学院学报(人文社会科学版),2004(01):66~67

[2]黄伯荣，廖序东.现代汉语(下册)[M].北京:高等教育出版社，2011.65~67,14

[3]李晋霞.论动词的内部构造对动词直接作定语的制约[J].语言教学与研究,2004(03):22~29

[4]李宇明.非谓形容词的词类地位[J].中国语文,1996(01):1~9

[5]蔺璜.定语位置上名词的句法表现及其语义特征[J].山西大学学报(哲学社会科学版),2005,28(2):95~99

[6]刘正光.语言非范畴化的工作机制[J].外语研究,2005(1):29~36

[7]吕叔湘.汉语语法论文集[C].北京:商务印书馆,1984.350~352

[8]邢福义.汉语语法三百问[M].北京:商务印书馆,2002.84~85

[9]沈家煊."有界"与"无界"[J].中国语文,1995(05):367~380

[10]石毓智.形容词的数量特征及其对句法行为的影响[J].世界汉语教学,2003(2):13~26

[11]徐通锵.语言论——语义型语言的结构原理和研究方法[M].上海:华东师范大学出版社,1997.449~457

[12]许艳平.现代汉语属性名词语义特征研究[D].武汉:武汉大学，2013.32

[13]许艳平，张金城."长度"与"长短"对"( )+动词+数量词"结构的选择差异[J].语言研究,2012(02):87~90

[14]尹世超.动词直接作定语与名词中心语的类[J].语文研究,2002(02):1~7

[15]张伯江.词类活用的功能解释[J].中国语文,1994(5):339~346

[16]张国宪.现代汉语形容词的典型特征[J].中国语文,2000(5):447~458

[17]朱德熙.定语和状语[A].朱德熙.朱德熙文集(第一卷)[C].北京:商务印书馆,1999.355~388

[18]John.R.Taylor, *Linguistic Categorization: Prototypes in Linguistic Theory* (Peking: Foreign Language Teaching and Research Press, 2001), pp.183-184.

[19]Xu Yanping, Xu Siqi and Zhang Jincheng, "The Choice of Attribute Nouns with [+Positive-negative Value] Feature to Their Value Modifiers," *International Journal of Knowledge and Language Processing*, no.1 (2014):1-8.

《汉书》“抓捕”语义场研究①

李 娟

（西南大学文学院）

抓捕是司法过程中相关执行人员暂时限制犯罪嫌疑人人身自由的一种强制措施，它往往是刑事审判得以顺利进行的前提和保障。本文在穷尽《汉书》语料的基础上，参照共时传世文献与出土简牍材料，对《汉书》“抓捕”语义场中的主要成员“捕”“逮”“收”“执”四个动词进行考察、描写和分析。

一、“抓捕”语义场各义位的描写

（一）捕

《说文·手部》：“捕，取也。”《广韵·暮韵》：“捕，捉也。”《字汇·手部》：“捕，擒捉也。又逮捕。”“捕”意为捉拿。在《汉书》中，“捕”的义域较广，受事有人如人犯、俘虏等，也有物如蝗虫等。用在法律语境中，“捕”指捉拿人犯。“捕”的施事可以是普通民众，但更多是国家的司法官吏。“捕”有

①基金项目：重庆市社会科学规划培育项目“先秦两汉司法词义系统演变研究”（2014PY42）；中央高校基本科研业务费专项资金一般项目“东汉至唐五代司法词汇系统演变研究”（SWU1709351）；西南大学博士基金项目“《汉书》司法语义场研究”（0709343）。

很强的组合能力，组成“捕斩”“捕杀”“征捕”“捕告”“逐捕”“捕系”“掩捕”“劾捕”“捕论”“捕诛”“追捕”“求捕”“收捕”“治捕”“捕治”“捕案”“捕得”“围捕”“诏捕”“疏捕”“名捕”“就捕”“捕格”“执捕”“捕辱”“捕鞫”“召捕”“即捕”等。受事为人的“捕”在《汉书》中有192个用例，40例用于军事领域，152例用于司法领域。如：

(1)《汉书·王尊传》(下文省略书名，只现篇名)：“会南山群盗傰宗等数百人为吏民害，拜故弘农太守傅刚为校尉，将迹射士千人逐捕，岁余不能禽。”[1](P3233)

《汉书》中还有一个典型的法律术语“名捕”。陈直先生谓“名捕”是“诏所名捕”的简称。[2](P55)“诏所名捕”意为诏书指名逮捕。《平帝纪》：“其明敕百寮，妇女非身犯法，及男子年八十以上七岁以下，家非坐不道，诏所名捕，它皆无得系。”[1](P356)张晏注曰：“名捕，谓下诏特所捕也。”“名捕”主要通过下达于各地的诏令来实现，具有通缉意义。“名捕”的一般是要犯。“名捕”诏书上一般写着罪犯的籍贯、姓名、年龄、体貌特征、罪行等。如《居延汉简释文合校》载：“诏所名捕平陵长藿里男子杜光，字長孫，故南阳杜衍/多鬚黑色，肥大头，少發，年可卌七、八，□□□□五寸□□□杨伯初亡时，驾騩牡马，乘闌，黄车茵，张白车蓬，骑騩牡马。因坐役使流亡□戶百廿三，擅置田监史，不法、不道。丞相、御史、□执金吾、家属所二千石奉捕。”[3](P294)

“名捕”或“诏所名捕”在汉简中有大量用例，在《汉书》中有4个用例，如：

(2)《鲍宣传》：“时名捕陇西辛兴，兴与宣女婿许绀俱过宣，一饭去，宣不知情，坐系狱，自杀。”[1](P3094)

(二)逮

《说文·辵部》:“逮,唐逮,及也。”《尔雅·释言》:“逮,及也。”“逮”的本义是追上、赶上。由追及义引申为逮捕。“逮”是专用法律词语,“逮”的施事只能是国家的司法官吏,受事为人犯或与案件相关证人。“逮”是两汉时代的常用义位。《汉书》中“逮”的这一义位有48个用例。“逮”的组合能力不是很强,组成“会逮”“连逮”“逮捕”“逮系”“逮治”等。如:

(1)《文帝纪》:“绛侯周勃有罪,逮诣廷尉诏狱。”[1](P121)

“逮”与“捕”同义连用,凝成“逮捕”,专指司法机关依法令对人犯的捕捉,属专用法律词语。“逮捕”也是秦汉时代的常用义位。“逮捕”人必须有法律依据,张家山汉简《二年律令·捕律》中有“以告劾逮捕人”的规定。[4](P29)《史记·淮南列传》中记载淮南王刘长的罪状之一就是:“擅罪人,罪人无告劾,系治城旦舂以上十四人。”[5](P2077)

“逮捕”在《汉书》中有20个用例。如:

(2)《丙吉传》:“先是显为太仆十余年,与官属大为奸利,臧千余万,司隶校尉昌案劾,罪至不道,奏请逮捕。”[1](P3149)

《汉书》中与“逮捕”相关的还有一个法律用语“会逮”。“会逮”指依据文书接受逮捕。逮捕人时要有文书,即“逮书”。“逮书”在《汉书》中没有用例。居延汉简中有1个用例:“逻戍卒觻得安成里王福,字子文。敬以逻书捕得福盗械。”[3](P103)我们在如淳和颜师古对《汉书》的注释中也看到“逮书”。《淮南王传》:“淮南相怒寿春丞留太子逮不遣,劾不敬。”[1](P2147)如淳曰:“丞顺王意,不遣太子应逮书。”“会逮”在《汉书》中有2个用例。如:

(3)《淮南王传》:“太子念所坐者谋杀汉中尉,所与谋杀者已死,以为口绝,乃谓王曰:‘群臣可用者皆前系,今无足与举事者。王以非时发,恐无功,臣愿会逮。’”[1](P2151)

(三)收

《说文·攴部》:"收,捕也。"《诗·大雅·瞻卬》:"此宜无罪,汝反收之。"毛传:"收,为捕取罪人也。""收"指拘捕罪人,是法律专门用语。"收"也是秦汉常用司法用词,"收"的施事是司法官吏,受事为人犯。在《汉书》中,"收"有一定的组合能力,组成"收系""收缚""收夷""收取""收案""收杀""收斩"等。"收"的这一义位在《汉书》中有59个用例。如:

(1)《张敞传》:"人或谏舜,舜曰:'吾为是公尽力多矣,今五日京兆耳,安能复案事?'敞闻舜语,即部吏收舜系狱。"[1](P3223)

(2)《王莽传下》:"莽侯妻疾,见其书,大怒,疑临有恶意,不令得会丧。既葬,收原碧等考问,具服奸、谋杀状。"[1](P4165)

(四)执

《说文·幸部》:"执,捕罪人也。"裘锡圭先生指出:"執,字形表示把俘虏或犯人的手铐起来。像古代一种木制的手铐。"[6](P127)"执"意为逮捕,扣留。"执"也是秦汉时代的常用义位,《汉书》中有45个用例,其中16例用于对《春秋》等文献的引述。"执"除单用外,还用于组合"幽执""执诛""执杀""执缚""执劫""执囚""囚执""拘执"等。如:

(1)《樊哙传》:"高帝大怒,乃使陈平载绛侯代将,而即军中斩哙。陈平畏吕后,执哙诣长安。"[1](P2073)

(2)《游侠传》:"到数日,名捕宽诏书至,护执宽。"[1](P3708)

二、"逮捕"语义场各义位的比较与分析

"捕""逮""收""执"在《汉书》中都见于司法官员对人犯的捉拿和拘捕,其中"逮""收""执"专门用于司法活动。使用频率在一定程度上能说

明一个词在词汇系统中的地位，而词义的特点往往从搭配伙伴身上体现出来。为了帮助说明“捕”“逮”“收”“执”之间的异同，我们列出它们在《汉书》中的使用频率及与别的词的组合情况。

表1.“捕”“逮”“收”“执”使用频率及组合情况表

		捕	逮	收	执
使用频率		192	48	59	45
组合关系	逮～	+			
	收～	+			
	执～	+			
	～系	+	+	+	
	～召		+		
	传～		+		
	连～		+		
	会～		+		
	～得	+			
	～缚			+	+
	～杀	+		+	+
	～诛				+
	～斩	+		+	
	追～	+			
	求～	+			
	逐～	+			
	围～	+			
	诏～	+			
	名～	+			
	疏～	+			
	即～	+			
	劾～	+			
	～格	+			
	～搏	+			
	拘～				+
	囚～				+
	幽～				+

说明：“+”表示有这个组合。

(一)使有频率方面的比较与分析

"捕"泛指捕捉,它的义域很宽,其施事可以是人也可以是动物,其受事也一样。在《汉书》中受事为人的"捕"有192例,用于抓捕人犯的有152例。虽然"捕"的义域较宽,但用于司法语境中时,"捕"的法律属性就明确显示出来。"名捕"就是一个典型的法律术语。"执"的施事和受事都是人,凡是逮捕或扣留对方使之失去人身自由的都是"执"。"执"在《汉书》中共出现了45例,16例是对先秦史事的引述,2例引用出自《诗经》的"执讯获丑",其他27例用于司法活动中。"逮"和"收"都只用于司法活动,都是依法对人犯的逮捕、拘捕,分别出现了48次和59次。这四个义位中,"捕"的频率最高,"执"的频率最低。

(二)组合关系方面的比较与分析

从表中我们可以看到,"捕"的组合能力最强、义域最广。"逮""收""执"都能和"捕"同义联用,组成"逮捕""收捕""执捕",其他三个义位不能彼此连用。"捕"的对象处所不明确,因此有"追捕""求捕""逐捕"等组合。"捕"的结果也不确定,抓到了,就是"捕得",就有"捕系""捕杀""捕斩"等组合。

"逮"和"逮捕"是专用司法词语,指司法机关对人犯依法实施逮捕。因此,《汉书》中多有"请逮捕"的组合。在汉简中还有一种有关逮捕事宜的司法文书"逮书",依据文书接受逮捕就是"会逮"。《淮南王传》:"臣愿会逮。"如淳注:"会谓应逮书而往也。"这些都说明了"逮"和"逮捕"的专业身份。"逮"的对象处所一般比较明确,这一点和捕不同。《资治通鉴·汉纪四》:"于是上逮捕赵王及诸反者。"胡三省注引贡父曰:"逮者,其人存在,直追取之;捕者,其人亡,当讨捕也。"这也说明了为什么只有"求捕""逐捕""捕亡"没有"求逮""逐逮""逮亡"的组合。"逮"的结果也不确定。

"收"是专用司法词语,指依法拘捕,突显抓捕的结果是得到。"收"的这个特点在文中所引例"部吏收舜系狱""收原碧等考问"等以及在组合"收系""收缚""收杀""收斩"等中体现出来。

"执"指逮捕、扣留,强调的是使对方失去行动自由。"执"的这个特点也从组合中体现出来,如"执缚""拘执""囚执""幽执"等。

"捕""逮""收""执"的义域不同。"捕"的义域包含了"逮"和"收",包含"执"的一部分义域。"执"还有"囚禁"的意思,这是"捕"所不能包含的。"逮"的对象有明确的处所,但结果是不确定的,而"收"的结果是得到。"执"的结果也是得到,但它含有"囚禁"的义素,是"收"所没有的。

结合以上讨论,本场各义位的结构可以比较分析如下:

表2."捕""逮""收""执"的义素分析

义素 义位	动作	施事	受事	受事处所	结果	使用范围
捕	捕捉	普通人、司法官吏、军人等	人犯、俘虏等	不确定	不全得到	通用
逮\逮捕	捕捉	司法官吏	人犯	确定	不全得到	专用
收\收捕	捕捉	司法官吏	人犯	确定	得到	专用
执	捕捉并囚禁	司法官吏	人犯	确定	得到	专用

三、余论

为了增强研究结论的可靠性,我们非常重视秦汉时期的传世文献与出土简牍材料对《汉书》司法词汇系统的补充和说明作用。因此,本文虽然研究的是《汉书》的"抓捕"语义场,但实际上"捕""逮""收""执"四个义位代表了秦汉时期"抓捕"语义场中的主要义位。发展到魏晋南北朝时期,"抓捕"语义场中的成员又增加了"摄""拘""录""捉"等[7],但"捕""逮""收""执"仍然是这个语义场中最常用的词。

参考文献

[1]〔东汉〕班固.汉书[M].北京:中华书局,1962.

[2] 陈直.汉书新证[M].天津:天津人民出版社,1979.

[3] 朱国照,李均明.居延汉简释文合校[M].北京:文物出版社,1987.

[4] 张家山247号汉墓竹简整理小组.张家山汉墓竹简:247号墓释文[M].北京:文物出版社,2001.

[5]〔西汉〕司马迁.史记[M].北京:中华书局,1959.

[6] 裘锡圭.文字学概要(修订本)[M].北京:商务印书馆,2013.

[7] 姜黎黎.中古汉语"逮捕"概念场动词词义演变研究[J].古汉语研究,2014(01).

英山方言的"VP冇"和"VP不"①

项　菊

（黄冈师范学院文学院）

一、引言

英山县地处大别山南麓，位于湖北省黄冈市东北部，东接安徽岳西、太湖县，西与罗田毗连，南与浠水、蕲春交界，北邻安徽金寨、霍山两县。全县东西平均宽约18.8千米，南北平均长约76.7千米，版图总面积为1449平方千米。现总人口约40.5万。英山县古属楚国，但在历史上行政隶属关系有几次大的变动。第一次是秦朝时期划归九江郡；第二次从东汉时起划归蕲春郡，后属豫州管辖；第三次是南北朝时划归郢州西阳郡；唐朝又归淮南道；南宋时建立了英山县，属六安州管辖；民国时英山县直属安徽省，不久又改归淮泗道。这些建置的变化对英山方言有一定的影响。根据中国社会科学院语言研究所、民族学与人类学研究所共同编撰的新版《中国语言地图集》的分区，英山方言属于江淮官话黄孝片。在地理位置上，英山处于西南官话、下江官话、北方官话的河南话和

①本文为湖北省教育厅人文社科指导性项目"语法化视野下的黄冈方言语法比较研究"（批号13g414）的成果之一。

赣方言的交界处，在语音和词汇上与这些方言既有相同之处，又有差异。

"VP冇"和"VP不"是英山方言疑问句格式"VP－neg"的两个次类。关于现代汉语疑问句的分类，根据不同的标准可能有不同的分法。很多语法论著都把现代汉语的疑问句分为并列的四类：是非问句、特指问句、选择问句、反复问句。（丁声树1980）也有把反复问句看成一种特殊的选择问句，即将疑问句分为是非问句、特指问句和选择问句三类。（朱德熙1982）英山方言的疑问句系统跟普通话基本一致，可以分为是非问句、特指问句、选择问句、反复问句。英山方言中的反复问句有两种基本格式："V－neg－VO"和"VP－neg"，二者共存，其使用受制于使用者和交际对象的年龄层次。"VP－neg"为英山方言反复问句的主流格式，使用较普遍。"V－neg－VO"相对来说正式场合或新派使用较多。极少数情况下人们偶用"VO－不V"句式，具有转文的意味。"VO－不V"式不是本地方言的固有句式，当是北方方言对本地方言的渗透。

朱德熙（1985）指出，"K－VP"和"VP－neg－VP"是现代汉语方言反复问句的两大基本类型，认为这两类反复问句互相排斥，不在同一方言中共存。朱先生一文引起了汉语方言反复问句研究的热潮。随后王世华（1985）、施其生（1990）、刘丹青（1991）指出，扬州方言、汕头方言、苏州方言中这两种反复问句可以并存。朱德熙（1991）认为扬州方言和苏州方言这两种反复问句并存"不属于同一个层次"，应为方言固有和创新形式。随着汉语方言反复问句研究的深入，出现了一大批重要论著，主要有贺巍（1991）、覃远雄（1994）、谢留文（1995）、罗福腾（1996）、吴福祥（1997）、刘祥柏（1997）、陈泽平（1998）、徐烈炯、邵敬敏（1999）、邵敬敏、王鹏翔（2003）、张安生（2003）、邢向东（2005）、岳立静（2006）、胡利华（2008）、伍巍、陈卫强（2008）、汪国胜（2011）、陈曼君（2011）等。越来越多具有方言特色的反复问句形式被发掘出来。归纳起来，目前学界讨论较多的反复问句形式主要有三种："VP－neg－VP"式、"K－VP"式、"VP－neg"式。"VP－neg－VP"式是最常见、最典型的反复问句形式。综合近三十年来的研究，学界对方言的反复问句"K－VP"式关注颇多，研究也较深入，相对来说，"VP－neg"式的研究就显得有些单薄，"VP冇"和"VP不"在方言中的构造特点、使用差异及其地域分布情况等并未得到充分关注。本文只讨论"VP－neg"式的两个次类："VP冇""VP不"，同时对"VP－neg"式在方言中的分布情况及使用差异做一初步考察。

本文拟从句法形式、结构特点、相关句式的差异等方面对"VP－neg"句式做初步探讨。本文所用符号：VP为谓词性词语，V为谓词，neg为否定词，O为宾语，M为语气词，K为疑问副词，aux为动态助词。英山方言是作者的母语，本文材料源自作者自拟和对英山县城温泉镇居民的调查。

二、"VP冇"和"VP不"的构成

英山方言"VP－neg"格式中的"neg"主要由否定词"冇"和"不"充当，故"VP－neg"式包括"VP冇"和"VP不"两个次类，下面我们分开讨论。

（一）VP冇

1."冇"读作[mau^{53}]，即普通话的"没有"。这种格式即列举一个谓项后再带上否定词"冇"，相当于"VP没（有）"或"V没VP"。反复问句是将一件事情的正反两个方面都说出来，要求对方从中做出某一方面的回答。"VP冇"式并不完全符合这个定义：其一，它的动词否定形式不完全，虽然有否定词，但谓项不重叠；其二，从回答方式看，"VP冇"式像是非问句式一样，可用点头或摇头回答，但其结构形式又不具备陈述句的特点。我们把"VP冇"看成一种反复问句形式，因为此式中的否定词"冇"

是用来否定后一谓项“VP”(已经省略),要求答语从肯否中选择一项。“VP冇”式是英山方言反复问句的一种省略形式。例如:

(1)天要落雨了,伢儿带伞冇?

(2)山上的毛楂儿山楂红了冇?

(3)这个酒你喝过冇?

(4)有滚水冇(冇得)! 我想泡个脚。

此式中的谓“VP”可以是单音节动词、形容词,后可带动态助词“引倒/过”、询问劝作行为、状态的实现、持续或曾有过的动作行为经历。“VP”也可以是谓词性短语。当“VP”为动词“有”时,“VP冇”中的“冇”也可换成“冇得”,“冇”和“冇得”都是动词,否定答语形式为“冇得”。

2. “VP冇”是英山方言较常用的一种反复问句,当VP为单音节动词V时,其后可接述补性成分“倒”,构成“V倒冇”式。例如:

(5)她跑了固多时这么久,手续办倒冇?

(6)今天数学竞赛的题目你哈都做倒冇?

(7)老王快下班了,他的药荐熬倒冇?

(8)饭快熟了,汤热倒冇?

“V倒冇”式是对动作行为或事物状态是否达到某种结果进行提问。“倒”在英山方言中是一个较为活跃的成分,它既可做持续体的体标记成分,也可用于动词后做结果补语或和名词性成分一起组成介宾短语,表示动作的处所(项菊2000)。上述例句(7)(8)都存在歧义,它们可能是对动作或状态变化结果的持续存在进行提问,也可能是只对谓项是否达到某种结果进行提问,故其句义有两种理解:

A.老王快下班了,他的药熬上没有?

B.老王快下班了,他的药熬好了没有?

A. 饭快熟了，汤热上没有？

B. 饭快熟了，汤热好了没有？

3.“VP冇”式后还可带助词“着”，构成“VP冇着”式，表示“VP”是时间在先的前提条件，即在进行了“VP”之后，再去实行其他一系列行为或相应的结果。这类句子多接后续句，常带有隐现的附加意义。例如：

(9)他找个老中医试下儿试一下冇着？⟶老中医说不定对他的病管用些。

(10)你得你们去喝喜酒冇着？⟶去喝了喜酒肯定听说了这个事儿。

(11)人哈来冇着？⟶人哈来了就架势开始。

(12)门敞倒冇着？⟶门敞倒气味肯定要好点儿。

4.“VP冇”在英山方言中使用较普遍，当“VP”为单音节动词、形容词时，“VP冇”和完全反复问句句式“VP冇VP”都较常见，但“VP冇VP”显得比较正式，“VP冇”则显得较随意、口语化，句末还常带上“噢、吵”之类的语气词，表示敦促、建议、提醒等附加意义。当“VP”为非单音节动词、形容词时，人们一般倾向于选择“VP冇”式；谓项“VP”后面若带上了时态助词“了”，则只能选用“VP冇”式。例如：

(13)何儿走冇噢？

(14)你吃冇吵？

(15)你得这回看了赤壁冇？

(16)衣裳抖抻敌平整冇？

(二)VP不

1. 这种格式是省略否定词“不”后面的谓项，直接用“VP”与否定词“不”并举，此式亦是反复问句的一种省略形式。例如：

(17)跑了一晏昼一上午,我得我们歇下儿不?

(18)这个絮领褂儿棉背心你还穿得不?

(19)昨日还有点现菜剩菜,热倒不?

(20)这个月光只落雨,你屋里潮不?

进入此式中的“VP”项和“VP冇?”式基本相同。

2.“VP不”式句末也可带上语气词“噢、吵”,表达催促、不耐烦、强调、追问等附加意义。“VP不”带上动态助词“着”,构成“VP不着”式,表示要实施某种行为所需具备的先行条件,其中一般有后续句。例如:

(21)这个裙子好看不吵?

(22)这次下乡他去不着?⟶他去我就去,他不去我也不去。

(23)你喝老米酒不着?⟶你要喝,我就去煮。

(24)这个橘子酸不着?⟶不酸我就吃。

“VP不着”式和“VP冇着”式相比,更强调条件性,抉择语气也较为强烈,其隐含的附加意义、说话人的主观态度等都外显化。

三、“VP冇”和“VP不”的差异

朱德熙先生曾经指出,“湖北话”是“使用‘VP不V句式’”的。这句话不错,但并不完整。如前所述,英山方言“冇”和“不”构成的反复问句特征不同,其用法和句式义等也都存在一定的差异。

(一)“VP冇”和“VP不”的体貌意义及其与动态助词的结合

“VP－neg”句式是英山方言口语中使用较为频繁的反复问句的省略形式,含有十分丰富的体貌意义。

1.由“冇”构成的反复问句,一般都是对已然事实进行提问,询问某种情况是否已经发生，采用的是客观视点。“VP 冇”式中的“VP”后面还可带上动态助词“了”，表示动作已完成或状态已有所改变，也可带上动态助词“过”，表示曾经发生这样的动作或者曾经具有这样的性状，如前述例(3)。

由“不”构成的反复问句，一般是对未然事实进行提问，即询问某种情况是否将要发生，征求主观意愿，采用的是主观视点。这类句子中常出现表示将来时间的词语。当句子含有虚拟语气时，“VP 不”也可用于过去时。例如：“昨日他要是把钱送去了，你还去闹不？”

2. 当“VP 冇”和“VP 不”的“VP”为单音节动词“V”时，其后可接补充性成分“倒”，构成“VP 倒冇”和“VP 倒不”，但二者意义不同。前者是对动作行为或事物状态是否达到某种结果进行提问，后者则是对动作行为或事物状态是否要求达到某种结果进行提问。前者重在询问结果，后者侧重征询意见。

3.“VP 冇”和“VP 不”都可跟动态助词“着”结合，但二者句式义及所含附加义不同。“VP 冇着”表示“VP”是实现其他行为或产生其他相应结果的先行条件，此式常隐含个人的建议、推测、看法等附加义，可接后续句，语气缓和。“VP 不着”表示 VP 是实施其他行为须具备的先决条件，此式隐含紧缩的假设条件关系“NP +VP +就……，不 VP 就不……”，一般要求带有后续句，语气决绝，不容商量。如前所述，此不赘述。

（二）“VP冇”和“VP不”的信疑度

1. 反复问句的语义倾向，赵元任(1979)认为“是不偏向于哪一边的”，疑惑程度居中。英山方言由“冇”构成的反复问句有完全式“V 冇 VO”和省略式“VP 冇”两种，二者都是询问情况是否已经发生，强调事态的变化过程。完全式“V 冇 VO”肯定否定对举，句子中可出现“到底、究竟”之类强疑问语气副词，深究意味较浓，显得较正式。“VP 冇”用语简洁，使用较随意，口语色彩浓。“V 冇 VO”和“VP 冇”句式语义倾向性都不明显，一般说来肯定否定信息各占一半，说话人疑问语气较强。

2. 由“不”构成的反复问句，英山方言也有“V不VO”和“VP不”两种，但二者在使用上有细微差异。

其一，先看例句：

A. 你吃大椒辣椒不？

B. 你吃不吃大辣椒？

A句是问你现在想不想吃辣椒。B句则有歧义，既可能是问你现在想不想吃辣椒，也可能是问你平时有没有吃辣椒的习惯。在英山方言中，B句所蕴含的句式义一般后者居多数。因此，“VP不”式询问的多是听话人的意愿或打算，“V不VO”大多数情况下则是对听话人的习惯或爱好进行提问，故“V不VO”式和“VP不”式所表达的时间概念不完全相同。

其二，“V不VO”式和“VP不”式的信疑度不同。“V不VO” 说话人对肯定否定信息的选择，一般不具备倾向性，信疑度居中，信度和疑问各占50%。“VP不”式在使用过程中，其后常带上语气词。和语气词结合的情况不同，“VP不”式带上语气词的语义倾向相应会产生一定的差异，并且其附加义也不尽相同（详见后文）。

极少数情况下人们偶用信疑参半的“VO-不V”句式，具有转文的意味，当然这不是本地方言的固有句式，应为北方方言对本地方言的渗透。英山方言没有“VO-冇V”句式。

（三）“VP冇”和“VP不”与语气词的结合

1.“VP冇”和“VP不”都是英山方言口语中常用的句式，二者后面常带上语气词，表达某种附加义。“VP冇”后常接“噢、吵”之类语气词，“噢、吵”和否定词“冇”只能连用，不能拼合在一起，即“噢、吵”都自成音节。例如：

(25)寒潮要来了,你带衣裳冇噢?

(26)伢儿药吃了冇噢?

(27)天快黑了,他走冇吵?

(28)他得他们怕快到屋了,你打电话问下儿冇吵?

“VP冇”式带上“噢、吵”后,除了具备句式固有的询问义之外,还蕴含有敦促建议、提醒、强调等附加义。

2.“VP不”和语气词的结合情况较之“VP冇”式,则显得灵活多样。“VP不”式后可带自成音节的“噢、吵”,表达征询、催促、不耐烦、强调、追问等附加义。“VP不”还可带上语气词“哎、欸”。在语流过程中,由于说话人语速较快,“哎、欸”常和句末否定词“不”拼合,念作“呗”,构成“VP呗”式。例如:

(29)今朝儿今天好晴天,把被户被子洗倒不噢?

(30)要落雨了,你到底走不吵?

(31)这个周末我有空儿,去放风筝儿呗?

(32)这个柿子摸得有点儿硬,吃得涩嘴呗?

“VP不”带上语气词后,句式的信疑度发生变化。例(29)用于询问听话人是否接受建议,语义偏于肯定,故“VP不噢”式带有祈使色彩。例(31)说话人带有邀请意味。例(32)说话人认为这个柿子肯定有涩味,疑问语气大大减弱,语义信度增强,句式具有明显的肯定性倾向。因此,该句式实际上已由表达反复问逐渐向是非问过渡。“VP不”式和语气词结合后其语义信度由大到小依次排列为:VP呗>VP不噢>VP不。

英山方言“VP不”式的使用情况,较之黄冈其他县市要复杂些,如红安方言对“VP不”式的运用,多选择“VP不嘞”式,句式义倾向于肯定(项菊 2005,2006)。

3.普通话是非问句语气词用“吗”不用“呢”，英山方言语气词“噢、吵”和“VP冇”式中的“冇”只能结合自成独立音节，不能与之拼合为“吗”，英山方言没有带语气词“吗”的是非问句，与此大概不无关系。从“VP冇”句的使用以及和语气词的结合情况看，“VP冇”是没有发生进一步演变的反复问句。

4.“VP不”式的使用相对来说则要丰富得多，它既能和语气词结合，如“噢、吵”；也能和语气词拼合，如“呗”。“VP不”“VP不噢”和“VP呗”式在英山方言中共存。在交际中人们根据语境的不同、表达的需要等，灵活选择运用“VP不”式。“V不VO”和“VP不”式都是表达反复问的句式，但前者语义的信疑度居中，后者尽管和语气词结合时信疑度有大有小，但句义皆偏向于肯定，这奠定了“VP不”式向是非问句演变的语义基础。“VP不”式中的“不”和语气词“哎”等的结合，并完全拼合在一起，变成带有强烈祈使色彩的语气词“呗”，这使否定词“不”由实而虚，向句末语气词虚化迈进了一步。英山方言“VP呗”式实际上已逐渐演变成一种是非问句格式。

吴福祥(1997)认为：“后汉至宋的‘VP-neg’式，语义上应分为‘甲反复问句’和‘乙非反复问句’(是非问句、测度问句以及反诘问句)两类。”周生亚(2004)指出，早在晚唐、五代时期，“VP－neg”句式就开始“大量向是非问句转化”。邵敬敏(2003)认为，是非问句的轨迹经历了以下三个阶段：“VP－neg －VP”⟶“VP－neg”⟶“VP吗”。

“VP－neg －VP”有两个次类：“V－neg －VO”和“VO－neg－V”。它们在汉语方言里的分布上是互补的，前者主要见于南方方言，后者主要见于北方方言。朱德熙(1991)认为，“VO－neg－V”不是英山方言的固有句式，显然英山方言里的“VP－neg”不是由此省略而来的。那么，认为是由“V-neg-VO”省略后一谓项而来，也不妥，因为它明显与原式不同。

我们认为，英山方言的这种句式很有可能是“V－neg －VO”省略一个谓项后变化而成的，这个过程伴随着否定词“不”的逐步虚化，使得“VP不”句式逐渐演变成是非问句。英山方言“VP不”句式的语法化推进过程，亦是汉语史此类句式演变的一个缩影。

四、“VP-neg”式反复问句在方言中的分布及使用情况

（一）“VP-neg”式反复问句在方言中的分布情况

据邵敬敏、周娟（2007）研究，“VP-neg”式反复问句主要是在北方方言、吴语以及闽语中大量使用，中部、南部的其他方言则较少使用，只是在那些交通相对闭塞的地方有零星的使用。据我们统计，“VP-neg”式反复问句在全国方言中分布的地域还是较为广泛的，主要包括:

东北片: 东北官话区的东北方言（康瑞琮1987）。

西北片: 晋语区的陕北方言，由延安、榆林两市所辖的25个县区组成（邵敬敏，王鹏翔2003），陕北黄河沿岸方言（邢向东2005），中原官话和兰银官话交汇的宁夏同心方言（张安生2003）等。

华北中原片: 冀鲁官话区，胶辽官话区的山东方言（罗福腾1981，1996；岳立静2006），山西晋语区从北部大包片到南部的邯新片（郭校珍2005）等。

华东片: 吴语区的宜兴、溧阳、余姚、宁波、温州、永康、衢州、金华、嘉兴、松江、上海、湖州、常州、丹阳等方言（钱乃荣1987），江淮官话区的江苏泗阳方言（王玉梅2009），中原官话区的睢宁方言（王健1999，2007），赣语区的南昌、芦溪、铅山、萍乡以及赣语区的宿松、岳西，江淮官话区的都昌等方言（罗昕如2010），江淮官话区的九江方言（李国敏，张林林，2008）。

华中片: 中原官话区郑曹片的河南浚县(辛永芬2007),西南官话区的武汉方言(赵葵欣1993),江淮官话区的黄冈方言(项菊2005)、红安方言(项菊2006)、大冶方言(汪国胜2011)、安陆方言(盛银花2011),湘语区的长沙、湘潭、益阳、湘阴、衡阳、衡山、衡东、娄底、邵阳、邵东、新化以及赣语区的浏阳、耒阳等方言(罗昕如2010)。

华南片: 粤语区的广东封开南丰,广西桂岭、仁义、铺门方言(侯兴泉2005),阳江话(刘伟民2011),广州话(伍巍,陈卫强2008),梧州话(余凯2008)。

东南片: 闽语区闽台闽南方言的厦门、泉州、漳州、台湾四地(陈曼君2011),潮州(施其生2009)、福州(甘于恩2007)等地方言。

西南片: 西南官话区的昆明、遵义(胡光斌2008)、荔浦(覃远雄1994)、柳州(蓝利国1999),平话区的广西永福(肖万萍2010)、横县(闭思明2002),重庆(李科凤2005)等方言。

“VP-neg”式反复问句在方言中分布的历史层次和地位各不相同。“VP-neg”式反复问句在一些方言中成为反复问句的主流格式,如东北官话、江淮官话(黄孝片的孝感、黄冈、英山、罗田)、西南官话(武汉、遵义、柳州)、湘语等。“VP-neg”式反复问句在陕北方言中使用频率极高,被认为是“一个类型学的过渡格式”(邵敬敏,王鹏翔2003)。邢向东(2005)则认为陕北晋语沿河方言的“VP-neg”式,“是与北京话‘VP不VP’句式并列的反复问句类型”。闽台闽南方言的厦、泉、漳、台四地以“VP-neg”式为主(陈曼君2011)。潮州方言反复问句的固定结构是“a-VP-neg”(a为肯定助动词),它是“闽语的主流结构,但是和一般的‘VP-neg’有重要的不同,主要是通过肯定词和否定词的对举来表示疑问”(施其生2009)。“VP-neg-VP”是湘语与赣语中反复问句的常用格式,“VP-neg”格式在“湘方言的正反问句中占优势”,“湘语与赣语的正反问都倾向于选用'VP-neg'格式"(罗昕如2010)。

由于语言的相互影响、多类交融,方言中出现"VP-neg"式与其他问句格式叠加的新型格式"K-VP-neg",如上海话的"阿是/阿要/阿曾/阿有V……否"(邵敬敏2007),安徽睢宁话的"K-VP-不/谩"(王健2007),广东封开南丰话的"阿VP曾"(侯兴泉2005)。

(二)"VP-neg"式中"neg"在方言中的使用及语义表达

与普通话相比,"VP-neg"式中的"neg"在方言中的使用并不平衡,与普通话也不完全对应。东北方言、陕北方言、山东方言、江淮官话(黄冈、英山、九江等)、湘语(长沙、湘潭、益阳等)、赣语(岳西)"VP-neg"式中的"neg"一般用"不",表示未然体;或者用来询问主观意愿,用"没/没有/冇/冇得/冒"等,表示已然体;或者用来询问客观情况,与普通话"VP-neg"式中的"不/没/没有"用法基本一致。现代广州话最常见的"VP-neg"句式是"VP未[mei˧]"类(伍巍,陈卫强2008),构成反复问句的已然体,至于老派句式"有VP(NP)冇",其否定词已提到谓项前,演变为现代广州话的"有冇VP(NP)"句式。例如:

(33)食饭唔?(广州老派)　食饭未?(广州新派)

(34)有去冇?(广州老派)　有冇去?(广州新派)

"VP-neg"式中"neg"的使用也有较复杂的情况。广东南丰"VP曾"中的否定词"曾",既可用于询问已然事件,也可用于询问未然事件或主观意愿。例如:

(35)你喫哈饭曾你吃了饭没有?

(36)你去南丰曾你去不去南丰啊?

广西荔浦(覃远雄1994)、永福方言(肖万萍2010)等否定词的使用也是如此。例如:

(37)这个箱子重没? ⟶这个箱子重不重?(荔浦)

(38)那个姑娘漂亮没? ⟶那个姑娘漂亮不漂亮?

(39)明天你去学校没? ⟶有明天你去不去学校?(永福)

(40)他个子高没? ⟶有他个子高不高?

荔浦、永福话询问已然事件句尾则用“没曾”。例如:

(41)番茄红没曾? ⟶西红柿红了没有?(荔浦)

(42)饭熟没曾? ⟶饭熟了没有?(永福)

“VP-neg”式在方言中还出现否定词互补或不平衡使用情况。豫北浚县(辛永芬2007)“VP-neg”式中只出现否定词“冇”,“VP-neg-VP”式中只出现否定词“不”,二者呈互补分布,在语义上也构成了互补。前者用于询问存在、领有、完成、经历、进行、持续等情况,后者用于询问判断、意愿、事实或性质等情况。有些方言“VP-neg”式否定词使用不平衡,只构成单一使用“不”或“没”的句式,如河南巩义,吴语区的杭州、绍兴、嵊县、诸暨等地(钱乃荣1987),湖北武汉、安陆话(赵葵欣1993;盛银花2011)等。武汉、安陆话用“VP-neg”(VP 了冇)表示已然体,用“VP 不VP”(V不VP+语气词)表示未然体。例如:

(43)外头在落雨,你带了伞冇?

(44)看天道天气只怕要落雨哦!带不带把伞嘞?

(三)“VP-neg”式在方言中与语气词配合使用情况

方言中的“VP-neg”式大多可与语气词配合,但具体配合方式及使用都存在差异。下面我们选取使用“VP-neg”式的部分方言点列表进行比较。

表1.方言"VP-neg"格式与语气词配合使用情况

配合情况	VP+neg	VP+M+neg	VP+aux+neg	VP(+M/aux)+neg+M/aux	VP+M(合音)
东北	你去不?	去没?	你去不啊?去吧(不+啊)?		
吴堡	天热不?	天热也不?	作业做下了没?①	天热也不了?(延川)	
武乡	喝酒呀不?		走咧没呐?②		
山东(鲁西、鲁南)	你学不?	听见了啊没	你想开喽不?		
山东(鲁中、鲁北)	热啊吧?你去呃啵?③	看见了没?			
温州	屋里闹热不?铅笔有冇?你准备好未?	你喜欢渠啊不?你有上大学啊冇?		你走得来不哦?你要啊不呢?	
广州	食饭唔?放工未? 有钱冇?(老派)		脱唐装着得落唔呀?		
长沙			你吃饭不啦?你吃饭冒啦?	咯只瓜甜啵?	
铅山	看到无?清拣漂亮不?		尔去河口不嘞?	尔去河口呗?尔吃唠饭啵?	
英山	走不?走冇?	走了冇?	走不噢?走冇吵?人哈来冇着?	走呗?	

说明:

①陕北沿河各方言(邢向东2005)均以"VP(嘞)(也)不"和"VP 了没"为反复问句的主要形式。

②武乡方言（史素芬2002）用“VP +M+没呐”式对已然事实进行提问，并且VP后带表完成体的语气助词“咧”或表曾经体的语气助词“来”。

③鲁中、鲁北（罗福腾1981，1996）多通行“VP +M+不”的形式，即动词或形容词后与“不”之间有一个含糊的语气词。

④综观上表，方言中“VP-neg”式与语气词的配合，归纳起来主要有两种。一是语气词现于谓项与否定词之间，这种形式通行于陕北方言，晋语区，山东的鲁中、鲁北，吴语区的部分地区。二是语气词置于句尾，多见于东北方言、江淮方言、湘语、赣语区的部分地区，其中句末语气词与它前面的否定词既可结合，也可完全拼合在一起而成为合音语气词。“VP-neg”式的“VP”后能否带动态助词，各方言情况不一。江淮官话（黄冈、英山）、湘语、赣语等较为自由，可带也可不带，是非强制性的。但同属于江淮官话区黄孝片的安陆方言、西南官话区的武汉方言带动态助词则为强制性的，即构成“VP 冇”式。

参考文献

[1]陈曼君.闽台闽南方言的反复问句[J].方言，2011(02).

[2]陈泽平.福州话的否定词与反复疑问句[J].方言，1998(01).

[3]丁声树.现代汉语语法讲话[M].北京：商务印书馆，1961.

[4]贺巍.获嘉方言的疑问句——兼论反复问句两种句型的关系[J].中国语文，1991(5).

[5]胡利华.安徽蒙城方言的“可”字句[J].方言，2008(03).

[6]刘丹青.苏州方言的发问词与“可VP句式”[J].中国语文，1991(1).

[7]刘祥柏.六安丁集话的反复问形式[J].方言，1997(01).

[8]罗福腾.山东方言里的反复问句[J].方言，1996(03).

[9]罗昕如，彭红亮．广西湘语的重叠式反复问句[J]．汉语学报，2012(04)．

[10]覃远雄．荔浦话里的反复问句及其否定回答[J]．广西民族学院学报(哲学社会科学版)，1994(01)．

[11]邵敬敏，王鹏翔．陕北方言的正反是非问句——一个类型学的过渡格式研究[J]．方言，2003(01)．

[12]盛银花．湖北安陆方言的两种正反问句[J]．方言，2011(02)．

[13]施其生．汕头方言的反复问句[J]．中国语文，1990(3)．

[14]汪国胜．湖北大冶方言两种特殊的问句[J]．方言，2011(01)．

[15]汪化云．鄂东方言研究[M]．成都：巴蜀书社，2004．

[16]王健．睢宁话的反复问句[J]．镇江师专学报，1999(03)．

[17]王世华．扬州话里两种反复问句并存[J]．中国语文，1985(6)．

[18]吴福祥．从“VP-neg”式反复问句的分化谈语气词“麼”的产生[J]．中国语文，1997(1)．

[19]伍巍，陈卫强．一百年来广州话反复问句演变过程初探[J]．语言研究，2008(03)．

[20]项菊．黄冈方言的“VP-neg?”及其相关句式[J]．黄冈师范学院学报，2005，25(2)．

[21]项菊．湖北红安方言的反复问句[J]．黄冈师范学院学报，2006(05)．

[22]项菊．湖北英山方言的体成分“倒”[J]．黄冈师范学院学报，2000(01)．

[23]项梦冰．连城(新泉)话的反复问句[J]．方言，1990(02)．

[24]谢留文．客家方言的一种反复问句[J]．方言，1995(03)．

[25]邢向东．陕北晋语沿河方言的反复问句[J]．汉语学报，2005(03)．

[26]徐杰，张媛媛．汉语方言中“可VP”问句的性质[J]．汉语学报，2011(02)．

[27]徐烈炯，邵敬敏．“阿V”及相关疑问句式比较研究[J]．中国语文，1999(3)．

[28]游汝杰.吴语里的反复问句[J].中国语文,1993(2).

[29]岳立静.山东中西部方言反复问句300多年来的演变——以《醒世姻缘传》为例[J].东岳论丛,2006(03).

[30]张安生.宁夏同心话的选择性问句——兼论西北方言“X吗Y”句式的来历[J].方言,2003(01).

[31]赵元任.汉语口语语法[M].吕叔湘译.北京:商务印书馆,1979.

[32]周生亚.说“否”[J].人大复印资料·语言文字学,2004(5).

[33]朱德熙.语法讲义[M].北京:商务印书馆,1982.

[34]朱德熙.汉语方言里的两种反复问句[J].中国语文,1985(1).

[35]朱德熙.“V－neg －VO”和“VO－neg－V”两种反复问句在汉语方言里的分布[J].中国语文,1991(5).

[36]中国社会科学院语言研究所,中国社会科学院民族学与人类学研究所,香港城市大学语言资讯科学研究中心.中国语言地图集(第2版):少数民族语言卷[M].北京:商务印书馆,2012.

《中国甲骨学史》所述史实补正二则

邓章应

（西南大学汉语言文献研究所）

吴浩坤、潘悠两位先生所著《中国甲骨学史》于1985年作为“中国文化史丛书”之一由上海人民出版社出版。1990年台北贯雅文化事业有限公司出竖排繁体版。2006年上海人民出版社重版。胡厚宣先生认为:“吴、潘之书,比较详密,有二十八万字。”[①]“就目前而论,它是引导初学进入甲骨学研究领域的一本好书。”[②]戴家祥先生序:“阅读了之后,可以得到甲骨学方面的系统知识,也可以根据书中所介绍的重要线索,进一步找到有关材料做深入的学习研究。”张孟麟先生书评《学习甲骨学的入门书——读〈中国甲骨学史〉》[③]、宋镇豪先生书评《评介〈中国甲骨学史〉》[④]均给予了高度评价。该书出版后流传甚广,是甲骨学入门的必读书。

但该书因引述的原因,所述部分史实存在小问题。为了学界更好地利用这本书,故作此小文,以为将来修订重版的准备,并纪念吴先生和潘先生。

---

①胡厚宣:《甲骨学通论》序,载《甲骨学通论》,中国社会科学出版社,1989。

②胡厚宣:《中国甲骨学史》序,载《中国甲骨学史》,上海人民出版社,1985。

③张孟麟:《学习甲骨学的入门书——读〈中国甲骨学史〉》,《历史教学问题》1986年第6期。

④宋镇豪:《评介中国甲骨学史》,《书林》1988年第4期。

一

据《甲骨年表》和《五十年甲骨学论著目》，称“甲骨文”或“甲骨文字”的论著，如1923年有陆懋德的《甲骨文之历史及其价值》，1924年有容庚的《甲骨文之发现及其考释》，1925年有王国维的《殷墟甲骨文字及书目》。此后有日本林泰圃的《甲骨文地名考》，胡光炜的《甲骨文例》，闻宥的《甲骨文之过去与将来》，郭沫若的《甲骨文字研究》，董作宾的《甲骨文断代研究例》，孙海波的《甲骨文编》等，可见这一名称为多数学者所认同。从甲骨文的发现到甲骨学的建立和确定名称，也是在短短的几十年之内完成的。在正式发表的论文或专著中，直接冠以“甲骨学”这个名称的，首推1931年周予同先生写的《关于甲骨学》一文。

这段话梳理了“甲骨文”或“甲骨文字”“甲骨学”术语的早期使用情况，但有几点需要补充说明。

其一，最早在公开论著中使用“甲骨文字”名称的，是抗父1922年2月发表在《东方杂志》第十九卷第三号上的《最近二十年间中国旧学之进步》一文。应该补出，以显示术语使用脉络。

“抗父”为樊炳清的字，其《最近二十年间中国旧学之进步》分作两节，一为“古器物古书籍之发现”，一为“新研究之进步”。“古器物古书籍之发现”中称：“而近二十年，尤为古物出世之黄金时代。数其最大者：则如殷墟之甲骨文字，敦煌及西域诸城之汉晋木简，敦煌千佛洞之六朝唐人所书古籍，内阁大库之宋元刊本并明以后史料。”这篇文章使用了“甲骨文字。”

陆懋德《甲骨文之历史及其价值》是陆先生在清华学校所做演讲，后登在《清华周刊》1923年12月21日第299期，后来又登在《晨报副刊》1923年12月25日第326号。这篇文章使用了“甲骨文”。

其二,容庚先生文章题名有误,应为“甲骨文字之发现及其考释”,“文”后脱“字”字,这篇文章发表在《国学季刊》第1卷第4号上。但在《中国甲骨学史》第九章“甲骨文与诸学科的关系(上)”第一节“甲骨文与古文字学”中,专列“与金文互为参证”介绍了容庚先生文章的内容。

其三,王国维先生的文章《殷墟甲骨文字及书目》存在问题。王国维的文章是在清华的演讲,名称为“最近二三十年中国新发现之学问”,先发表在《清华周刊》第350期,署“王国维演讲”,“将此二三十年发现之材料并学者研究之结果分五项说之”,第一项即为“殷墟甲骨文字”。这一期的《编辑余谈》中谈道:“王静安先生关于新发现之学问的讲稿(系为暑期学生会讲的),登在新清华的第一期新周刊里,实恰逢其时。”后来这篇演说又登载在1925年9月《学衡》第45期上,但内容更详细,还加了双行小注。文后有说明:“按此篇原系王国维先生在北京清华学校为暑期学生演讲之底稿。文中双行小注,皆是日在场听讲之某君所增入。本志编者识。”与《清华周刊》文章所不同者,文后有“附陈列书籍目录”,下有小字说明:“此王君演讲日陈列各书目录。因供读者求书之便,附录于后,并加注售书处及价目,以便参考。”第一为“甲骨类”。此文后来还登在《科学》1926年6月20日第11卷第6期上,内容与《学衡》版本一致,只是改为横排。

董作宾、胡厚宣(1937)《甲骨年表》著录为:“九月,王国维所讲《殷虚甲骨文字及书目》演说稿出版,刊《学衡》四十五期《最近二三十年中中国新发现之学问》一文中。”①

我们由此知道,《殷墟甲骨文字及书目》不是一篇独立的完整文章,甚至不是原演讲稿《最近二三十年中中国新发现之学问》中某一节的标题,而只是《甲骨年表》归纳的题名。

①董作宾,胡厚宣:《甲骨年表》,商务印书馆,1937。

其四，闻宥先生文章题名有误，应为“甲骨学之过去与将来”，将“甲骨学”误作“甲骨文”。闻先生在这篇文章中就已提出“甲骨学”，并将其用在文章标题中。

其五，周予同先生文章的题名和发表时间有误。题名应为“关于‘甲骨学’”，1930年刊于《学生杂志》第17卷第2号《文哲讲座》栏目，文末署写作日期“一九三〇，一，十一”。

二

书评写得较多的有戴家祥、孙海波及陈梦家等学者。……著有《评殷契通释》《评龟甲文字概论》《评甲骨学文字编》《评孙诒让年谱》《评史前期中国社会研究》等等。孙海波有《评殷契遗珠》《评铁云藏龟零拾》《评殷虚书契续编校记》《评甲骨地名通检》《评金璋所藏甲骨卜辞》《评甲骨叕存》等文。陈梦家有《评殷契遗珠并论罗氏前编的来源》《评铁云藏龟零拾》《读天壤阁甲骨文存》。

其中有部分文章的名称不准确。

其一，戴家详先生《评龟甲文字概论》，应为《龟甲文字概论》，发表于《大公报·图书副刊》1934年4月7日第21期。

其二，戴家详先生《评甲骨学文字编》，应为《甲骨学文字编》，最初发表于《大公报·图书副刊》1934年8月4日第38期。又发表于《出版周刊》1934年8月新19号，题名改为“甲骨学一文字编”，文末注“录八月四日大公报”。又发表于《图书季刊》1934年9月第1卷第3期《新书介绍》栏目，题名为“甲骨学”，下有双行小字：“文字编醴陵芳圃著民国二十三年三月商务印书馆出版定价大洋二元五角。”

其三，戴家详先生《评孙诒让年谱》，应为《书孙诒让年谱后》，发表于

《大公报·图书副刊》1934年6月30日第33期。又发表于《浙江省通志馆馆刊》1945年第1卷第2期《序记》栏目。又收于《图书展望》1947年10月复刊第五期《孙仲容先生百岁纪念专辑》。

其四，戴家详先生《评史前期中国社会研究》，应为《史前期中国社会研究》，发表于《政治经济学报》1935年5月第3卷第2期《书报评论与介绍》栏目。

其五，孙海波先生1940年在《中和月刊》第一卷第一期《书林偶拾》栏目发表三篇文章，分别是《汉书疏证》《殷虚书契续编校记》《甲骨地名通检》；在第一卷第二期《书林偶拾》栏目发表三篇文章，分别是《铁云藏龟零拾》《殷契遗珠》《金璋所藏甲骨卜辞》。1941年在《中和月刊》第二卷第一期《书林偶拾》栏目发表一篇文章《甲骨叕存》。题名均没有“评”字。

其六，陈梦家先生《评铁云藏龟零拾》，应为《铁云藏龟零拾》。该文署名“梦甲室”，1939年12月发表在《图书季刊》新第1卷第4期，为“图书介绍(三十一则)”之一则，刊物目录上并没有单独列出标题和作者。

试论走马楼吴简中的“吴平斛”和“禀斛”①

陈荣杰

（西南大学文献所/出土文献综合研究中心）

走马楼吴简（以下简称“吴简”）中的“吴平斛”和“禀斛”不见于传世文献和其他出土文献。关于“吴平斛”和“禀斛”含义的解读，于振波先生认为：“‘禀斛’是官府在配给粮食时所专用的量制，其容量有特别的规定。‘平斛’是指当时通行的量制，‘吴平斛’就是指官府颁行并在吴国境内通行的标准量器。”[1]罗新先生则有不同的看法，他认为：“禀斛是传统量制（即原先在长沙通行的、极可能是东汉普遍适用的量制），应当就是新莽斛制。吴平斛是新推行的、来自三吴地区的量制。”[2](P197)很显然，关于吴简“吴平斛”和“禀斛”的所指，目前尚无统一的看法，仍有进一步探讨的必要。且于、罗二先生当时可利用的材料只有《竹简》[壹]，②新材料《竹简》[贰][叁][肆][柒]的刊布，为进一步探讨“吴平斛”和“禀斛”提供了条件。故本文在当前研究成果的基础上，对吴简“吴平斛”和“禀斛”进行进一步探讨，不当之处，敬请方家批评指正。

---

①本文写作得到国家社科基金项目（13CYY055）、西南大学中央高校基本科研业务费重点项目（SWU1509130）、西南大学基本科研业务费专项资金创新团队项目（SWU1509395）的资助。

②为节省篇幅，《长沙走马楼三国吴简·竹简》简称为《竹简》，《长沙走马楼三国吴简·竹简》[壹]简称为《竹简》[壹]，其他册竹简皆准此，分别简称为《竹简》[贰]、《竹简》[叁]、《竹简》[肆]、《竹简》[柒]。

一、吴平斛

吴简有关“吴平斛”的简如：

出仓吏黄讳潘虑所领黄龙三年税吴平斛米九斛六斗为禀斛米十斛被督军粮（肆·4170）①

出仓吏黄讳潘虑所领嘉禾二年税吴平斛米十三斛四斗四升为禀斛米十四斛被督军（贰·7518）

出仓吏黄讳潘虑所领嘉禾元年税吴平斛米八十六斛四斗为禀斛米九十斛邸阁右朗中（贰·3845）

出仓吏黄讳潘虑所领嘉禾元年税吴平斛米五斛七斗六升为禀斛米六斛给侯相嘉禾（柒·4194）

入都乡嘉禾二年粢租吴平斛米九斛[illegible]嘉禾二年☐（叁·5998）

右八月入吴平斛米通合七百卌二斛一斗二升（壹·2341）

定领吴平斛米合五万三千卌斛九斗（贰·3863）

集凡承余新入吴平斛米合二万六千五百三斛八斗三升四合七勺麦五斛八斗大（叁·4527）

今余杂吴平斛米一万七千三百五十三斛三斗□□八勺（叁·4654）

承三年十月旦簿余吴平斛米七百卅一斛三斗四升（肆·4910）

领余逋二年税吴平斛米二千三百廿九斛四斗五升已入毕（肆·4622）

集凡承余新入吴平斛大麦一万一千七百廿六斛五合（壹·2302）

吴简“吴平斛”是一个使用频率很高的词语，它既用于出米简中（主要和“禀斛”对举出现），如上揭前四简；又用于入米简，承余新入米、麦等简中。

①括号内为所引简文册数及简号，阿拉伯数字为简号，其前用“· ”隔开的汉字“壹”“贰”“叁”“肆”“柒”表示竹简册数。本文例句均来自走马楼简牍整理组编著《长沙走马楼三国吴简·竹简》[壹][贰][叁][肆][柒]，由文物出版社于2003年、2007年、2008年、2011年、2013年出版。

“平”有均等、平等的意思。《玉篇·亏部》:“平,齐等也,均也。”《易·乾》:“云行雨施,天下平也。”孔颖达疏:“其言天下普得其利而均平不偏陂。”《诗·小雅·伐木》:“神之听之,终和且平。”郑玄笺:“平,齐等也。”“平”由均等、平等引申为衡量的标准。《淮南子·主术》:“衡之于左右,无私轻重,故可以为平。”《法言·学行》:“一閧之市,必立之平。”

出土古代量器中有不少含有“平斛”“平斗”“平合”者。如:

中国历史博物馆藏1953年甘肃省古浪县陈家河台子出土的东汉建武大司农铜斛,腹壁刻铭为:“大司农平斛,建武十一年正月造。”[3](P94)

上海博物馆藏东汉元初大司农铜斗,器壁刻铭为:“大司农平斗,元初三年二月造。”[3](P93)

南京博物院藏东汉永平大司农铜合,正面刻铭为:“大司农平合,永平三年三月造。”与铜合配套的另有一检封(检封系度量衡器具经官方检定后的封印),其正面印文为“官律所平”,背面铸“鼓铸为职”,均为阳文。[3](P90)

上海博物馆藏东汉光和大司农铜斛,口沿、底沿皆刻相同铭文各89字:“大司农以戊寅诏书,秋分之日,同度量,均衡石,捔斗桶,正权概,特更为诸州作铜斗、斛、称、尺。依黄钟律历,九章算术,以均长短、轻重、大小、用齐七政,令海内都同。光和二年闰月廿三日,大司农曹祾,丞淳于宫,右仓曹掾朱音,史韩鸿造。”[3](P97)

《汉书·律历志上》:“夫量者,跃于龠,合于合,登于升,聚于斗,角于斛也。职在太仓,大司农掌之。”颜师古注:“米粟之量,故在太仓也。”《汉书·百官公卿表上》:“治粟内史,秦官,掌谷货,有两丞。景帝后元年更名大农令,武帝太初元年更名大司农。属官有太仓、均输、平准、都内、籍田五令丞,斡官、铁市两长丞。”《后汉书·百官志三·大司农》:“大司农,卿一人,中二千石。本注曰:‘掌诸钱谷金帛诸货币。’郡国四时上月旦见钱谷簿，其逋未毕，各具别之。边郡诸官请调度者，皆为报给，损多益寡，取相给足。”大司农掌租税、钱谷、盐铁等国家财政收支，亦掌量器的制造、检定，为国家验制标准量器。东汉光和大司农铜斛铭文将大司农的这种职责说得非常明确、具体，将制作量器的时间、方法、依据及监制等相关信息都刻于量器之上。故“大司农平斛”当是由大司农监制、校量的标准斛，“大司农平斗”当是由大司农监制、校量的标准斗，“大司农平合”当是由大司农监制、校量的标准合。东汉这些由大司农监制、校量的量器当是作为全国各地通行的标准量器。孙吴去东汉不远，吴简中的“平斛”亦当为标准量器的意思。

建安二十年（公元215年），孙权开始统治长沙。《三国志·蜀书·先主传》：“（建安）二十年，孙权以先主已得益州，使使报欲得荆州。先主言：‘须得凉州，当以荆州相与。’权忿之，乃遣吕蒙袭夺长沙、零陵、桂阳三郡。先主引兵五万下公安，令关羽入益阳。是岁，曹公定汉中，张鲁遁走巴西。先主闻之，与权连和，分荆州江夏、长沙、桂阳东属；南郡、零陵、武陵西属，引军还江州。”《三国志·吴书·吴主传》亦有相关记载：“备惧失益州，使使求和。权令诸葛瑾报，更寻盟好。遂分荆州长沙、江夏、桂阳以东属权，南郡、零陵、武陵以西属备。”又见《三国志·吴书·吕岱传》：“建安二十年，督孙茂等十将从取长沙三郡。又安成、攸、永新、茶陵四县吏共入阴山城，合众拒岱，岱攻围，即降，三郡克定。权留岱镇长沙。”建安二十年之前，长沙由刘备统辖；二十年，刘备分长沙予孙权，即孙权从公元215年开始统治长沙。

罗新先生认为：“吴平斛之吴，即三吴、吴地之吴。吴简的‘吴平斛’简文，就是长沙地区的量制发生变化之初，为了区别于以前的量制而在官文书中加以强调的结果。”[2](P193~194)其说可从。“吴平斛”当是三吴地区的标准量器。吴简中有如下简：

……徐苌备建安廿□年折咸吴平斛米一百六十斛▨(叁·6424)

此简“廿”后“□”不清晰，无法判断具体为哪一年，但从“廿”字可以肯定当是孙权统治长沙之后的事情。[4]吴简中还有如下简：

□文入黄武元年□□□吴平斛米一百卌四斛□▨(壹·6116)

集凡入黄武四年吏张阁税吴平斛米卅四斛二斗料校不见▨(壹·8025)

黄武五年文入租吴平斛米二百七十七斛六斗料校不见前已列言更诡责负者□(壹·6688)

□文入新吏番章烝□□□黄武六年吴平斛米一百卅九斛八斗五升料校不见(壹·8125)

□吏殷连掾□□黄武六年领吴平斛米七十五斛料校不见前▨(壹·6205)

民还黄武七年税吴平斛米十三斛被县嘉禾二年▨(贰·8229)

出民还黄武七年子弟吴平斛米▨(叁·4881)

出民还黄武七年□□□□□吴平斛米五斛黄龙三年□月五日付大男潘□运诣□(肆·5023)

因此，我们推测孙权接手长沙之后，即开始在长沙推行三吴地区的制度。吴简中的“吴平斛”即三吴地区标准量制在长沙的推广。不过，孙权所推行的三吴地区的这种标准量制和长沙当地原来的量制相同。如：

领二年邮卒田六顷五十亩亩收限米二斛合为吴平斛米一千三百斛(壹·1635)

入二年佃(?)卒(?)卫士田七十五亩亩收限米二斛合为吴平斛米一百五十斛(壹·1669)

简壹·1635“邮卒田六顷五十亩亩收限米二斛”，合计正好是一千三百斛，而吴平斛米亦为一千三百斛。简壹·1669“田七十五亩亩收限米二斛合为一百五十斛”，而吴平斛米亦为一百五十斛。可见“吴平斛”和长沙地区原来的量制相同。正因为三吴地区的标准量制和长沙地区原有的量制相同，故“吴平斛”在长沙地区推行一段时间后，便不再推行。吴简中标明“吴平斛”的简最晚的年号是嘉禾二年（公元253年），我们推测从嘉禾二年以后便不再推行吴平斛了。

二、禀斛

吴简“禀斛”不见于传世文献，也不见于其他出土文献。对其含义的解读主要依赖于现刊布的吴简资料。

据统计，现公布吴简“禀斛米”共有87例（详见附录），除简贰·9059“☒□禀斛米廿六斛□☒”之“禀斛米”前面残缺外，其余86例简均是其他米折合为禀斛米，简文“禀斛米”前面有“为”或“准”字。86例简文中，简贰·8227“·准廪斛米一千八百□斛□斗五合[被]督军粮都☒”，“准”前面有一墨笔点记，不知是何种米折合为“禀斛米”；简壹·2393、简壹·2453、简壹·1987、简壹·8384、简壹·3162、简贰·7400、简贰·9059、简叁·2635、简叁·6010残断，剩余77例简中有76例是“吴平斛米”折合为“禀斛米”，1例是“盐贾米”折合为“禀斛米”。其简文为：

出郡吏雷济黄龙三年[盐]贾米四百一十九斛二斗准[禀][斛]米四百……（叁·4618）

恰《竹简》中亦有郡吏雷济黄龙三年（公元231年）盐贾吴平斛米折合为“禀斛米”的简，如：

出郡吏雷济黄龙三年盐贾吴平斛米五百八十四斛二斗四升为禀斛米六百九斛被督[军]（叁·1625）

出郡吏雷济黄龙三年盐贾吴平斛米二百一十一[斛]二斗八升准禀[斛]米二百[卅]斛八升。[被]督军[粮](叁·2491)

故简叁·4618“盐贾米”当也是“盐贾吴平斛米”。我们认为“禀斛米”在《竹简》中出现的语境均是“吴平斛米”折合为“禀斛米”。

分析“禀斛米”出现的简文发现,除去残断的简,绝大多数是出米记录,其简文首字多是“出”字。这种出米简有两种书写格式:一是“出仓吏黄讳潘虑所领+年号+吴平斛米+斛数+为禀斛米+斛数+其他”,其中绝大多数是“税吴平斛米”,个别为“杂吴平斛米”“租吴平斛米”;一是“出郡吏雷济黄龙三年盐贾(吴平斛)米+斛数+为(准)禀斛米+斛数+其他”。前一种格式占绝对优势,后一种格式仅有简叁·1625、简叁·2491、简叁·4618三例。遍检现公布吴简,尚未发现有关“禀斛米”入米记录的简。

通过上面的分析,可以看出吴简中“禀斛米”没有单独使用的记录,其出现的语境均是吴平斛米折合为禀斛米;“禀斛米”几乎都出现在出米简中,没有见到一例“禀斛米”的入米简。故把禀斛“看作是传统量制,即原先在长沙通行的、极可能是东汉普遍适用的量制,应当就是新莽斛制”的观点,恐有不妥。

仔细分析“禀斛米”所出现的简文,发现“禀斛米”斛数后常常有其他内容,主要是“被督”“被督军”“被督军粮”,现选取完整的简举例如下:

第一组

出仓吏黄讳潘虑所领黄龙三年[税]吴平斛米卌六斛八斗为禀斛米卌八斛被督(壹·2016)

出仓吏黄讳潘虑所领嘉禾元年税吴平斛米廿三斛四升为禀斛米廿四斛被督军粮(壹·2169)

□□[吏]黄讳番虑所领嘉禾元年税吴平斛米十三斛四斗四升为禀斛米十四斛被督军(壹·2322)

出郡吏雷济黄龙三年盐贾吴平斛米五百八十四斛二斗四升为禀斛米六百九斛被督军（叁·1625）

出仓吏黄讳潘虑所领黄龙三年税吴平斛米九斛六斗为禀斛米十斛被督军粮（肆·4170）

出仓吏黄讳潘虑所领黄龙二年租吴平斛米廿三斛□斗四升为禀斛米廿四斛被督军（肆·4940）

出仓吏黄讳潘虑所领民还黄龙二年租吴平斛米六斛二斗四 升为禀斛米六斛五斗被督（肆·4980）

“被督”“被督军”“被督军粮”，完整的形式应是“被督军粮都尉”，吴简多见“督军粮都尉”。“督军粮都尉”应是负责军粮调运、监督的官吏。[5]胡平生先生认为“被”字表示“受”的意义。[6]李均明先生认为：“被书，指接受上级下发的某种指令文书，该文书具有调遣效力。”[7](P143)很显然，上揭各例“被督”“被督军”“被督军粮”简文意未完。受邓玮光先生“横向比较复原法”的启发，[8]我们试图搜集能够与第一组简相衔接的简，果真找到一些以“军粮都尉”“粮都尉”“都尉”开头的简，现择取较完整的简如下：

第二组

军粮都尉移右节度府黄龙三年十一月六日乙巳书给督军录事典事讫司马□□（壹·1832）

军粮都尉移右节度付黄龙三年十一月十一日乙巳书给典事左金曹典事□□（壹·2008）

军粮都尉移右节度府黄龙三年七月十八日戊子书给兵曹阮范兵曹□☐（壹·2030）

军粮都尉移右节度付府黄龙三年五月十七日丙寅书给典军曹史许尚典事（？）邵（壹·2069）

都尉嘉禾元年十一月三日乙丑书给监运掾□这所领师士十二人□☐(壹·2107)

粮都尉嘉禾元年十一月十日壬申书付监运掾曹□等运诣集所嘉禾元年☐(壹·2112)

都尉嘉禾元年六月十四日戊申书付督军司马徐玄所督都尉胡辰陈晋(壹·2125)

都尉嘉禾元年八月十一日甲辰书给将军吕岱所部□□所□士四人力□合五人(壹·2257)

军粮都尉黄龙三年十二月廿一日己酉书付监运掾杨遗运诣集三年十二月廿六日(肆·4110)

军粮都尉黄龙三年二月四日□寅书给监运掾黄礼所领书史尹仕□(肆·4976)

从第二组简文开头的文字看:"军粮都尉"刚好和第一组简文的"被督"衔接上,"粮都尉"正好与第一组简文的"被督军"衔接上,"都尉"恰好与第一组简文的"被督军粮"衔接上。从内容上看,第二组"军粮都尉某某书给某某"与第一组"出仓吏黄讳潘虑……米……被督"正好构成一件完整的出米事件。吴简中的出米简格式多为"出……米……被……书给(付)……"[9]。我们虽暂时无法将第二组简与第一组简一一对接起来,但第二组简与第一组简构成一个完整的出米事件当是可以肯定的。其完整的格式为:出仓吏(郡吏)+姓名+(所领)+年号+税(租、杂、盐贾)吴平斛米+斛数+为(准)禀斛米+斛数+被督军粮都尉(移右节度府)+年月日+干支书+给(付)某某+(其他)。从督军粮都尉根据上级的指令文书将禀斛米交付给督军录事典事、兵曹阮范、典军曹史许尚、督军司马徐玄所督都尉胡辰陈晋、将军吕岱所部等看,这些禀斛米主要是用于军粮。

吴简"禀斛米"斛数后还有"邸阁右""邸阁右郎中"的简,如:

第三组

出仓吏黄讳潘虑所领嘉禾二年税吴平斛米五百廿五斛七斗九升为禀斛米五百卌七斛七斗邸阁右(贰·4036)

出仓吏黄讳潘虑所领嘉禾元年税吴平斛米八十六斛四斗为禀斛米九十斛邸阁右朗中(贰·3845)

出仓吏黄讳潘虑所领嘉禾元年税吴平斛米三斛八斗四升为禀斛米四斛邸阁右郎中(贰·4040)

出仓吏黄讳潘虑所领嘉禾元年税吴平斛米三斛八斗四升为禀斛米四斛邸阁右郎中(柒·2065)

出仓吏黄讳潘虑所领嘉禾元年税吴平斛米一百二斛二斗四升为禀斛米一百六斛五斗邸阁右(柒·2079)

上揭简中“黄讳潘虑”应为州中仓仓吏,吴简中多见“州中仓吏黄讳潘虑”,如:

右仓曹史烝堂白州中仓吏黄讳潘虑列起嘉禾元年⧄(壹·2039)

⧄仓曹史烝堂白州中仓吏黄讳潘虑列起嘉禾元年四月(壹·2243)

入都乡嘉禾二年税米一斛二斗𠬾嘉禾三年正月十二日白石丘大男谷黑(?)关邸阁李嵩付州中仓吏黄讳潘虑(贰·359)

与“仓吏黄讳潘虑”相对应的邸阁是李嵩和郭据,吴简中有大量“关邸阁李嵩付仓吏黄讳潘虑”“关邸阁郭据付仓吏黄讳潘虑”之类的简文。戴卫红先生已指明郭据为州中邸阁左郎中,[10]那么,与仓吏黄讳潘虑相对应的邸阁右郎中只能是李嵩了。吴简中亦有“邸阁右郎中李嵩”的简,如:

⧄□一千卌四斛七斗九升邸阁右郎中李嵩(贰·3856)

出仓吏黄讳番虑所领嘉禾元年税吴平斛米卅三斛八斗邸阁右郎中李嵩被(柒·2371)

经过以上分析，可知第三组简末尾的“邸阁右”“邸阁右郎中”必定和开头是“郎中李嵩”“李嵩”的简文相衔接。循着这一思路，我们找到如下较完整的简：

第四组

郎中李嵩被督军粮都尉[……]嘉禾二年十一月十一日丙午书□☑（叁·793）

李嵩被督军[粮]都尉嘉禾二年十月廿七日癸未□[给]讨寇[将]军闘蘘所领军[将]（贰·3836）

李嵩被督军粮嘉禾二年十月十八日甲戌书给郎中贵清所将督(?)史□（贰·3861）

李嵩被督军粮都尉嘉禾二年四月七日丁酉书给右选曹尚书郎贵倩所将[诸]（柒·2085）

中李嵩被督军粮都尉嘉禾二年四月十七日丁□书给监运掾谢慎所领吏（柒·2076）

通过前面分析第一组、第二组简可知，第四组简当与第三组简构成一个完整的出米事件。其完整的格式为：出仓吏+姓名+所领+年号+税吴平斛米+斛数+为禀斛米+斛数+邸阁右郎中李嵩+被督军粮都尉+年月日+干支书+给某某+(其他)。由禀斛米最终交付给讨寇将军、郎中贵清所将督(?)史等知，这些禀斛米也是主要用于军粮。

此外，吴简“禀斛米”斛数后还有“被县”“给县卒”“给侯相”等的，其简文如：

出仓吏黄讳潘虑所领黄龙三年税吴平斛米四斛八斗为禀斛米五斛被县黄龙三☑（肆·4136）

☑所领黄龙三年税吴平斛米四斛八斗为禀斛米五斛给县卒（贰·7491）

出仓吏黄讳潘虑所领嘉禾元年税吴平斛米五斛七斗六升为稟斛米六斛给侯相嘉禾（柒·4194）

出仓吏黄讳潘虑所领嘉禾元年税吴平斛米九斛六斗为稟斛米十斛给右尉高宾[嘉]（柒·43）

这些"稟斛米"简数量很少，可能是用于军粮，也可能是发放俸禄等其他用途。限于材料有限，谨慎起见，暂且不论。但通过以上分析，"稟斛米"主要是用于军粮应该是可以确定的。[11]

《说文·亩部》："稟，赐谷也。"段注："凡赐谷曰稟，受赐亦曰稟。引伸之凡上所赋、下所受皆曰稟。《左传》言稟命则不威是也。"《玉篇·亩部》："稟，赐谷也。"《汉书·文帝纪》："今闻吏稟当受鬻者，或以陈粟，岂称养老之意哉！"《后汉书·章帝纪》："方春东作，恐人稍受稟，往来烦剧，或妨耕农。"吴简中"稟"也有不少这样的例子：

士四人稟起嘉禾元年四月讫七月其一人二斛□□三人人二斛[……]（壹·2014）

☑嘉禾元年稟其一人七月二人□月用□讫十月[卅]日一人月三斛二人月二斛嘉禾（贰·7357）

☑□□朱忩朱□嘉禾元年稟起八月讫十月其（叁·1266）

廿八斛九斗一升运送大屯及给稟诸将吏士□米一万三千卅六斛（壹·1737）

综上，吴简"稟斛"当是主要用于发放军粮的特殊量器，"稟斛米"是用稟斛这种量器称量的米。

三、小结

"平"有均等、平等义，引申为衡量的标准。"平斛"即标准斛。出土古代量器中有不少东汉大司农监制、校量的标准量器，如“平斛”“平合”“平斗”。孙吴去东汉不远，吴简中的“平斛”当也是标准量器的意思，“吴平斛”是三吴地区的标准量器。吴简中的“吴平斛”是孙权统治长沙后，在长沙推行三吴地区的标准量器。根据吴简，三吴地区的量制和长沙本地的量制相同。“吴平斛”在长沙地区推行一段时间后便不再推行，嘉禾二年以后的简中不再有“吴平斛”的简。

吴简中“禀斛”没有单独使用的记录，其出现的语境均是吴平斛米折合为禀斛米；“禀斛米”几乎都出现在出米简中，没有见到一例“禀斛米”的入米简。若“禀斛”是原先在长沙通行的传统量制，是东汉普遍适用的量制的话，不可能使用范围如此狭窄。通过分析吴简发现，“禀斛米”不但基本都出现在出米简中，而且多经由督军粮都尉交付到相关军吏手中。故我们认为“禀斛”应是主要用于发放军粮的特殊量器，“禀斛米”是用禀斛这种量器称量的米。

于、罗二先生都注意到“吴平斛米”和“禀斛米”的折算比率是0.96:1，[12]新刊布的资料进一步证明吴平斛米和禀斛米之比为0.96:1。由这一比率可以看出吴平斛略大于禀斛，在拨出军粮时折换成较小的量制，可能是军粮供应不足而采用的一种变通方法，也可能是把粮食储存、转运过程中的损耗转嫁到粮食接收者的身上。但无论是何种原因，这种“大斗入，小斗出”的情况都不可能长久存在下去，因为这种情况必将引起粮食接收方的不满。也许刚开始采取这种“大斗入、小斗出”的方法发放军粮，粮食接收方并不知情，但纸包不住火，这种情况迟早会被粮食接收方发现，并引起矛盾，最终将被废止。这也是与吴简相吻合的。

据我们分析，吴简“吴平斛米”折合为“禀斛米”有明确纪年的简最早出现在黄龙二年（公元230年），共7例，其简号分别为：简肆·4096、简肆·4118、简肆·4784、简肆·4850、简肆·4904、简肆·4940、简肆·4980；黄龙三年共出现31例，其简号分别为：简壹·1837、简壹·1901、简壹·1997、简壹·2016、简壹·2031、简壹·2051、简壹·2184、简壹·2227、简壹·2242、简壹·2283、简壹·2291、简壹·2293、简壹·2308、简壹·2404、简壹·2191、简壹·2355、简贰·6699、简贰·7488、简贰·7491、简贰·7528、简叁·264、简叁·1625、简叁·2491、简叁·4618、简肆·4052、简肆·4136、简肆·4170、简肆·4902、简肆·4975、简柒·1541、简柒·2017；嘉禾元年共出现23例，其简号分别为：简壹·2169、简壹·2322、简贰·3835、简贰·3845、简贰·4040、简贰·6704、简贰·7332、简贰·7335、简贰·7486、简贰·7631、简贰·9083、简叁·173、简柒·1202、简柒·1996、简柒·2033、简柒·2065、简柒·2079、简柒·3336、简柒·4194、简柒·4205、简柒·4212、简柒·4389、简柒·4416；最晚出现在嘉禾二年，共3例，简号分别为：简贰·4036、简贰·7518、简柒·635。“吴平斛米”折合为“禀斛米”在吴简中前后共存在四年时间，以黄龙三年和嘉禾元年（公元232年）为多，嘉禾二年以后再也没有出现过“吴平斛米”折合为“禀斛米” 的简了。

附录：

吴简“禀斛米”凡87见：

1.☐龙三年税吴平斛米廿三斛二升为禀斛米廿四斛被督（壹·1837）

2.☐吴平斛米一百卌四斛二斗四升为禀斛米一百卌四（壹·1852）

3. 出仓吏黄讳潘虑所领黄龙三年税吴平斛米六十三斛三斗六升为禀斛米（壹·1901）

4.☐吴平斛米五十五斛六斗八升为禀斛米□☐（壹·1930）

5. 出仓吏黄讳潘虑所领黄龙三年杂吴平斛米一百五十二斛六斗四升为禀☐（壹·1997）

6. 出仓吏黄讳潘虑所领黄龙三年税吴平斛米卌六斛八斗为禀斛米卌八斛被督（壹·2016）

7.⍁三年税吴平斛米一百斛九斗四升四合为禀斛米一百⍁(壹·2028)

8.出仓吏黄讳潘虑所领黄龙三年税吴平斛米一百六十五斛二斗为禀斛米一百⍁(壹·2031)

9.⍁税吴平斛米二百□九斛四斗八升为禀斛米二百(壹·2049)

10.出仓吏黄讳潘虑所领黄龙三年税吴平斛米五十七斛合为禀斛米六十斛被督(壹·2051)

11.出仓吏黄讳潘虑所领嘉禾元年税吴平斛米廿三斛四升为禀斛米廿四斛被督军粮(壹·2169)

12.出仓吏黄讳潘虑所领黄龙三年税吴平斛米八十斛六斗四升为禀斛米八十四斛(壹·2184)

13.出仓吏黄讳潘虑所领黄龙三年税米吴平斛米一百一十七斛四升为禀斛米一百廿四斛(壹·2227)

14.出仓吏黄讳潘虑所领黄龙三年税吴平斛米十三斛二斗四升为禀斛米十三斛(壹·2242)

15.出仓吏黄讳潘虑所领黄龙三年税吴平斛米九斛六斗为禀斛米⍁(壹·2283)

16.⍁所领黄龙三年税吴平斛米四斛八斗为禀斛米五斛承⍁(壹·2291)

17.出仓吏黄讳潘虑所领黄龙三年税吴平斛米廿二斛八斗为禀斛米廿三斛被督(壹·2293)

18.⍁潘虑所领黄龙三年税吴平斛米二斛八斗四升为禀斛米四斛被督(壹·2308)

19.□□吏黄讳番虑所领嘉禾元年税吴平斛米十三斛四斗四升为禀斛米十四斛被督军(壹·2322)

20. 出仓吏黄讳番虑所领三年税吴平斛米卅三斛八九斗七合为禀斛米卅七斛(壹·2334)

21. 出仓吏黄讳潘虑所领黄龙三年税吴平斛米卅二斛一斗四升为廪斛米卅〼(壹·2404)

22.〼平斛米九十七斛九斗二升为禀斛米九十二斛被督(壹·6251)

23. 出仓吏黄讳潘虑所领黄龙□年吴平斛米廿五斛□斗□升为禀斛米廿六斛一斗一升(壹·1974)

24.〼潘虑所领……吴平斛米四斛八斗为禀斛米五斛……(壹·2153)

25. 出仓吏黄讳潘虑所领黄龙三年税吴平斛米七斛斗一升为禀斛米七斛□〼(壹·2191)

26.〼平斛米十七斛□斗□升为禀斛〼(壹·2212)

27. 出仓吏黄讳番虑所领税黄龙三年吴平斛米四斛为廪斛米□斛给县□□□〼(壹·2355)

28.〼升四合为禀斛米十九斛〼(壹·2393)

29.〼……为廪斛米四斛被督军粮(壹·2453)

30.〼六升为禀斛米十斛给郡干(壹·1987)

31.〼为禀斛米二百卌二人二□〼(壹·8384)

32.〼右 □□起六年正月讫十二月当食□□受 □□为禀斛米一百一斛九斗四升 嘉禾元年十一月十三日司马邓铜关邸阁郭据付郡吏区胄受(壹·3162)

33. 出仓吏黄讳潘虑所领嘉禾元年税吴平斛米廿八斛八斗为禀〼(贰·3835)

34. 出仓吏黄讳潘虑所领嘉禾元年税吴平斛米八十六斛四斗为禀斛米九十斛邸阁右朗中(贰·3845)

35. 出仓吏黄讳潘虑所领嘉禾二年税吴平斛米五百廿五斛七斗九升为禀斛米五百卌七斛七斗墅阁右（贰·4036）

36. 出仓吏黄讳潘虑所领嘉禾元年税吴平斛米三斛八斗四升为禀斛米四斛墅阁右郎中（贰·4040）

37. 出仓吏黄讳潘虑所领黄龙三年税吴平斛米二百五斛九斗二升为禀斛米二百一十（贰·6699）

38. ⧄所领所领嘉禾元年税吴平斛米卅斛九斗二升为禀斛米卅二斛被督军（贰·6704）

39. ⧄□所领嘉禾元年税吴平斛米三斛八斗四升为禀斛米四斛被督军（贰·7332）

40. 出仓吏黄讳潘虑所领嘉禾元年税吴平斛米七十二斛九斗三升为禀⧄（贰·7335）

41. ⧄□▯亘所领嘉禾元年税吴平斛米五斛七斗六升为禀米六斛被督军粮（贰·7486）

42. 出仓吏黄讳潘虑所领黄龙三年税吴平斛米三斛九斗四升为禀斛米四斛□□（贰·7488）

43. ⧄所领黄龙三年税吴平斛米四斛八斗为禀斛米五斛给县卒（贰·7491）

44. 出仓吏黄讳潘虑所领嘉禾二年税吴平斛米十三斛四斗四升为禀斛米十四斛被督军（贰·7518）

45. 出仓吏黄讳潘虑所领黄龙三年税吴平斛米一百五斛一斗二升为禀斛米一百九斛（贰·7528）

46. ⧄所领嘉禾元年税吴平斛米卌八斛为禀斛米五十斛被督军粮□⧄（贰·7631）

47. 出仓吏黄讳番虑所领嘉禾元年税吴平斛米一百卌斛为禀斛米一百□□斛□（贰·9083）

48.⧄……吴平斛米□斛□斗二升为禀斛米廿斛□斗一升⧄（贰·4233）

49.⧄……米十七斛二斗□升为禀斛米十八斛被督军粮（贰·7400）

50.⧄□禀斛米廿六斛□⧄（贰·9059）

51.·准廪斛米一千八百□斛□斗五合被督军粮都⧄（贰·8227）

52.⧄平斛米七斛二斗为禀斛米七斛五斗被县嘉禾元⧄（叁·173）

53.出仓吏黄讳潘虑所领黄龙三年税吴平斛米八十□斛四斗为禀斛米九十斛　（叁·264）

54.出郡吏雷济黄龙三年盐贾吴平斛米五百八十四斛二斗四升为禀斛米六百九斛被督军（叁·1625）

55.出郡吏雷济黄龙三年盐贾吴平斛米二百一十一斛二斗八升准禀斛米二百卅斛八升被督军粮（叁·2491）

56.⧄□六升为禀斛米六斛给侯相（叁·2635）

57.出郡吏雷济黄龙三年盐贾米四百一十九斛二斗准禀斛米四百……（叁·4618）

58.⧄四斛一斗□升为禀斛……十二斛□⧄（叁·6010）

59.出仓吏黄讳潘虑所领黄龙三年租吴平斛米六十三斛三斗六升为禀斛米六十六斛九（肆·4052）

60.出仓吏黄讳潘虑所领黄龙二年税吴平斛米一百一斛九斗二升为禀斛米一百□（肆·4096）

61.出仓吏黄讳潘虑所领黄龙二年税吴平斛米十九斛二斗为禀斛米廿斛被督军⧄（肆·4118）

62.出仓吏黄讳潘虑所领黄龙三年税吴平斛米四斛八斗为禀斛米五斛被县黄龙三⧄（肆·4136）

63. 出仓吏黄讳潘虑所领黄龙三年税吴平斛米九斛六斗为禀斛米十斛被督军粮(肆·4170)

64. 出仓吏黄讳潘虑[所]领民还黄龙二年税吴平斛米九斛六斗为禀斛米☐(肆·4784)

65. [出]仓吏黄讳潘虑所领……吴平斛米九十[八]斛四斗[为]禀……(肆·4816)

66. 出仓吏黄讳潘虑所领民还黄龙二年税吴平斛米卅四斛五斗六升为禀斛米卅(肆·4850)

67. 出仓吏黄讳潘虑所领黄龙三年税吴平斛米九十三斛六斗为禀斛米九十七斛五斗(肆·4902)

68. 出仓吏黄讳潘虑所领民还黄龙二年税吴平斛米[卅]八斛八斗为禀斛米卅斛被(肆·4904)

69. [出]仓吏黄讳潘虑所领黄龙[二]年租吴平斛米廿三斛□[斗][四]升为禀斛米廿四斛被督军(肆·4940)

70. 出仓吏黄讳潘虑所领黄龙[三]年租吴平斛米卅[四]斛□□□升[为]禀斛米卅六斛被督(肆·4975)

71. 出仓吏黄讳潘虑所领民还黄龙二年租吴平斛米六斛二斗四升为禀斛米六斛五斗被督(肆·4980)

72.☐……租吴平斛米八十五斛四斗四升为禀斛米八十九斛□☐(肆·5199)

73.☐禾二年税吴平斛米十一斛三斗三升为禀斛米十一斛八斗☐(柒·635)

74. 出仓吏黄讳潘虑所领嘉禾元年税吴平斛米一十斛九斗二升为禀斛米二斛[运]☐(柒·1202)

75. 出仓吏黄讳潘虑所领黄龙三年税吴平斛米十九斛二斗为禀斛米廿斛被[督][军][粮][都尉]□☐(柒·1541)

76. 出仓吏黄讳潘虑所领嘉禾元年税吴平斛米二百斛为禀斛米二百八十斛三斗三升一勺（柒·1996）

77. 出仓吏黄讳潘虑所领黄龙三年租吴平斛米廿一斛一斗二升为禀斛米廿二斛□斗□□（柒·2017）

78. 出仓吏黄讳番虑所领嘉禾元年税吴平斛米卌五斛三斗二升为禀斛米卌七斛二斗（柒·2033）

79. 出仓吏黄讳潘虑所领嘉禾元年税吴平斛米三斛八斗四升为禀斛米四斛壂阁右郎中（柒·2065）

80. 出仓吏黄讳潘虑所领嘉禾元年税吴平斛米一百二斛二斗四升为禀斛米一百六斛五斗壂阁右（柒·2079）

81. 出仓吏黄讳潘虑所领嘉禾元年税吴平斛米二百卌斛为禀斛米二百五十斛□□（柒·2327）

82.⧄□平斛米为禀⧄（柒·3336）

83. 出仓吏黄讳潘虑所领嘉禾元年税吴平斛米五斛七斗六升为禀斛米六斛给侯相嘉禾（柒·4194）

84. 右出嘉禾元年税吴平斛米四斛八斗为禀斛米五斛给左尉陈□嘉禾元（柒·4205）

85.⧄□□嘉禾元年税吴平斛米九斛六斗为禀斛米十斛给邮□大守嘉（柒·4212）

86. 出仓吏黄讳潘虑所领嘉禾元年税吴平斛米九斛六斗为禀斛米十斛给右尉高宾嘉（柒·4389）

87.⧄□嘉禾元年税吴平斛米五斛七斗六升为禀斛米六斛给县侯相□（柒·4416）

参考文献

[1]于振波.走马楼吴简初探[M].台北:文津出版社,2004.228~233

[2]罗新.也说吴平斛[A].长沙简牍博物馆,北京吴简研讨班.吴简研究(第二辑)[C].武汉:崇文书局,2006.197

[3]国家计量总局,中国历史博物馆,故宫博物院.中国古代度量衡图集[M].北京:文物出版社,1984.

[4]张作耀.孙权传[M].北京:人民出版社,2007.297~298

[5]详参:罗新.吴简中的“督军粮都尉”简[J].历史研究,2001(4);侯旭东.吴简所见“折咸米”补释——兼论仓米的转运与吏的职务行为过失补偿[A].吴简研究(第二辑)[C].武汉:崇文书局,2006.183;谷口建速.长沙走马楼吴简所见孙吴政权的地方财政机构[A].武汉大学简帛研究中心.简帛(第五辑)[C].上海:上海古籍出版社,2010.

[6]胡平生.长沙走马楼三国孙吴简牍三文书考证[J].文物,1999(05).

[7]李均明.走马楼吴简会计用语丛考[A].出土文献研究第七辑[C].上海:上海古籍出版社,2005.143

[8][9]邓玮光.走马楼吴简三州仓出米简的复原与研究——兼论“横向比较复原法”的可行性[J].文史,2013(1).

[10][11]戴卫红.长沙走马楼吴简中军粮调配问题初探[A].卜宪群,杨振红.简帛研究二〇〇七[C].桂林:广西师范大学出版社,2010.211

[12]于振波.走马楼吴简初探[M].台北:文津出版社,2004.228~233

《中国对联集成·湖北卷》勘误举隅

杨　帅

（武汉大学文学院）

湖北大地，人文荟萃，无论官宦上层人士，还是民间乡绅塾师，都崇文尚雅。各种场合，各处名胜堂馆，往往留有楹联作品。拨乱反正以来，湖北楹联学会一批有志之士即开始收集这些资料，历十余年寒暑，于2002年编纂出版了《中国对联集成·湖北卷》。①[1]该书在保护楹联遗产，弘扬荆楚文化，甚至促进荆楚文艺的繁荣方面皆具有重要价值，在荆楚楹联发展史上占有重要地位。全书共分13大类，80多个子目，所收作品共计15400余副，是一部篇幅宏大、门类齐全、内容丰富、形式多样、具有重大收藏和学术研究价值的类书。然而笔者在学习和使用中，发现其中还有一些瑕疵，于是按作者时代先后，对其中4300多位作者②及其作品进行溯源，发现400余例阙误。虽无伤大雅，但笔者不揣浅陋，将这些瑕疵进行了初步考订，以期能使该书更好更准确地反映荆楚楹联的特色。归纳起来，可分如下三大类。

①《中国对联集成·湖北卷》，本文以下统称《集成》，兹不叙述。

②4300多位作者主要指《集成》所标注从唐代至民国的作家，其中包括佚名。

一、作者不符类

作者不符类可具体分为《集成》所注对联作者与实际作者不符类，所注对联作者属于合写类，作者并非如《集成》所注“佚名”类。具体情况如下：

（一）《集成》所注对联作者与实际作者不符

山水园林类中。《集成》所注唐代杜牧在“汉阳渡口”题“残灯明市井，晓色辨楼台”一联，据《文苑英华》卷二九五，知其出自唐末五代诗人王贞白《晓泊汉阳渡》诗中名句。[2](P1505)《集成》所收以“武当山”为题，注为明人彭凌霄作“千嶂雾深银作海，九霄云净玉为关”一联，据《王世贞抚勋诗文集》，知该联出自王氏的《由太和登绝顶二首（之二）》的颈联，并非彭凌霄所作。[3](P120)同以“武当山”为题，注为明人王世贞所作“贝阙诸宫亚，真源九曲流”一联，实则为明人王熔《隐仙岩度》中的诗句。

厅堂类中。《集成》所注清人陈兆庆（1821—1871）在厅堂题“其文有经术者贵，于山见泰岱之高”一联，据乾嘉时期学者顾廷纶的《北征日记》记载，顾氏某行途遇乃师孙星衍，并与书画篆刻家钱十兰、诗人何梦华等相奉手，他们与阮元畅论诗文，共登泰山，阮元口占一联相赠，句云：“于山见泰岱之高，其文有经术之贵。”[4](P57)又明人陶汝鼐在“王怀人博士五秩寿”作序时就曾云：“于山见泰岱之高，于水见溟渤之大者也。”可见阮元口占联当为集句联，并非如《集成》所记载，该联实为清代书法家陈兆庆所书写而已，陈氏后裔所藏书写楹联也可佐证。[5](P1559)

人物类中。所注清人熊继成题“楚才四兄雅正”“花落家童未扫，鸟啼山客有听”，据《王维全集》知此联出自王维《田园七首》中的第六首，并非熊继成所作。[6](P172)所注民国时期陈曾佑赠好友郭焕周所题“人道君如云里鹤，自称臣是酒中仙”一联，据《楹联续话》记载，清人罗士琳（1789—1853）称：“竹垞旧有集句楹联云：‘人道君如云里鹤，自称臣是酒中仙。’

惜未详所赠何人。”[7](P202)“竹垞”即朱彝尊(1629—1709)的别号,可见此联可能是朱彝尊所作。裴国昌主编的《中国名胜楹联大辞典》一书中也曾持此观点。[8](P706)

还有一些作品,由于文献亡佚等原因,无法考证其真实作者,但可肯定并非如《集成》所记。如所注清人章列侯在咸宁别墅憩园题“瘦到梅花应有骨,幽同明月且留痕”一联,作者借梅花、明月来比喻人不应趋炎附势,不慕荣华富贵,要学梅花与明月的气节。但经笔者考证,此联在明人吴从先所写的《小窗自纪》中就已出现,[9](P1)可见此联的创作时间不晚于明代。所注民国杨逢棋所作“知止自能除妄想,安贫须要禁奢心”一联,实摘自明代之前张氏之论(已不可考),此论又收录在明代高濂《遵生八笺》卷二“清修妙论笺下卷”中。[10](P48)可见此联并非杨逢棋所作。

(二)《集成》所注对联作者属于合写类

此类对联并非如《集成》所注为一人的作品,实为多人合作的成果。如所注民国冯尧臣在巴东鲁家湾石壁题“可惜世间良吏少,须知天下苦人多”一联,据《湖北市县概况》记载,巴东县“楚峡云开”石刻下有一联云:“历叹古今良吏少,须知天下苦人多。”[11](P743)冯尧臣之联极有可能改写自此联。又《宜昌市文史资料》载,“历叹古今良吏少”据说为清末秀才吴骏绩所题,“须知天下苦人多”则为民国六年(公元1917年)时县知事冯锦文所对。[12](P305)可见该联若追根溯源可能为合写联。所注明人陆师贽赠孟养浩所作“彩笔接天,早传胪于青琐;宏词倒海,遂专对而皇华”一联。据《咸宁文史资料》记载:“养浩死后,南京、河南等地十三道监察御史陆师贽、曹汝兰、赵应期、乔时敏、谭谐、游凤翔、王允成、李良栋、李希、孔何早、曹谷、曾希丙、何荐可联名上《代养浩请恤典疏》,疏中盛赞他:‘才雄三楚,气塞两间。彩笔掞天,早传胪于青琐;宏词倒海,遂专对而皇华。'"[13](P35)推测此联可能为十三人联名所作,但此条资料为孤证,笔者不敢妄下断言,仅录此以存疑。

(三)作者并非如《集成》所注为"佚名"

《集成》中收有许多作者为"佚名"的对联,但笔者通过考证,发现了少量作者的真实身份。如《集成》所注武汉晴川阁有佚名所写两联:"与天为徒,疑上凤凰台,笔之曰咄;遗世独立,不愁鹦鹉舌,恨又奚言。""仙家自昔好楼居,我料乘黄鹤者,去而必返;诗人生前多羽化,焉知赋白云者,非即其人。"笔者据《李渔全集》,知此两联皆为清人李渔所作。[14](P298)《集成》载黄梅五祖寺有佚名联:"花开花落贫僧富,云去云来客往还。"据《郑板桥诗文集注》,知此联乃郑板桥赠焦山某长老联。[15](P300)该联还收入于梁章钜《楹联续话》中。《集成》所注武当南岩有八首佚名联,其中"山疑鞭石就,室似齿空选"一联,据《王世贞抚勋诗文集》,知其当为王世贞所作。[3](P76)《集成》所注南漳楼有清人佚名联:"水底楼台天上下,岸边花柳路西东。"据《李东阳集》,知此联乃《李东阳重经慈恩寺忆张沧洲题瑢僧故庐》中的诗句,可见也并非佚名联。[16](P308)

二、作品主题不符类

据笔者考订,作品主题不符类可分如下两种情况:

(一)对联所题咏的本非湖北的人、事、物、地

其主题不符合《中国对联集成·湖北卷》的收录宗旨,即"凡属湖北省范围内的人、地、事、物的各类对联作品,均收入本书;其次凡写有关湖北的人、地、事、物的对联作品,均亦入编"[1](P1)。此类对联又可分人物类、地点类、寺庙类三类。

人物类主要是对联所题咏的人物与《集成》所述不符。如所注英山知县所作“挽游明灿”联：“萧条棺外无余物，冷落灵前有菜羹。”经笔者考证，该联实借自明代苏人朱良育的“挽海瑞”联，依据二人生平，海瑞卒于明万历十五年（1587年），而据《嘉鱼县志》载：“游明灿卒于清康熙四十五年。”[17](P977)二人前后相差近120年。据清人褚人获辑撰《坚瓠集》载：“（海瑞）丧出江上，士民送者，两岸无隙地，沿途祭奠，数百里不绝。苏人朱良育吊以诗曰：‘批麟直夺比干志，苦节还同孤竹清。龙隐海天云万里，鹤归华表月三更。萧条棺外无余物，冷落灵前有菜羹。说与旁人浑不信，野夫亲见泪如倾。’”[18](P496)又《嘉鱼县志》记载：“游明灿……逝世后，英山知县吊曰：‘萧条棺外无余物，冷落灵前有菜羹。’”[17](P977)可见，此联当为朱良育所作，而英山知县则是借用此联表达相似之情。《集成》所注清人徐八台的自挽联：“身依堂上衰年母，日补人间未读书。”据《小仓山房诗文集》卷十，知其摘自袁枚《喜终养文书部复已到》一诗，是当时袁枚上书朝廷请求终养获批准后高兴之余所作。[19](P236)同样，“四海恩仇归气数，百年才命各升沉”一联，据《小仓山房诗文集》卷十，知其摘自袁枚《庄念农明府就按白下与晴江介庵往讯平安赋诗奉慰》一诗，[19](P221)而非《集成》所注为倪梅庚赠咸宁知事李廷鉽诗。

地点类，即《集成》所述主题地点并非湖北地域。如《集成》所注清代白光禅师在蔡甸索河莲池庵题“两扇门摇青竹叶，一池水照白头僧”一联，依据《小仓山房诗文集》卷九，可知其为袁枚《三月二日泊永济寺，再赠默默》的第一首诗句。[19](P206)又朱则杰在《清诗考证（下）》中考证“永济寺”即“宏济寺”，认为袁枚“余甲戌春，往扬州，过宏济寺作诗”[20](P1138)。可见《集成》描述有误。所注清人蒋立镛在京山太阳山长庆寺所作“片石孤云窥色相，清池皓月照禅心”一联，据明人何良俊《四友斋丛说》卷三十六，知其摘自唐代诗人李欣《题璇公山池》一诗。[21](P325)此外，据罗琴、胡嗣伸《李欣及其诗歌研究》，知“此诗可能作于金陵”[22](P186)，又从李欣的生平事迹可见，他未曾游历过湖北京山，可见此当是描述南京风景。《集成》所收“子美集开诗世界，伯阳书见道根源”一联，据宋王禹偁《小畜集》卷九，可知其摘自王禹偁在贬谪商州时任团练副使所作《日长简仲咸》之颔联。[23](P63)该联写读书消愁，上联用“开诗世界”赞美杜甫，另有借杜诗浇愁之意；下联则从老子《道德经》中寻求精神归宿。考诸史实，王禹偁是在贬谪商州之后才贬至黄州，虽世称王黄州，但此联并非在湖北境内所作，也并非《集成》所述为清人陆润庠在“均县民间书房”所作。所注清诸可权题“武昌蛇山石碑”“燕入群花飞上下，蝶寻芳草戏翩翱”，据笔者考证当为宋黄庭坚题在四川峨眉山报国寺的一副对联，同时据水赉佐《黄庭坚伪迹考叙》可知“武汉黄鹤楼的对联‘燕入群花飞上下，蝶寻芳草戏翩翱’乃为伪作”[24](P18)，可见其并非湖北楹联。

《集成》中还有部分寺庙楹联并非首题于湖北寺庙。如《集成》注武当素王庙有佚名楹联：“先觉先知，为万古伦常立极；至诚至圣，与两间功化同流。”但笔者据清穆彰阿《（嘉庆）大清一统志》卷一六六，知此匾额为雍正帝所题。[25](P3137)更详尽的记载见于《（雍正）山东通志》：“清雍正时修阙里孔庙，雍正题大成殿楹联。”[26](P1151)可见该联最早是雍正帝为曲阜孔庙所题。《集成》注当阳关公陵庙有佚名联：“汉室赖三人，留得住百年社稷；桃园尊一义，解不开万世肝肠。”据《李渔全集》，此联当为李渔题昭烈、云长、翼德三义祠时所作，并非写当阳关公庙。[14](P267)所注在江夏金口关公庙有佚名联：“温酒斩华雄，河北英雄皆丧胆；单刀会鲁肃，江南名士尽低头。”据《陶澍全集·诗集·对联》，知此当为陶澍题南京关王庙联。[27](P380)所注监利的三闾寺有佚名联：“骚可为经，倬然雅颂并传，俨向尼父承笔削；风原阁楚，补以沅湘诸什，不劳太史采稽轩。”据《郭嵩焘全集》，知此为清人郭嵩焘题玉笥山屈子祠前厅联。[28](P261)玉笥山位于湖南汨罗，可见该联并非首题于湖北。

（二）《集成》所注主题与对联原本的主题不符

《集成》注明人沐昕为武当山题“霞矗黄金界，虹飞白玉桥”一联，据明代王世贞《王世贞抚勋诗文集》卷三二，知该联摘自王氏《玉虚宫》一诗的首联。此联重在描述玉带河以及用汉白玉雕砌的金水桥，结合诗中颔联“帝居开显赫，天路入岧峣”来看，其意境突出的是玉虚宫的宏伟规模和宫殿的皇家气派。[3](P95)可见，此联主要描述的是玉虚宫，而非武当山主体。所注清人沈冠赠武当名道士所作“希夷丹气满，邋遢剑光妍”一联，源自明人贾大亨《题太和山》一诗。据作者诗自序曰“其诗为三月游太和，以雨止遇真宫，宿梦与诸友人赋诗，不知何许人”，可见此诗的作者、意境与《集成》所注武当道士均不相同。不过上述两联由于与武当山相关，故符合《集成》的收录宗旨。

《集成》注清人陈维周在武昌洪山有联曰：“汉东地阔无双院，楚北天空第一峰。”据新编《随州志》记载：“‘灵峰寺’又名‘洪山寺’，位于大洪山宝珠绿水村。唐宝历二年（825年）兴建。文宗朝赐名‘幽济禅院’，后晋天福中赐‘奇峰寺’额。宋元丰元年（1078年）又赐‘灵峰寺’额。绍圣元年（1094年）诏命少林寺僧报恩为寺住持，报恩将寺扩为巨刹，改名为‘十方禅院’。后金兵南下，寺院受损，部分僧人徙至武昌东山寺，改东山寺为‘洪山寺’，易东山名为‘小洪山’……崇祯七年（1634年），额曰‘楚山望刹’。光绪年间，湖广兵马道陈维周于山门篆刻了‘汉东地阔无双院，楚北天空第一峰’楹联。民国时期战乱频繁，寺院颓衰。抗日战争中殿堂尽毁。”[29](P615)可见《集成》中所录“武昌洪山”“古隆中牌坊”并非原对联所述地，当是湖北大洪山。由于地理位置相近，大洪山地跨随州市和荆州地区的钟祥市、京山县，因此类似表述又见于《襄樊市志》：“大洪山，其主峰宝珠峰主要在随州市境。大洪山又为佛教名山，峰顶旧有禅院，唐时仁慈禅师于此传法，创曹洞宗派。”[30](P78)由此可确认陈维周所题联当为湖北大洪山，并非今天的武昌洪山。

三、集句联失考类

鉴于《中国对联集成·湖北卷》本设有“集句类”，但以下这些集句联并未归入其中，又未加注说明为集句联，故为失考。据对联特点，可分上下联摘自同一人诗赋作品中完整的一联、上下联摘自两个不同人的诗赋作品以及特殊情况三类。

（一）上下联摘自同一人诗赋作品中完整的一联

此类对联摘自同一人同一首诗赋。如《集成》所收宋代宋庠《咏落花》所题“汉皋佩冷临江失，金谷楼危到香地”一联，依据《宋诗纪事》卷十二，可知此为宋庠《落花》诗中的名句。[31](P255)所收明人李东阳为武当山作“山拥帝宫三十六，地屯兵卫五千余”一联，依据清人党居易等所著《均州志》，可知其摘自李氏《赠少参韩贯道之任均州》中的颔联。[32](P520)所收明人吴楷为武当展旗峰题“万丝松鬣迎地翠，群青石骨摩天寒”一联，实则摘自吴氏《登紫霄宫》中的诗句。

《集成》所注作者为“佚名”的对联中也有属于集句联的。如《集成》载武当山道院有佚名联云：“琴临秋水弹明月，酒向东山酌白云。”据《贵池唐人集》，可知其摘自杜荀鹤《山中寄友人》中的诗句。[33](P347)《集成》中以“武当山”为主题的佚名联有12副，经考证有8副为摘句联。“上分天一半，横跨地三垂”一联，据《王世贞抚勋诗文集》，可知其摘自王氏《太和即事四首(之三)》中的诗句。[3](P76)“嵌岩几点鞣鞨，拥殿千朵芙蓉”一联，据《王世贞抚勋诗文集》，可知其摘自王氏《游武当山五龙宫》一诗。[3](P99)

寺观祠宇类中，《集成》注通山来鹤亭中有佚名所题“策扶老以流憩，时矫首而遐观”一联，经笔者考证，实则摘自陶渊明《归去来辞》。所注在谷城承恩寺中有联曰：“宫中下见南山尽，城上平临北斗悬。”据《文苑英华》卷一七四，其实为唐人苏颋《奉和春日幸望春宫应制》中的诗句。[2](P844)所注在鄂州西山吴圣殿中有联:“但愿众生得离苦,不为自己求安乐。”实摘自唐人实叉难陀译《大方广佛华严经·十回向品第二十五之一》中经句。只是后人在摘句中将此联上下顺序对调,这样更符合对联的韵律格式。还有在武当道院中有楹联曰:“云屋苔封烧药灶,风林花落煮茶铛。”据《月屋漫稿》,可知其摘自黄庚《赠通玄观唐道士竹乡》。[34](P30)所收“丹从不炼炼中炼,道向无为为处为”一联,据《李道纯集》,可知该联是元人李道纯真人诗句,该诗后两句为“息年息缘调祖气,忘闻忘见养婴儿。”[35](P69)

以下6联《集成》均注为佚名所作。包括:为利川小谷春流所题联“两岸桃花红雨落,一行柳絮绿波新”;为利川钟灵叠翠所题联“岚绕光淡绮罗带,岫色浓妆锦绣屏”;为利川滴水鸣弦所题联“流水无弦空自响,高山有韵向谁鸣”;为利川星岩夕照所题联“余晖倒映千层岫,绮彩直干万丈岩”;为利川归源晚钟所题联“红日一轮方挂树,白云万叠又闻钟”;为利川甘溪积雪所题联“春归柳絮余芳径,月上梨花隐玉蹊”。但笔者据《湖北省咸丰县地名志》,发现以上对联皆摘自清人张楚双《咏利川八景》中的诗句。[36](P470)

《集成》中失考的摘句联,部分源自剧本。如所注民国时期颜光仡所作“门迎珠履三千客,座列金钗十二行”一联,实则摘自明代汪廷讷所写剧本《环翠堂乐府投桃记》。该剧本第六出写道:“王恺从来气焰张,亲叨元舅压朝堂。门迎珠履三千客,座列金钗十二行。”[37](P12)

(二)上下联摘自两个不同人的诗赋作品

此类对联即摘自不同的两个人的诗赋作品。如《集成》注清末秀才王伯声在居室中题“十分春水双檐影,百叶荷花七里香”一联,据清人曹寅辑《全唐诗》,知其上联“十分春水双檐影”,摘自唐代诗人徐寅《门外闲田数亩长有泉源因筑直堤分为两沼》诗句，下联则摘自诗人李洞的诗句。[38](P1788)所注清人陶月波赠陈子美“门前学种先生柳，日暮聊为梁父吟”一联，其上联实摘自王维《老将行》一诗，下联则为杜甫《登楼》中诗句。所注民国时期殷谷湘针对武昌首义后湖南援鄂阵亡将士所作挽联：“日暮乡关何处是，古来征战几人回。”据《左宗棠全集》，知该联为清人左宗棠为新疆昭忠祠堂所撰集句联，[39](P432)其上联取自崔颢《黄鹤楼》中的诗句，下联取自王昌龄《出塞》中的诗句。

《集成》记载，在黄鹤楼有民国胡君复撰联：“铜琶铁板，大江东去；明月星稀，乌鹊南飞。”经笔者考证，其上联源自典故“铜琶铁板”，见于俞文豹《吹剑续录》。相传宋代苏轼曾经问幕僚：“我的词比柳永的词怎样？”幕僚回答道：“柳词只能让十七八岁的女孩儿，执红牙拍板唱‘杨柳岸晓风残月’；你的词要由关西大汉，执铁板唱‘大江东去’。”下联则摘自曹操的《短歌行》。所注民国时期马绍文赠王家鸿联：“我书意造本无法，此老胸中常有诗。”经考证，该联当为清代包世臣所作，又见于《安吴四种》，其上联摘自苏轼的《石苍舒醉墨堂》，下联摘自陆游的《湖山寻梅》。此外，陈曾佑赠郭焕周“人道君如云里鹤，自称臣是酒中仙”一联也为集句联，其上联摘自李中的诗句，下联则摘自杜荀鹤的诗句。

（三）特殊情况

《集成》中还有一些对联，可确定其为集句联，但对联的作者，或者至少某一联的作者尚无法确定。如萧德宣在武汉晴川阁所题：“汉口夕阳斜度鸟，楚江灯火看行船。”其上联摘自贾太傅《自夏口至鹦鹉洲夕望岳阳寄源中丞》中的诗句。民国时期王修广曾自题联：“敢向烟霞坚笑傲，不妨诗酒作生涯。”此上联源自清代诗人吴伟业《将至京师寄当事诸老》。民国时期熊竹生为黄梅五祖寺禅堂所题联：“禅室从来尘外赏，宝殿题诗借佛灯。”经笔者考证，其上联摘自唐诗《滃湖山寺》。《集成》中还有民国傅用鹏在英山的圣人牌坊所题对联，“圣人”指孔子。据清人袁枚的《随园诗话》中记载：“罗两峰诵人《孔庙》诗云：‘阳虎可能同面目，祖龙空自倒衣裳。’”[40](P311)可见此对联当于袁枚之前就已存在，且源自《孔庙》中的诗句。

以上笔者谨将《中国对联集成·湖北卷》收录对联的错误与失考分为三类。笔者认为，第一类属于作者张冠李戴，这是应该纠正的。第二类是主题不符，编纂者应该溯源考证清楚，但作为一种文化现象，则是一种对联借用。由于湖北省乃九省通衢之地，山水秀丽，不仅有江南水乡之美，而且有北国风光之貌，因此反映东西南北各地名胜风景的楹联自可移用于湖北，这也是无可厚非的。第三类属于集句联失考，该书本设有“集句类”，但有些集句联并未归入其中，又未加注说明，这无疑是一个瑕疵。笔者研究得知，荆楚楹联的创作，有些是自我创作，有些则是借用他人对联或诗句，实际上荆楚楹联的创作者大体划分为两类：一类为具有较强自我创作能力的诗人；一类为创作能力相对较弱，但熟悉古代典籍且能够灵活运用的文人。据第二类文人作联情况，笔者发现荆楚楹联发展具有较强的继承性。无论是借用他人对联，还是集句联，都反映出历代荆楚楹联的创作者们对古代典籍的熟悉和活用，这也是荆楚楹联的一大特色。

参考文献

[1] 湖北省楹联学会.中国对联集成·湖北卷[M].武汉：长江文艺出版社，2002.

[2]〔宋〕李昉，宋白，徐铉等.文苑英华[M].北京：中华书局，1966.

[3] 王学范.王世贞抚勋诗文集[M].武汉:长江出版社,2010.

[4]陈左高.历代日记丛谈[M].上海:上海画报出版社,2004.

[5]湖北省地方志编纂委员会.湖北省志人物志稿[M].北京:光明日报出版社,1989.

[6]〔唐〕王维.王维诗选[M].北京:人民文学出版社,1959.

[7]〔清〕梁章钜.楹联丛话全编[M].北京:北京出版社,1996.

[8]裴国昌.中国名胜楹联大辞典[M].北京:中国旅游出版社,1993.

[9]〔明〕吴从先.小窗自纪[M].北京:中华书局,2008.

[10]〔明〕高濂.遵生八笺[M].成都:巴蜀书社,1988.

[11]湖北省地方志编纂委员会.湖北市县概况[M].武汉: 湖北省地方志编纂委员会, 1984.

[12]政协宜昌市委员会文史资料委员会.宜昌市文史资料(第三辑)[M].宜昌:宜昌市委员会文史资料委员会,1984.

[13]政协咸宁市文史资料委员会.咸宁文史资料(第十四辑)[M].咸宁:咸宁市文史资料委员会,1998.

[14]〔清〕李渔.李渔全集[M].杭州:浙江古籍出版社,1991.

[15]〔清〕郑燮.郑板桥诗文集注[M].北京:文化艺术出版社,2014.

[16]〔明〕李东阳.李东阳集[M].长沙:岳麓书社,2008.

[17]湖北省嘉鱼县地方志编纂委员会.嘉鱼县志[M].武汉:湖北科学技术出版社,1993.

[18]〔清〕褚人获.坚瓠集[M].上海:上海古籍出版社,2012.

[19]〔清〕袁枚.小仓山房诗文集[M].上海:上海古籍出版社,1988.

[20]朱则杰.清诗考证[M].北京:人民文学出版社,2012.

[21]〔明〕何良俊.四友斋丛说[M].北京:中华书局出版,1983.

[22]罗琴,胡嗣伸.李颀及其诗歌研究[M].成都:巴蜀书社,2009.

[23]〔宋〕王禹偁.小畜集[M].四部丛刊编辑部.影印本四部丛刊集部[M].上海:商务印书馆.1929.

[24]刘成正.中国书法全集[M].北京:荣宝斋出版社,2001.

[25]〔清〕穆彰阿等.大清一统志[M].北京:中华书局,1984.

[26]〔清〕岳浚.(雍正)地方志[M].济南:齐鲁书社,2016.

[27]〔清〕陶澍.陶澍全集[M].长沙:岳麓书社,2010.

[28]〔清〕郭嵩焘.郭嵩焘全集[M].湖南:岳麓书院,2013.

[29] 湖北省随州市地方编纂委员会.随州市志[M].北京:中国城市经济社会出版社,1988.

[30]湖北省襄樊市地方志编纂委员会.襄樊市志[M].北京:中国城市出版社,1994.

[31]〔清〕历鹗.宋诗纪事[M].上海:上海古籍出版社,2013.

[32]〔清〕党居易,马应龙,贾洪诏.(清康熙、光绪)均州志(校注本)[M].武汉:长江出版社,2011.

[33]〔清〕刘世珩.贵池唐人集[M].合肥:黄山书社,2013.

[34]中国国家图书馆.原国立北平图书馆甲库善本丛书(第681册)[M].北京:国家图书馆,2013.

[35]〔元〕李道纯,〔明〕蒋信校注.李道纯集.蒋道林文粹[M].长沙:岳麓书社,2010.

[36]咸丰县地名办公室.湖北省咸丰县地名志[M].恩施:咸丰县地方办公室,1984.

[37]〔明〕汪廷讷.环翠堂乐府投桃记[M].四部丛刊编辑部.影印本四部丛刊集部[M].北京:商务印书馆, 1955.

[38]〔清〕曹寅.全唐诗[M].上海:上海古籍出版社,1985.

[39]〔清〕左宗棠.左宗棠全集[M].长沙:岳麓书社,2009.

[40]〔清〕袁枚.随园诗话[M].北京:线装书局,2008.

维特根斯坦“意义即使用”思想对语用学的启示

李莉娟

（西南大学文学院）

语用学与哲学有着深刻的渊源，其发端得益于实用主义的滋养。实用主义的创始人皮尔斯（C. Peirce）将（观念的）意义与行为效果关联。力图将实用主义与逻辑实证主义结合起来的美国哲学家、符号学家莫里斯（C. Morris）对语形学（即句法学）、语义学、语用学首次区分。然而，为语用学的发展带来直接影响的还是语言哲学的语用转向，其中后期维特根斯坦影响下的日常语言哲学直接开创了语用学的研究传统。

尽管维特根斯坦对语用学的影响是显著的，但是在语用学的发展中维特根斯坦的位置其实是尴尬的，就像其在整个当代哲学中的地位一样，很少有哲学家直接从他的后期思想中吸取资源，即使有，也鲜有直接承认的。如奥斯汀，尽管他被认为是受到后期维特根斯坦的影响而提出了自己的日常语言哲学观点的，但是在他本人的论述中却很少提及维氏的观点（江怡 2016）。这种现象不仅与后期维特根斯坦消解哲学的态度有关，更与维特根斯坦论述问题的方式有关，这就导致了其语用学思想并没有被完全吸收，甚至产生了误解，而这些误解的解除也可以为走出语用学困境提供一种可能的路径。

一、“意义即使用”的文本阐释

后期维特根斯坦摒弃了前期在语言与世界的逻辑对应中确定意义的理路，将意义与语言的使用联系起来，在“语言游戏”中理解语言的意义。从对理想语言的构建到日常语言的回归，也是从语形、语义转向语用的步伐。

“一个词语的意义就是它在语言中的使用(use)。”这是维特根斯坦总被援引的“意义使用论”的经典表述，对这句话的理解是解除误解的关键。这里的“use”有时也被翻译成“用法”，因此这句话常被简化为“意义即用法”。“用法”的翻译并不仅仅是一个翻译中词语的选择问题，这种倾向反映了一种隐秘的心理。因为在汉语中“用法”的名词性比“使用”要强，在这里更符合汉语的习惯。而且，在英语中与“用法”对应的通常是“usage”，表示的是惯用法。所以，这里有一种将意义落实为语词的具体用法的倾向。下面我们从文本出发来理解维特根斯坦这一思想。

维特根斯坦常常被认为提出了意义使用论，而从其哲学旨趣来看，他无意于提出任何理论。后期维特根斯坦的哲学态度完全是消解式的，采取描述语言的日常使用来消解哲学问题，并明确地说：“我们不可以提出任何一种理论。”(Wittgenstein 2009: 52[e])所以即使维特根斯坦说“意义即使用”，也并不是在为“意义”下一个确切的定义。维特根斯坦说了一句大白话，但是道出了一个我们视而不见的语言事实。一方面，在日常交际中，说话者根本不知道什么是意义，也不关心意义是什么(除非出现了谈话受阻的情况)，只要谈话顺利进行就可以了。“我一定知道我是否理解一个词吗？我有时候不也以为自己理解一个词，后来又认识到我并不曾理解它吗？”(Wittgenstein 2009: 59[e])但是这并不影响我们的正常使用。另一方面，“意义”本身确实不能作为实体被说出，在使用中考察就是否认将意义作为实体的做法。因此，“意义即使用”并不是在定义

“意义”，而是在对“意义”做出描述，正如维氏所言：“哲学绝不能以任何的方式介入语言实际的用法，因此它最终只能描述语言的用法。”“因为它(哲学)也不能证成(justify)其用法。”(Wittgenstein 2009: 55[e])

后期维特根斯坦不仅从对理想语言的缔造回到了日常语言，而且用“语言游戏”取代了普通语法，在他看来根本不存在语言的普遍规则，一个词语的各种用法只存在着“家族相似性”，不可能有固定的单一的意义。对后期的维特根斯坦来说，不仅不可能给“意义”下定义，就连“语言游戏”也是一个没有定义的概念。在举了若干语言游戏的实例(如下达命令、服从命令、对对象的描述、报道一个事件、猜谜、讲故事等)之后，维特根斯坦设想出了人们的反驳意见：“你避重就轻了！你谈到了各种可能的语言游戏，但一直没有说什么是语言游戏的，亦即语言的本质。什么是所有这些活动的共同点呢？什么使它们成为语言或语言的组成部分？可见你恰恰避开了探讨中曾让你最头痛的部分，即关于命题和语言的普遍形式的那部分。”而维特根斯坦的回答是：“这是真的——与指出所有我们称之为语言的东西的共同之处相反，我是在说：我们根本不是因为这些现象有一个共同点而用一个词来指称它们，——不过是它们通过多种不同的方式具有亲缘关系。由于这一亲缘关系，或是由于这些亲缘关系，我们才能把它们都称为‘语言’。”(Wittgenstein 2009: 35[e])这种“亲缘关系”就是“家族相似性”。对于“意义”情况也是如此。把握了哪些活动是“语言游戏”就等于是理解了“语言游戏”这个词的意义，这不仅是一个理解语言意义的背景和条件，也是理解“意义”概念的一个最好的例证。通过“纵览”一个词语可以出现其中的语言游戏就可以看出，“这个词语一定有着一个由各种意义组成的家族”(Wittgenstein 2009: 41[e])。但是通常的语法缺乏这种“纵览性”，因为普通的语法就是从语言使用中抽离出来的规则，而规则对语言游戏的脱离致使我们不能“看到联系”。在维特根斯坦看来这“中间的关联”是理解的关键，而且只有在语言游戏中才能看到这关联。维特根斯坦也谈规则，但是他的规则不是一般意义上的语法，从其关于遵守规则的悖论思想进一步可以看出，他所谓的“使用”究竟意味着什么。

“语法”包含了两个方面：一是指用来描述人语言能力的系统理论，这是由语言学家构建而来的；二是指人的语言能力本身（Chomsky，Halle 1968：3）。前者是一套有限的语法规则，后者是作为语法能力的语法，是语言组织中所遵循的规律，即规则本身。规则本身的存在是毋庸置疑的，或许也存在人类的普遍语法，但是我们应该相信康德，必须承认我们碰到了界限。如果像乔姆斯基那样将其作为人的一种语言能力去描述，从语言规律向人的能力的转换不是一般的视角转换，这是人类惯有的对象化的思维模式。这种主客二元的把握方式所获得的确定性，比如这里的语法规则与语法本身相比，不知道打了多少折扣。所以维特根斯坦对规则本身的存在是承认的，但他同时指出，对语言游戏的“观察并不能使我们看到任何清楚的规则”，甚至我们“自己都不知道这规则”，遵守不是有意识地“选择”，而是“盲目地”“被训练的”“一种习惯”，也可以说，“一个词的应用并不是处处都是由规则限定的”，而且，做语言游戏的人“他自己也不知道这规则是什么”。（Wittgenstein 2009：43[e]–44[e]）毫不夸张地说，没有任何行为完全由规则决定，因为无论任何行为（哪怕是不符合原有规则的）都可以被弄得符合规则。（Wittgenstein 2009：87[e]）确切地说，不存在先在的（相对于语言活动）规则，只有在语言游戏中才能感受到规则的存在，即规则不是用来解释的，而是由语言游戏“显示”出来的。而且语言事实恰恰与乔姆斯基允许的无意义却符合语法的句子存在相反，即存在着不合乎语法却有意义的句子。或者更确切地说，根本不存在真正的不合乎语法的句子，因为规则的违反也是遵守规则分内的事。在实际的日常语言活动中语义是优于语法的，“人类思维不能容忍意义的真空，这似乎已成为语义学的一条不容争议的原则；所以一个讲英语的人遇到荒谬的句子时，他总是竭力设法从意义上去理解它……”（利奇 1987：10），对讲汉语的人也是如此。也就是说，无所谓不合乎语法，只有语义的荒谬，但是遇到这样的情况人们还是可以理解这种反常。例如，利奇给出的一个例子：“My uncle always sleeps awake.”对于这个句子，可以用“意义转移”法来化解“sleeps”与“awake”之间的语义矛盾，将“睡觉”解释为是对“仿佛睡着的行为”的一种“隐喻”（利奇 1987：10~11）。

从维特根斯坦的关于遵守规则的悖论思想来看，也绝不会将意义简单地等同于语言的用法。维特根斯坦也明确指出了二者不能等同：“听到或说出一个词的时候，我们的确理解它的意义；我们一下子就抓住了它，而我们一下子就抓住的东西当然不同于延展在时间中的‘使用’。”（Wittgenstein 2009：59[e]）显然，“意义”与“使用”不是对等的，这似乎与其“意义即使用”的思想相矛盾。其实维氏在这里否认的就是将二者简单等同的做法。从维特根斯坦给出的“立方体”的例子中可以看到：“理解”它的意义的时候不可能知道它的“全部使用”。另外一个关于“是”的例子：在“玫瑰是红色的”与“二加二是四”这两句话中，“我说人们在两种不同的意义上（作为系词和作为等号）使用‘是’这个词，却不愿意说它的意义就是它的使用：即用作系词和等号”。维特根斯坦解释说，“这两种使用不给出单一的意义”，“语法只描述符号的使用，而不以任何方式解释符号的使用”。（Wittgenstein 2009：158[e]）这意味着，孤立地来看，一个词不可能有固定的单一的意义，在这个意义上维特根斯坦确实是否定了意义的确定性，但是在一个确定的语境中，我们就不能这样说了。正如前面维特根斯坦所说，说出或听到一个词的时候我们一下子就可以理解并抓住它的意义，这是无比确定的，不然交流就无法正常进行，但是这种确定性并不意味着意义可以在语言使用之外来谈论。“如果你是要长叹一声‘哎!’,这时就不要去想什么哎呀哎!”也就是说,对于语言实践来说,根本不谈什么意义,只谈词语是怎么被使用的。(Wittgenstein 2009: 6[e])

魏斯曼对维特根斯坦使用思想的阐发抓住了其精髓。他以“热是什么?”来比照“意义是什么”的问题。如果说“热”是“不规则的分子运动”,那么“这不是一个定义,而是一条科学信息”(Waismann 1968: 162)。所以,“意义是什么”这个问题是不合法的。首先,“意义”这个词本身也只有在使用它的语言游戏中才能被理解。再者,任何对意义的定义都是试图通过实质定义将意义具体化、实体化,变成可以实实在在抓住的东西。(Waismann 1968: 161)意义只有通过具体的使用来例示。当然,我们不是(也不能)说,意义不可说,因为例示也是一种说出,不过不是简单地直接给出。所谓的解释或转述都不是意义的对等呈现,而且解释还会有解释,这是元语言运作的延宕(词典的人为中止是另一回事)。

二、维特根斯坦影响下的语用学研究及其困境

正是在维特根斯坦的影响下,更多的人逐渐认识到意义问题的解决不能只关注语言表达式与其指称的对象内容以及命题的关系,还与语言的使用者及具体环境有关,这就是语用学以语言使用中的意义为对象的研究。

奥斯汀、塞尔、格赖斯等提出与不断完善的言语行为理论及会话含义理论将言说与行事联系起来,并且区分出了各种意义类型:话语意义与说话人的意义(Searle 1965),句子意义与说话者的话语意义(Searle 1975),自然的意义与非自然的意义(Grice 1957),命题意义与非命题意义(Lyons 2000);以及对说话人意义的再划分:话语意义与语势(Thomas

1995);等等。在当代,会话含义(与之并列的其他研究内容还有指示语、前提或预设、言语行为、会话结构等)依然是语用学的重要议题(Levinson 1983)。还有更细微的划分,例如利奇(1987)从广义的语义学(即语用学)的视角将"最广义的'意义'"划分为七种类型(理性意义、内涵意义、社会意义、情感意义、反映意义、搭配意义和主题意义)。再如在修辞现象中,塞尔区分了语句意义与隐喻意义,而戴维森却认为并不存在隐喻意义,字面意义已经穷尽了语句的意义(Lyon 2000)。我们认为,戴维森的观点更可取,因为隐喻并没有所谓的两种意义,只是不同于日常表达而给人以不同意义分层的错觉。这也适用于言语交际中所谓有隐含意义的情况,我们拿语用学的经典用例"今天天气有点冷"(比如言外之意是"让听话人去关窗")来看,当这种情形第一次出现时,说话人的言外之意是很难成功在听话人那里被领会到的,很可能认为说话者只是在对天气状况做出评价,除非说话者再借助其他手段示意听话人需要关窗。当这种情形重复出现时,其"言外之意"才会被成功接收到。但是这时所谓的"言外之意"已经变成固定的了,在话语与"言外之意"之间建立了新的联系,因此,话语的意义流通实现的还是单一的意义。利奇的划分也是这样,他非常全面地考虑到了意义的各个方面,但是各种类型的意义只是从不同角度对意义的审视,而实际的语言交际中实现的意义却是单一的。问题的关键在于,分清语言事实与语言研究。语言研究可以从各个角度方方面面地展开,可以谈论那个不存在的语言系统,也可以分析实实在在的语言活动,但是无论语言活动包含多么复杂的异质因素,语言分析是如何的多层面多角度,语言事实却只有一个:使用中的语言即具体的话语,其意义就是在语言交往中当下无意识获得的。一般情况下,这里不需要深思熟虑,"意义即使用",虽然"理解日常语言所要依赖的种种默契是极其复杂的"(Wittgenstein 2001: 22)。在这一点上,语用学对意义的共识是，意义取决于言语交往的具体语境，例如，“‘说完这个，他就像前天一样离开了她。’……如果它孤立地放在那里，我就会说我不知道它在讲什么。但是我会知道人们大概可以怎样使用这个句子，自己为它制造一个上下文”（Wittgenstein 2009：151[e]）。

尽管所有的语用学问题几乎都离不开语境，在意义的语用分析中，语境也从作为背景的“语境原则”（弗雷格）转变成意义研究中的显性因素，将维氏的“意义即使用”观点发挥到了极致，但是对语境本身的研究却还是混杂的，而且语境究竟是如何作用于意义的也是一个模糊的问题。语用学对语境的研究一直走的是分类的道路。波兰人类学家马林诺夫斯基（Malinowski1923）在《原始语言的意义问题》中从“情景语境”入手，初步区分出了“语言语境”与“更宽泛的语境概念”即“文化”。他没有给出语境的确切内涵，只是说，“一个词的意义必须总是从参照一定的文化（语境）对其功能的分析而来，而不是来自对这个词的被动沉思”（Ogden & Richard 1989：309）。这使得语境概念从一开始就与意义联系在一起，一直被作为确定意义的一个视域。维索尔伦（Verschueren1999）对语境的分类是比较全面的：语言语境和包括语言使用者、心理世界、社交世界及物理世界在内的交际语境，也即语言语境和非语言语境。不过，还包括其他的分法，虽然采用的术语有别。例如，文本语境、用法语境、意向语境和社会语境，也有上下文、具体场景、主体意图、文化-历史语境，等等，但实质上并没有区别，就是对语境做了狭义和广义区分。而且，人们对语境的认识也经历了一个从静态到动态的过程。前者侧重语境的制约和释义功能，而在当代颇具影响力的关联理论（Sperber & Wilson1986）和顺应论（Verschueren1999）则强调语境的动态性，随着交际的进行而不断变化，形成了当前语境新论的两个重要趋向：社会认知语境观和动态关系语境观。（何自然 2012）语用学对语境的研究可谓越来越全面，但是这些分类共存的局面并没有增进语用学对语境本身的认识，相反，(例如)动态语境的出现几乎使得其与意义一样不好把握。在这方面维特根斯坦的“生活形式”为语境的研究提供了新的把握方式。

用语言游戏对意义的示例使得对意义的确定终究显得有些无力，维氏最终将这种确定性诉诸“生活形式”自身的确定性。也就是说，除了承认在一定语境中意义具有确定性的同时，他还给意义提供了一个确定的基石，即无须说明的“生活形式”。交流的目的或者成功交流的前提就是意义的确定性，而这种确定性的意义无关其他，只在于实践活动的无须说明，在于语言游戏自身的完备性。对于一个说英语的人，他之所以理解一个英语句子的意义，只要指出他说英语这门语言就足够了。(Waismann 1968:329)例如，当我们跟一个略懂中文的外国人用汉语交谈时，即使对方说得不合语法，甚至句子都说不完整，但是我们仅凭几个词语就基本可以明白对方在说什么，反过来也一样，语言自身的完型惯性是很强大的。理解一个词的意义仅仅是因为我们操这种语言而已，使用这种语言的人都是这样使用这个词的，我们也不能试图说出某种完全超乎我们所操语言之外的东西(至少在日常语言活动中情况是这样)。

“生活形式”是后期维特根斯坦提出的一个与“语言游戏”紧密相连的一个概念：“语言的说出是活动的一部分，或者是生活形式的一部分”，“想象一种语言就意味着想象一种生活形式”。(Wittgenstein 2009: 15[e], 11[e])然而，对于“生活形式”究竟是什么维特根斯坦并没有给出明确的界定，不过，我们还是可以从维特根斯坦相关的描述中看出一些蛛丝马迹。“可以说，人们必须接受的东西，即被给予的定西，就是生活形式。”(涂纪亮 2007: 736)例如，“地球已经存在了许多年”，“每个人都以最大的确实性知道他的名字”，“这里有一只手”，等等。“生活形式”就是没有理由根据的作为基础的信念，是作为所有理由根据之尽头的行动，即无条件可靠的东西，这就是维特根斯坦赋予“生活形式”的确定性。“对于这种确定性我现在不想把它看作某种近似匆忙或肤浅的看法，而是想把它看作一种生活形式。”（Wittgenstein 1969：46[e]）可见，“生活形式”就是传统、风俗习惯、社会制度等深入我们行为方式的东西，它为我们的日常语言活动提供规范，起着“游戏规则的作用”，是一种“参照系统”（Wittgenstein 1969：12[e]）。“生活形式”不仅是确定性的基础，也是确定性的内容本身，既具有规范性，又具有描述性的内容，它构成了我们的“世界图景”，不仅是我们思想的框架，设定了我们看世界的方式，而且其本身也是我们所拥有的多样性的世界内容。因此，“生活形式”恰恰不是形式，或者说，不仅仅是形式，而是有具体内容的习惯、制度本身。这不是别的，就是语言活动的环境，它不仅包括了狭义的语言游戏，而且囊括了言语交际中的一切因素。“生活形式”作为继承下来的传统背景是一个语言社团的所有成员所共享的，而它作为制度和制度的内容的双重身份为话语理解提供了保障。

语用学并没有意识到维特根斯坦“生活形式”概念的语境作用，又不满足意义围绕着语境变动不居，它要求就“使用”（即意义）给出更明确的答案，最终语用学家们不约而同地将目光投向了言说主体的意图上。诚然，话语发出的目的（之一）就是说话者或写作者试图通过这些话语让对方理解自己的观念、信念，话语都是有受众的（哪怕有时是潜在的），而语言似乎也天生可以承担这个任务。从亚里士多德开始就将语言视为一种象征符号，它象征着人的心理状态即观念。洛克更进一步地将语言传达说话者观念的作用视为“语义分析的线索”，而意图论在意义理论中成为显学还要归功于格赖斯（李光程 2010:26）。格赖斯的非自然意义，还有塞尔的说话者的意义等会话含义都是建立在意图概念的基础上的。格赖斯将说话者的意图（包括信念）参与的语言活动概括为“A 通过 X 意指某事",即非自然的意义就是说话者A的意图,而A的意图在于,"A想要通过X这个言说使听话者认识到这种意图,并且在他那里产生某种的效果"(Grice 1957: 89)。哈贝马斯将由格赖斯到本尼特再到希福形成的意义研究路线称为"意向主义语用学",这一思路认为说话者的意图对意义具有基础性作用。而李光程(2010)指出,格赖斯用意图确定的观点除了被本尼特、希福继承以外,由于其方法的复杂还引发了诸多争议。从斯特劳森、谢佛(S. R. Schiffer)对格赖斯从意图的视角来说明意义的充分性的质疑和条件的补充来看,听话者对说话者的意图领会只能是一种推测,不仅不一定正确,而且会导致无穷倒退。因此,"推理"概念作为确定说话者意图的必要条件被引入,并且允许听话者向说话者直接"追问"其意图,而不仅仅只是依靠猜测。但是我们会发现"推理"与"猜测"并没有实质的区别,而且实际的语言交往也并不一定都"有一个推理或三段论"可以供听话者参照(且往往是没有,除非是套话)。再者,允许"追问"意图等于说不再考虑意图,已经变换了意义讨论的"语境"。倒是塞尔对语言规则的参照对语境论有一定的突破。塞尔(1965)补充了格赖斯的不足,指出意义不仅与意图有关,还与惯例、规则有关,字面意义对意图有限制作用。塞尔对字面意义的肯定打破了意图论的单一处理,或许可以看作对意图概念在意义确定中作用的一种较弱的质疑。除此之外,我们要指出的是,斯特劳森等人的质疑都是指向听话者对说话者意图的接收条件的充分性问题,但是并没有意识到说话者用于表达自己意图的语言是否值得信赖。也就是说,说话者说出的话语是否能够完好地呈现自己的意图,我们需要在一般意义上考察意图与语言表达(意义)的关系。

维特根斯坦的"意义即使用"对以往将意义作为实体做法的清算连带着将语用学对言说主体意图的追问也否定了。在意义的确定中对主体意图的诉诸背后是意义的在先性在作祟，即意义是先于表达的，语言只是一种表达工具，摒除这种语言工具论思想是认清意图作用的关键。虽然维特根斯坦认为语言是一种工具箱，对语言的描述应根据其在语言活动中所起的作用来进行，但是这里的工具箱并不是工具论，只是一种比喻。维特根斯坦说，“我确实是用笔在思考”，“因为我的头脑常常不知道我的手在写什么”，这就是“并非故意意图的‘无意识意义’”。（Eagleton 2007：47）而且，“我从未成功地表达出我想要表达的一半，实际上连一半也没有，至多十分之一”（Wittgenstein 1998：16[e]）。“思想并不是一种赋予言说以生命和意义的无形的过程，它不可能像魔鬼从地上拾起施乐米尔的影子那样与话语分离。”（Wittgenstein 1998：116[e]）维特根斯坦在反对威廉·詹姆斯可能存在没有语言的思想的观点时指出，“我用来表达我的回忆的词语是我对回忆的反应”（Wittgenstein 1998：11[e]），即对回忆的表达并不是回忆本身。在意义与意图的关系上，也可以说，对意图的追问或表达就是对意图的反应，而不是意图本身。意义虽然与说话者或写作者不无关系，但不是直接由其决定的。“所交流之物”与“所思之物”并不总是重合（或者说总是不重合），而“我们太习惯于在谈话中通过语言传达，以至于我们觉得传达的整个要义似乎在于另一个人把握了我的话的意义——心灵里的某种东西，就仿佛说把这个意义装进了他自己心里”（Wittgenstein 1998：121[e]）。不存在先于语言的思想（意图和意义），思想是在谈话过程中形成和被确认的，意义与语言是同在、共生的关系。语言交流中的一个基本事实就是，话语的听见与说出是同时的。因此，在绝对的意义上话语的发出都是有意图的，但是说话者的意图对于语言意义的确定并不是一个可靠的因素，至多只能作为一个参照和提示。这样说并不是在回避意图，而是要区分意图本身与对意图的辨识或表达。

此外,维特根斯坦对语用学意义研究的影响不仅仅只是在研究对象上,其研究方法也得到了一定的吸收。后期维特根斯坦试图从前期逻辑图像的囚禁中逃脱出来,从对哲学的构造回到了对哲学问题的消解,而这种消解或者治疗要从语言入手。"我们要做的就是把词语从形而上学的用法返回到日常用法中。""哲学只是把一切摆到我们面前,不解释也不推论。""必须丢弃一切解释,而仅用描述来取而代之。"(Wittgenstein 2009: 53[e], 55[e], 52[e])简言之,就是描述日常语言活动中词语的实际使用。维特根斯坦这种回到事物(语言现象)自身的现象学思路在奥斯汀的"语言现象学"中得到了一定的继承。奥斯汀并未解释在什么意义上使用"现象学",只是说"语言现象学"涉及"在什么时候我们会说什么,及在什么情况下会用什么语词"(Austin 1970: 182)这样的问题。可见,这种"语言现象学"也是对语言的具体用法的分析和考察。奥斯汀语言分析的实际操作有些烦琐,简单来讲,就是尽可能全面地搜集和构想目标语词正常使用或者被误用的例子,并对这些表达式的用法给出一般说明(杨玉成 2002: 32~34)。最后,奥斯汀还是想做出某些推论和解释的,在这一点上与维特根斯坦不同。

三、结语

语用学虽然源自哲学,尤其与语言哲学关系紧密,但是作为语言学的语用学与哲学语用学存在一定差异。维特根斯坦对语言意义的考察是为了澄清哲学问题,而日常语言哲学虽与语言学的语用学最为亲近,例如奥斯汀、格赖斯、塞尔几乎是哲学和语言学的公共财产,但是从其整个发展来看,不管是对"心"的概念的分析,还是对日常语言具体用法的考察,最终旨趣还是回到斯特劳森对思想的概念结构的揭示。哲学的语用学研究其目标不在语言于实际应用中的意义,也不在言语活动,而是人的思想并间接地指向外部实在。语言学科的语用学研究，不管是从微观方面对具体的语言实际应用的话题的研究，还是从宏观视角对与语言的使用有关的所有因素（如认知的、社会的、文化的等）的研究，都是以对语言的理解为目标的。也正是二者的差异使得哲学对人与世界的普遍性、普遍模式等问题的研究为语用学的研究提供了解决问题的视角和参照，也启迪语用学在选取不同视角看问题的同时，不断地回到语言活动这个整体。维特根斯坦的“意义即使用”就是在语言活动中寻求意义问题的新出路。维氏并不是像有些人认为的那样即在用“使用”取代意义，而是说使用是理解意义的一种条件和形式，从这一思想出发不仅可以有助于语用学的意义研究走出困境，而且也给我们带来了更深的思考。

关于语用意义的研究，语用学并不是在研究言语交际中的意义究竟是什么，而是考察日常语言活动中我们的语言是如何工作的，探究交际主体是如何有效取得理解的。在实际的言语交际中，交际双方不仅不知道规则是什么，也不需要知道意义是什么，尽管它就在话语里。如当代语用学的关联理论研究的话语理解，它将这种理解诉诸人类心灵的内在机制，即对语言理解的认知心理过程阐释，进而发展了认知语用学，这也是当代语用学的发展趋势，语用学被看作“认知科学内外的许多学科领域的交叉点”（Green 1989：2）。不过，我们并不看好这种研究方向，因为它最终导向的对人脑机制的研究其实是舍本逐末的做法，对语言的理解还要回到语言本身，回到语言活动中。对语言现象、过程的描述比提出或者运用一些语言理论、术语、原则去解释实际的言语交际以及补充完善理论要有效得多，例如列文森的“新格赖斯语用学机制”等。但是值得一提的是，斯波伯与威尔逊的关联理论在认知语用学内部有打破原则、准则的倾向，关注到了交际双方的默契配合。

在意义的确定性与不确定性的关系问题上，我们不能仅仅沿着语言哲学从意义确定性转向不确定性的趋势就简单地认为，意义是不确定的，意义随着语境而变化，如当代语用学向纵观论方向发展，从认知、文化、社会等视角综合考察言语交际，强调语境的动态性，故此意义也永远是动态的了。这种观点是有条件和前提的，即在一般意义上谈论意义，而在一定的语境中话语的意义一定是确定的，同时这种确定性不是在说意义的确定性是相对的（涂纪亮 2007：521）。语用意义的确定性有两个层面：一是就话语自身而言的，你必须承认话语有一个确定的意义，尽管不能作为实体被给出，而通常的解释只是在试图给出一个等值的表达，其实根本没有完全的等值释义，但是它对于语言使用是有效的，尤其是日常语言比文学语言要更有效；二是听话人用一个可行的单一的理解把握到的，它是话语交流中实际起作用的东西。而所谓意义的不确定性往往是从一个词语总体来看的，这时意义不仅是不确定的，我们对于一个脱离语境的词语根本不谈其意义。

参考文献

[1]Austin，J. L，*How to Do Things with Words*（Oxford：Oxford University Press，1962）.

[2]Chomsky，N. and Halle，M.，*The Sound Pattern of English*（Cambridge：The MIT Press，1991）.

[3]Eagleton，T.，*The Meaning of Life：A Very Short Introduction*（Oxford：Oxford University Press，1991）.

[4]Green，G.，*Pragmatics and Natural Language Understanding*（Hillsdale，NJ：LEA Publishers，1989）.

[5]Grice, H. P., *The Philosophy of Language*(New York, Oxford: Oxford University Press,1957), pp.85-91.

[6]Levinson, S. C. ,*Pragmatics* (Cambridge: CUP,1983).

[7]Levinson, S. C. , *Presumptive Meanings*: *The Theory of Generalized Conversational Implicatures* (Cambridge, Mass: MIT Press,2000).

[8]Lyons, J. ,*Linguistic Semantics*: *An Introduction*(Cambridge: CPU, 1996).

[9]Morris, C. W. , *Foundations of the Theory of Signs* (Chicago:Chicago University Press,1938).

[10]Ogden, C. K., Richards, *I. A. The Meaning of Meaning* (New York: Harcourt Brace Jovanvich,1989).

[11]Searle, J. R. , *What Is a Speech Act*? (Oxford: Oxford University Press, 1965),pp.130-140.

[12]Searle, J. R., *Indirect Speech Acts*? (Oxford: Oxford University Press, 1975),pp.168-182.

[13]Sperber D. and Wilson D., *Relevance*: *Communication and cognition* (Oxford: Blackwell,1986).

[14]Thomas, J., *Meaning in Interaction*: *An Introduction to Pragmatics* (London: Longman,1995).

[15]Verschueren, J., *Understanding Pragmatics* (London: E. Arnold, 1999).

[16]Waismann, F., *The Principles of Linguistic Philosophy*(New York: St. Martin's Press,1968).

[17]Wittgenstein, L., *On Certainty*(Oxford: Basil Blackwell,1969).

[18]Wittgenstein, L., *Culture and value* (Oxford: Blackwell, 1998).

[19]Wittgenstein, L., *Tractatus Logico-Philosophicus* (London and New York: Routledge, 2001).

[20]Wittgenstein, L., *Philosophical Investigations* (Oxford: Blackwell, 2009).

[21][德]于尔根·哈贝马斯. 后形而上学思想[M]. 曹卫东，付德根译. 南京:译林出版社,2012.

[22]何自然. 语用学探索[M]. 广州:暨南大学出版社,2012.

[23]江怡. 论维特根斯坦后期思想在当代哲学发展中的位置[J]. 武汉大学学报(人文科学版),2016,69(3):62~68

[24]李光程. 格赖斯论说话人意义及其充分性的评价[J]. 哲学分析，2010,01(2): 26~34

[25][英]杰弗里·利奇. 语义学[M]. 李瑞华等译. 上海:上海外语教育出版社,1987.

[26]涂纪亮. 现代欧洲大陆语言哲学:现代西方学语言哲学比较研究[M]. 武汉:武汉大学出版社,2007.

[27]夏中华. 语用学的发展与现状[M]. 北京:中国社会科学出版社，2015.

[28]杨玉成. 奥斯汀:语言现象学与哲学[M]. 北京:商务印书馆，2002.

[29]曾文雄. 语用学的多维度研究[M]. 杭州:浙江大学出版社,2009.

从语气类型的双重标准看感叹句

加晓昕

（四川文理学院中文系）

一、语气类型的双重标准

小句若按语气或功能划分，可分为四大类型：陈述句、感叹句、祈使句、疑问句。比如：

他是快乐的。（陈述句）

他真快乐！（感叹句）

快乐点！（祈使句）

他快乐吗？（疑问句）

按徐杰先生的观点：任何句子，既表达一定的意义，也附带一定的感情，“达意”和“表情”是句子不可分割的两个功能。不存在只“达意”不“表情”的情况，也不存在只“表情”而不“达意”的句子。句子的“表情”和“达意”，是两种不同性质的功能。陈述句、祈使句、疑问句是按“达意”的标准划分而成；感叹句是抒发强烈感情的句子，是按“表情”的标准划分的，同其他三类句子划分标准并不一样。[1]本文赞同这个观点。语气类型划分的双重标准，使句子语气类型的辨识产生了一些困惑。

语调标记是指句号、问号、感叹号三种点号，即我们通常所说的句末点号。语调标记有两个功能:表示句末停顿,同时表示句末语气。[2]陈述句是告诉别人一件事情的句子,语调平匀,句尾一般稍微下降。感叹句是抒发强烈感情的句子,语调先上升后下降。陈述句和感叹句都表示对事物有所断定,不同的是大多数感叹句在判断的基础上加以慨叹,[3]其语调标记自然不同。

(1)秦兵败了!(《中华上下五千年》)

(2)如果听信坏人的话,把他们罢官,只会让坏人得意,敌人称快!(《中华上下五千年》)

因为"!"的出现,这类句子的语调不再平匀,而且它们也是在判断的基础上加以慨叹的,有人将这类句子看成感叹句。其实,若将其判定为陈述句也不足为奇,因为这类句子"达意"和"表情"共存。因此,造成该类句子语气类型判定多可性的原因是划分标准的双重性。

二、感叹句与其他语气类型句的纠结

若以"表情"为划分标准,根据感情的强弱,每个句子都可以分别归类为"强感句"和"弱感句"。[4]由于句子语气类型划分的双重标准,导致了感叹句和其他语气类型句子的纠结。

(一)感叹句与陈述句的区别

"这朵花美。"(陈述句)和"这朵花真美!"(感叹句),就句子传达的理性意义来说是一致的,但"感叹句是抒发某种强烈的感情"。陈述句和感叹句都是表示对事物有所断定,不同之处在于,大多感叹句是在判断的基础上加以慨叹,有的感叹句则是由特殊的方式构成,与判断无关。[5]感叹句有独自的特点,比如有时用多么、真、好、多等词语。陈述句可以通过添加一些特殊的词与感叹句进行转换。“这个人不简单。(陈述句)———这个人真不简单!(感叹句)”[6]

通过对语料检索，发现了这样一个句子:

(1)老何这个人真不简单，受尽磨难而锐气不减当年。(戴厚英《人啊人》)

“老何这个人真不简单”就句面特征来说，使用了一个表示感叹的特殊词汇“真”，这是一个标准的感叹句。但是，作者却使用了“，”。这个句子究竟是陈述句还是感叹句呢？ 我们似乎难以判定。正如徐杰先生所言，就感情而言，句子可分为强感和弱感两种类型。感情强弱是作者的主观感受，“这个人真不简单!”和“老何这个人真不简单”相较，后者感情倾向更弱。从语调的角度来看，后者语调较平实，略下降。前者较后者的差别在于“!”的使用。

就句法特征而言，感叹句句末语气助词常使用“啊”。有的句子仅从结构来看，并没有感叹句的独特特征，但其句末标点却使用了“!”，如:

(2)秦兵败了！(《中华上下五千年》)

(3)如果听信坏人的话，把他们罢官，只会让坏人得意，敌人称快！(《中华上下五千年》)

从词面看，上述两个句子是纯粹地陈述事件，但不可否认的是这两个句子在语气语调上是有很大的不同，其表现的语势较强，产生这些差别的动因则是“!”的使用。

因此，为了更好地区分陈述句和感叹句，我们拟定这样的标准:感叹句和陈述句可通过标点符号来判断，通常情况下，凡使用“!”的句子都是感叹句。

(二)感叹句与疑问句的交合

(1)他想，如果不补种点别的庄稼，来年春天拿什么度荒呀！(《中华上下五千年》)

(2)这是什么地方，你还来干什么！(《中华上下五千年》)

(3)这种大悟的效果，岂是直指所能达到的!(《佛法修正心要》)

(4)难道真的是一派胡言！(陆文夫《人之窝》)

(5)难道谴中村比以前长硬实了！(李晓明、韩安庆《平原枪声》)

(6)是不是汝本来面目！(《佛法修正心要》)

以上例子从句子的句法特征来看，都属疑问句,既有特指疑问句，也有是非问句，但其句末的标点都是“！”。针对这些句子语气类型的划分问题，我们在华中师范大学文学院64名本科生、研究生中进行了一个调查，结果是该类句子无一例外地均被判断为感叹句，而非问句。“！”带有强烈的感情，尽管句子结构或词面呈现出疑问句的特征，人们仍将这类句子判定为感叹句。这再次印证了:实践中，人们常常依据标点符号，对“表情”又“达意”的句子进行语气类型的划分。

对表祈使语气又后附“！”的句子，若依标点符号进行语气类型的判定，却是不符合人们的判断常识的。

(三)感叹句与祈使句的纠结

祈使句是表示请求和命令的句子，主语往往是第二人称，隐含着“我命令你”“我要求你”等意思。

语气类型划分的双重标准，使祈使句和感叹句的语气类型出现了纠结。

(1)这件事就这么定了，请你不必再说。(《中华上下五千年》)

(2)请你写封信给陈友谅，假装投降，答应做他的内应；再给他一点假情报……(《中华上下五千年》)

(3)快走吧，再晚了就吃不上饭了。(《现代汉语词典》)

(4)请你参参看吧！(《佛法修正心要》)

(5)没带伞，不管了，快走！(《人民日报》1994年第2季度)

前三例表祈使语气的句子语调平实，后两例表祈使语气的句子语调先升后降；前者情感平实，后者情感强烈。感叹句是抒发强烈感情的句子，按徐杰先生的观点，若从“表情”的角度划分，前者是弱感型，后者是强感型，但人们并不将后者划定为感叹句，这说明表祈使语气的句子，无论强感型还是弱感型，不再依据“！”来划分，而是全部划为祈使句。

(四)感叹句自身

有的感叹句与判断、疑问、祈使无关，纯粹是抒发一种情感，这类句子诸如“哎！”“天啊！”“我的妈啊！”等，下面仅以“天啊”为例来考察。

(1)天啊，天啊，这得几十块吧？(《人民日报》1994年第2季度)

(2)可待我仔细一看，天啊！(《人民日报》1995年12月)

(3)我的天啊，你唯独不爱我这个人。(《读者(合订本)》)

(4)天啊，你疯了！(《读者(合订本)》)

(5)天啊，我们遇见劫机了！(《读者(合订本)》)

(6)天啊，他就要成为全美国第十个五胞胎父亲，“奇迹”竟然在他家里出现了。(《读者(合订本)》)

“天啊”意义较虚，常表达不同的情感。该类句子，并非任何时候都使用“！”。有时“天啊”后附“，”；有时，“天啊”后附“！”。“！”的使用理据性不强。我们只能说，使用“！”是强感型句子，使用“，”是弱感型句子。虽然“天啊，”情感程度没有“天啊！”强，但除表感情外，意义较虚，因此这样的句子也只能都划为感叹句。这里按照标点符号“！”划分感叹句是行不通的。

语气指说话人对表述的一种语法化的主观态度。[7]一般而言，感叹句常常依靠标点符号“！”的使用来划分。但由于分类标准的不统一，导致了感叹句与其他语气类型纠结的情况，依据感叹号“！”判断感叹句要依情况而定。

三、关于感叹号功能及相关特征的思考

（一）感叹号功能的思考

1.表情功能

感叹句就是抒发强烈情感的句子。一般情况下，“！”带有强烈的情感。情感类型具体而言可以分为：愉快、信任、感激、庆幸、痛苦、鄙视、仇恨、嫉妒、狂喜、愤怒、恐惧、绝望等。感叹句中的“！”，一般就表达了这些情感。

(1)共产党叫我怎么干我就怎么干！（《中共十大元帅》）

(2)这个人每天在皇上身边，耳目众多，要铲除他可难啊！（《中华上下五千年》）

(3)让我卖论取官，办不到！（《中国儿童百科全书》）

(4)天也，你错勘贤愚枉为天！（《中华上下五千年》）

例(1)表达了激动、自豪、感激的情感。例(2)表达了一种担忧的情感。例(3)例(4)表达了一种愤怒的情感。这些句子都是在判断的基础上加以慨叹的。另外一类感叹句与判断无关，是纯粹的感叹。如：

（1）几天，还让我们抬她到村口这棵老柳树下，虽然她什么也看不到……唉！（《人民日报》）

（2）我现在就想安安分分地在家过几天日子，唉！（施亮《作家文摘·无影人》）

2. 强势功能

由于部分感叹句是在判断的基础上慨叹的，这类句子中"！"除了表情功能外，还有强化语势的功能，如：

（1）准备参加即将来临MBA考试的人们请注意！（《MBA宝典》）

（2）大丈夫为国捐躯死而无愧！（《人民日报》1993年1月）

（3）总有一天，我要杀死这个乡巴佬！（《中华上下五千年》）

（4）人们在实验中从来没有看到过这种根本不可能发生的情况！（《21世纪的牛顿力学》）

祈使句是表达命令和请求的句子。这类句子中"！"的使用，主要是强化命令和请求的语气，如：

（1）不要贪财！（《中国儿童百科全书》）

（2）按照中央已经确定的目标继续前进，努力把各项改革搞成功！（邓小平《邓小平文选·第三卷》）

（3）好，你就拿去吧！（《中华上下五千年》）

以上这些句子，难以找到其感情对应的具体类型。当然，我们也可将强化语势看成一种广义的情感，表达说话者强烈的主观愿望和坚定的情感态度。在这个意义上，强势功能与第一类功能是密不可分的。

3. 语气的转换和叠加

第一，疑问句语气的转化。将疑问句的"？"改成"！"，如句子成活，句子的语气就从疑问转化为感叹，反之亦然，如：

(1)他想，如果不补种点别的庄稼，来年春天拿什么度荒呀？→他想，如果不补种点别的庄稼，来年春天拿什么度荒呀！

“?”变为“!”时，句子疑问语气消失，感叹语气出现，如：

(2)司马公平时养着你们是干什么的！(《中华上下五千年》)

(3)皇上的诏书都是我发的，哪里还有什么别的诏书！(《中华上下五千年》)

(4)陛下难道忘记王猛临终前讲的一番话吗!(《中华上下五千年》)

例(2)表达了一种愤怒的情感。例(3)例(4)表达了焦急和愤怒的情感。这些例子除了表达这些情感外，还加强了判断的语势。因此，“!”不仅仅是喜怒哀乐等情感的抒发，还强化判断的语势。

第二，疑问句语气的叠加。句子句末若“?!”连用，“?”表示有疑问，“!”则抒发诸如喜怒哀乐的情感，句子语气就出现叠加的情形。汪国胜《标点正误》一书中讨论过问号和叹号连用问题。[8]

这里借用徐杰先生的例子[9]：

(1)这是怎么回事?!(刘泉等《明灯》，《十月》1984年1期183页)

(2)真差劲，明知道是件火烧眉毛的事，却怎么不弄一辆好车让我搭?!(唐栋《兵车行》，《小说月报》1983年8期37页)

(3)你这是干什么?!(《收获》1983年5期17页)

(4)万堂哥，你为什么不要我？为什么不要我?!(锦云、王梓夫《山乡女儿行》，《十月》1984年3期139页)

(5)不爱听就不听，为什么要迎合呢?!(柯去络《夜与昼》，《当代》1986年1期18页)

(6)丢我什么人?!(马未都《四月》，《当代》1986年1期1页)

以上句末使用“?!”的句子，两种语气并存，不但表达疑问，而且还抒发强烈的情感。

(二)“!”使用功能的相关特征

1.“!”使用的主观性

(1)但瑞士的人均产值更比贵州约高58倍!(《21世纪的牛顿力学》)

(2)司马公平时养着你们是干什么的!(《中华上下五千年》)

(3)天啊,天啊,这得几十块吧?(《人民日报》1994年第2季度)

(4)可待我仔细一看,天啊!(《人民日报》1995年12月)

(5)崔先生叫,你快去!(老舍《茶馆》)

(6)快去,你舅舅在招呼你呢!(刘醒龙《作家文摘·凤凰琴》)

例(1)中,将“!”改为“。”,这个句子依然成立,是一个标准的陈述句,句子理性意义没有改变。例(2)从句子结构特征看,是一个疑问句。由于使用者的主观态度,句末使用了“!”,句子疑问语气消失。例(3)和例(4),“天啊”是感叹句,文面相同,标点并不一样,句末一个使用了“,”,另一个使用了“!”。例(5)和例(6)“快去”完全一样,都是祈使句,其后或接“!”或接“,”。综观四种语气类型的句子,“!”的使用都具有较强的主观性(使用后有的句子语气类型会发生变化)。

2.“!”功能的理据性

“!”究竟是表达某种强烈的情感,还是加强语势,这能够在句子中找到理据。

(1)你太不讲仁义!(《中华上下五千年》)

“不讲仁义”本蕴涵着气愤的情绪,加上一个“太”字后,就表达了十分愤怒的语气,因此该感叹句中的“!”有表达情感的作用。

有的句子中,“!”表达感情的作用不是很显露,但明显地加强了句子的语势。

(2)人们在实验中从来没有看到过这种根本不可能发生的情况！(《21世纪的牛顿力学》)

(3)这样，“实践是检验真理的唯一标准”就成了永远有待验证的不可知命题！(《21世纪的牛顿力学》)

(4)这就显然是满口胡言！(《21世纪的牛顿力学》)

上述感叹句中用了“根本”“永远”“显然”等词，这些词与具体的感情无关，其使用加强了语势，使句子的意义不容置疑，理据性相当强。

四、余论

由于划分标准的不统一，导致了句子语气类型及“！”使用的复杂性。

(一)陈述的零度语气

在疑问句中，如果要强调疑问语气或加强语势，一般可以通过叠加“？”来实现。感叹句中，强调其他情感或者加强语势，通过“！”叠加来表达的情况屡见不鲜。但在陈述句中，要强调语气的话，绝对不会出现“。”或“，”叠加的情形。因此，陈述句语气平实、中和，我们称之为零度语气。

(二)“?”的专指性

疑问是一种广义的情感，和情感类型中的“惊讶”“不确信”等相关，理论上疑问与“！”所表情感类型是交融的。那么，疑问语气如何强化？是否也可依靠“！”进行强化？ 具体的句子中，“？”具有疑问语气的专指性，当“？”转化为“！”，疑问句就变成了感叹句，疑问语气随之消失；若“？”叠加“！”，句子就出现了疑问和感叹两种不同的语气，两种情况都谈不上强化疑问语气。

疑问语气的强化是通过“?”的叠加来实现的。在语料中常常会出现“?? …… ”这类两个问号甚至更多问号叠加在一起使用，加强了疑问的程度。

(三)祈使语气的独立性

祈使句的主语一般是第二人称(常省去)，往往带有命令或者请求的语气。比如:“请进!”“小心!”“快去。”等。这类句子无论句末是用“。”，还是“!”，语调一般是由上而降的，后者语势更强。表祈使的句子无论后附“!”与否，都不会判断为感叹句，这说明祈使语气具有相对的独立性。

(四)“!”的广及性

以上分析我们发现，“!”可以使用在很多语气类型的句子中。比如，纯感叹句中“多美的花!”;陈述句中“这只是一厢情愿的希望。——这只是一厢情愿的希望!”，使用“!”后，句子转化为感叹句，加强判断语势;疑问句中“这是怎么回事? ——这是怎么回事!”或“这是怎么回事? ——这是怎么回事?!”，“!”替代“?”，句子转化为感叹句，“?!”使句子并置了疑问和感叹两种语气;祈使句中“快去。——快去!”，“!”替代“。”，句子仍是祈使句，增强了命令的语势。“!”可以使用于任何类型的句子中，如徐杰先生所言，“‘表情’和‘达意’是所有的句子都具有的两个不同性质的功能”[10]，二者同时存在并不矛盾。

按邢福义先生的观点:“分类原则必须具有同一性和彻底性”，“‘同一性’，是指所持原则、所据标准始终同一，不任意变动”，“‘彻底性’，是指所持原则、所据标准能贯彻到所有句子”。[11]目前，通行的语气类型的划分标准，不符合这一要求，导致了类别的复杂化。

参考文献

[1] 徐杰.句子的功能分类和相关标点的使用[J].汉语学习，1987(01):5

[2] 王光全.语调与语调标记的合理位置[J].汉语学习,2002(05):48

[3] 邢福义.语法三百问[M].北京:商务印书馆，2002.11

[4] 徐杰.句子的功能分类和相关标点的使用[J].汉语学习，1987(01):5

[5] 邢福义.汉语语法三百问[M].北京:商务印书馆，2002.11

[6] 邢福义.汉语语法三百问[M].北京:商务印书馆，2002.12

[7] 汪国胜.标点正误[M].北京:社会科学文献出版社,1996.49

[8] 劲松.北京话的语气和语调[J].中国语文，1992(2):114

[9] 徐杰.句子的功能分类和相关标点的使用[J].汉语学习，1987(01):7

[10] 徐杰.句子的功能分类和相关标点的使用[J].汉语学习，1987(01):5

[11] 邢福义.汉语复句研究[M].北京:商务印书馆,2001.9

论修辞在语言性质认知中的变化

李心释

(西南大学文学院)

一、两种语言

对语言性质的认知也就是对语言之所以为语言的特性的认知，这种认知最初是在哲学内部发生的，将语言置于语言与语言内外的相关方的整体中来思考。在古希腊，语言外部的参照物是事物或存在，内部的相关方就是修辞。语言与事物的分离到了柏拉图那里基本已清晰，他在《克里底鲁篇》里借苏格拉底的悖论式诘问说："但若只有通过名称才能知道事物，我们如何能够在有名称之前，因此也在他们能知道名称之前，假定名称的提供者拥有知识，或者说他们是立法者？"这个悖论对语言与事物分离的常识提出了质疑，到两千年后的索绪尔才有回应。索绪尔从语言与思维的同一关系取消了这个悖论的前提，悖论自然也就不存在了。

但古希腊人谈论语言问题，大都建立在语言与事物或存在的分离观上，语言指向事物的存在本质与真理在哲学上是无可指责的，似乎语言的存在意义就是向人呈现存在的，存在必须有语言这种中介。他们的疑问更多的是这种中介是否可靠，语言有忠实于存在的部分，也有独立自存甚至是谎言的部分，或者有不同于存在表达而服务于存在、带有煽动性的说服部分。在古希腊哲学中，后一部分被看作修辞术，如巴门尼德把高高在上的逻各斯与欺骗性的"言辞"分离,或者说,巴门尼德分离了两种语言,一种是表明逻各斯的语言(明确限定于理性论证),一种是使用了修辞术的语言。这跟当代符号学家埃科说的"符号学是研究所有可以用来撒谎的东西的学科"相映成趣。从符号所表达的对象之不在场来看,符号就是谎言,但这并不是谎言的全部条件。符号表达存在与真理的部分,符号表达真实的情感与意义的部分,并不会被人们视为谎言。因此,对语言的这种分裂认知并不好调和,就像修辞既可用于更好地表达存在,也可用于制造谎言。

这种对立后来被演化为两种语言状态的差异,如瑞恰兹在《修辞哲学》中区分科学语言与情感语言,在诗学中区分日常语言与诗性语言,人们一直被两种语言之间的关系所烦扰。有认为是同出一源的,试图抹平它们之间差异的;有认为是性质完全不同的,前一种语言通常被认为是无修辞的或弱修辞的,并优于后一种,而后一种是强修辞的或修辞化的,修辞是这种语言性质的决定性因素。时间越到近代,学界越倾向于抹平两种语言间的差异。在符号学中,如里法泰尔《诗歌符号学》就否定诗歌语言与日常的科学语言之间的对立。哲学家卡西卡也认为对于真理或存在没有哪种语言更有优越性,语言中的那个与哲学、科学相关的逻辑特征部分并不优于情感语言,它们属于同一个机制所产生。人是符号的动物,符号是无差别的意义活动,"人的特征和显著标记,不是他的形而上学或物理学本质,而是他的作品。正是人的作品,人类活动的体系,定义并且决定了人类的范围。语言、神话、宗教、艺术、科学和历史都是构成元素,是这个范围的不同部分"。那么,卡西尔就面临着如何处置那个修辞或谎言的部分。或可将谎言归于符号主体——人的部分,不属于语言的部分。他看起来并没有直面,而是客观地描述起修辞的无处不在。修辞比科学的逻辑语言更悠久,以比喻为代表的修辞比概念更普遍。"人类文化初期，语言的诗和隐喻特征确乎压倒过其逻辑特征和推理特征。但是，如果从发生学的观点看，我们就必定把人类言语的想象和直觉倾向视为最基本的和原初的特点之一。”这个观点直接源于18世纪意大利的维柯，“诗性智慧起源于粗糙的玄学，这种玄学派生出逻辑学、伦理学、经济学、政治学、语言学等，另一支派生出物理学、天文学、历史学、地理学，这一切全是诗性的”。逻各斯的最初本义是寓言故事，无声语言产生于有声语言之前，因其必是从用符号开始，用姿势或用实物。希腊文里寓言故事也叫mythos，即神话故事，也指真事、实物或真话的语言。这种追索就打了柏拉图的脸，逻各斯起源于诗性的神话，而不是理性。

到了近代，西方大有将语言的性质归于修辞的趋势。“比诗的观念更令人惊奇的是维柯洞彻了语言的真正本性。”维柯从诗的原理中发现了语言的真正起源，这就是比喻，而不是逻辑与语法，并由此指责语法学家的无知。当然，20世纪的认知语言学家对此有了回应，他们的概念隐喻理论，也正是对这一古老源头的肯定性回应。由于诗的加入，由于哲学的反思，以比喻为代表的修辞最终在哲学家那里得到正名，它在起源上决定了语言的性质。虽然哲学的或科学的或实用的语言在实际上用途远大于诗性语言，但是对语言性质的认知不宜通过后起的派生的语言面貌来获得，海德格尔在《荷尔德林与诗的本质》里也说“语言的本质必须通过诗的本质来得到理解”。

二、语言即修辞

从词源上说，逻各斯与语言是合一的，古希腊语中的λόγος原义是语言、话语、语词，甚至包含故事、演说等含义。当自从它演化出理性、关系、规律、理念、真理等含义之后，语言的含义就渐渐退隐了。不同于巴门尼德依逻各斯的标准将语言一分为二，古希腊智者高尔吉亚坚持逻各斯与语言合一的立场。那么，高尔吉亚必须回应巴门尼德的难题——如何处理修辞在逻各斯语言中的地位与作用。

公元前5世纪的古希腊，智者不同于哲学家，他们的思想灵活多变，并且具有诗人的气质，可以想象他们怎么可能将修辞与哲学或思想论述对立起来。我们现在可以看到哲学的语言和修辞术的语言之争在那时实际上是针对"逻各斯"这个词词义的争执。高尔吉亚从词源上肯定了逻各斯的语言性，也干脆接受了修辞术言辞的欺骗性特征。他认为逻各斯是真理，也是言辞，所有的言辞都是有欺骗性的kosmos（这个词的核心意义是秩序或和谐，扩展到外观上有吸引力的布置，包括修辞术的藻饰）。那么，真理与欺骗性的悖论如何解决？高尔吉亚后退一步，预设了"神的逻各斯"与人的言辞的差别，"除了女神自己的一元论的逻各斯之外，任何对世界的解释都必定是这样的kosmos"。就好像今天我们说的"语法"也有两个，一个是客观存在的语法，一个是语法学家所描写的语法。人们能看到的语法只能是语法学家的语法体系，都是人为的，都有"欺骗性"。 但这个悖论还是存在，欺骗性的言辞如何说出作为真理的逻各斯？当现代的符号学家埃科断言一切符号都是谎言的时候，他同样面临着语言与真理的悖论。他的解释依旧是悖论式的，即事物若不能变成假象，也就不能说明真相，就好像说真是靠假来显现的。也如同说，意义必须通过转换才能知道，但转换了便不是它本身了。高尔吉亚和中国古代人一样，引入语言使用中的诚信原则来逃脱悖论。《易·乾》里说"修辞立其诚，所以居业也"，修言辞是为了立诚心，呈现真实。高尔吉亚说kosmos的功能并不是相反于真实存在的、纯粹的装饰手法，其愿望就是"展现真理"。这是人类对命运的承认之后的反抗，语言符号有欺骗性，但人用它来抵达真理。"黑夜给了我黑色的眼睛，我却用它寻找光明"，顾城的这句诗恰好可以为此做脚注。

所有的言辞都是kosmos，意味着语言即修辞。这是最早的也是很现代的认识，只不过这种认识很微弱，在漫长历史中一直处于似有似无的状态。我们今天回头去看，才知这一脉络的存在。

语言无法逼近存在，但向往存在，修辞成为这种向往的明证。高尔吉亚《论无》开篇云："存在着无；即便有某物，也不可知；即便它既存在，也可知，但仍然不可能言说清楚。"那么，从语言角度看，就有了可以言说清楚的说与不可能言说清楚的说之分别，但语言整体上还是不可说之说。中国古代一样有此否定智慧，否定不是摒弃，而是直面问题的拓展，每一种对语言的否定都是语言本身的又一次拓展。无论是老庄的言意之辩，还是禅宗的不立言偈语，都已将语言推向不可说之说。"不可说之说"必极尽修辞，因为所谓修辞，就是创造一切可能的说话方式，去接近心里的目标。没有这个不可说，修辞在终极意义上就没有必要存在了；若还有修辞，只会是装饰之辞。

从语言的功用看，实用性语言的最大特征在于概念化表达，概念之间借助能指的差异达到透明的间隔，这就是语言系统的秩序，也是人类理智的体现。然而语言还有另一面，面对无垠的存在，它不可能涵盖的时候，它必软化自身，试图与存在亲近，获取自身生命的营养。这正是语言有生命力的一端，这一端的语言从透明回到厚度，回到概念化的起点。这就是修辞在语言中所呈现的状态，它与语言的可能性生命一体。语言的生命如同树木，概念系统如树干，但使树活着的不是树干（树干是已死的树材），而是树皮与枝叶。可见高尔吉亚是从语言生命的意义上说语言必然是修辞的，全能的逻各斯中的第一种就是诗，"整个逻各斯家族全是修辞术"。

然而，柏拉图《高尔吉亚篇》重启了高尔吉亚弥合的语言（修辞）与逻各斯的对立。柏拉图对修辞学有强烈的厌恶感,以为是技术,跟装饰术、烹调术一样。他借苏格拉底的话说,修辞术是论辩术的对应,修辞术在于展示,论辩术在于论证,后者是哲学所提倡的。这就复活了巴门尼德的“作为论证的逻各斯”和“作为纯粹言辞的逻各斯”的对立。《高尔吉亚篇》有一个致命结论是:“我们应该避免各种形式的奉承,无论是对我们自己还是对别人,无论是多还是少,修辞学和其他各种活动都应该只用于获得正义。”好在后来的亚里士多德在其《修辞术》里中和了这一对立。他说,甚至是最精确的知识,也不会更轻易地说服某些人,修辞术的活动立足于“普遍的”假设和意见。真相若被阻挠,修辞术就可发挥作用。修辞术诉求情感,但条件是情感加强了对真实逻各斯的接受,而并不是让情感与推理冲突。这等于是说以修辞方式追踪真理,他对修辞声誉的恢复还是基于真理的显著优势。所以他虽然纠正了柏拉图,建立了新型的统一的逻各斯,但实际上比高尔吉亚倒退了。高尔吉亚拒绝哲学推理的独特性(既不同于修辞术),而提出统一的逻各斯概念。如果哲学披了一件非个人化的外衣,概念起点就带有偏见,哲学对修辞术的攻击恰恰就是一种修辞术。

事实上在西方修辞学史上,亚里士多德并没能从根本上纠正柏拉图。这种对立一直存在,其深层原因或许如台湾地区学者高辛勇所见:“可能性(probability)这个概念也是修辞学产生的原因与基础,是演说之所以别于逻辑(logic)的主要特征。换句话说,如果逻辑建立在真(或必然性)的原则上的话,修辞则明白地是以可能性为其论说的原则或出发点。这一点尤其是修辞的中心概念,是修辞语言与逻辑/科学语言的区分所在,两者的对立也成为西方思想史里最基本的争论点之一,也是为什么求真的传统必定要多方打击修辞的基本原因。”

直到尼采出现,高尔吉亚的立场在西方才得到正名。他犀利地指出，柏拉图对话中的神话成分是修辞式的。就语言的自然面貌看，论辩式的语言所具有的清晰概念系统和严密逻辑并不是自然产生的，而全然是修辞艺术的产物。因为话语与感知、经验同时发生，感知了，言辞即脱口而出，所以“感觉占据的不是事物，而仅仅是某个符号。此为首要的方面：语言即修辞，因为它欲要传达的仅为意见（doxa），而不是系统知识（episteme）”。尼采认为，就意义而言论，一切词语本身从来就是比喻（tropes）。比喻指一切非字面的意指活动，而尼采观察到没有语言活动不会涉及非字面的意指活动，犹如后来的罗兰·巴特所说，语言的自然性只是一种意识形态的操作成果，那么古希腊意义上的这种比喻就不仅仅是偶然的，而几乎是全部词语的固有特性，“就如指称真实的词语和比喻之间几乎没有区别一样，直截了当的言语和施用修辞手段之间也没有什么界线。通常称为语言的，其实都是种比喻表达法”。尼采还引用古斯塔夫·葛孛迩（Gustave Gerber）《作为艺术的语言》（*Die Sprache als Kunst*）：“整套语法就是这类可名为烦冗的修辞手法的产物。”这或许就是现代认知语言学思想之滥觞。

现代西方修辞学完全接受了尼采的语言即修辞的观点，修辞批评家在进行修辞分析时会从这样的前提出发：语与物之间出现差异时，理解事物的最重要的文化产物可能不是物或“现实”，而是语言或符号。确实，在很多重要的事例中，语言即修辞，就是社会现实。修辞内在于语言，所谓修辞幻象也便成了“语言制造的幻象”。它指向语言重构的世界，而非真实的世界。借助语言在人们的心理层面重建一种想象性的现实，却让误以为建立在真实的基础上。问题是真实的世界在哪里？一切都是修辞幻象。这已从根本上否定了巴门尼德与柏拉图对非修辞性的语言的设想。

三、现代语言学之后

现代语言学不是从名物关系或语言与世界的关系来到语言即修辞的立场，而是在语言学内部发展的理路上自然来到的。索绪尔认为语言具有一系列的双重面目，其中之一是语言（langue）与言语（parole），修辞体现的是言语的性质："语言学研究的领域是十分宽广的，其研究领域由两部分构成：一部分接近语言，是消极的储备；另一部分则接近言语，是一种积极的能量。言语是随后逐渐渗透到言语活动另一部分（校者注：指语言）中去的那些现象的真正源泉。（一个系里有）两个教研室（校者注：指语言学和修辞学教研室）完全不是多余的。"索绪尔在这里将言语研究与修辞学等同，也就意味着这样一种观点：言语活动必然是修辞活动，并且语言（langue）正是修辞沉淀的结果，成为一种消极的储备，如同认知语言学中讲的语言系统中的概念隐喻。索绪尔的相关阐述是"语言即修辞"这一命题的科学化表达，他的修辞学教研室以修辞学之名，行语言学之实。如他倡导成立修辞学（stylistique）教研室对 style 和 stylistique 这两个词的歧义做出若干订正：

1."风格"（style）一词使人产生关于人、个人以及个人表达方式的概念（如"风格就是人"等），而"修辞学"如同巴利先生著作《法语修辞学纲要》（1909）中所介绍的那样，则相反，它是要人们去研究语言表达手段在何种程度上遵从习惯，在何种程度上以属于社会现象的范畴……

2.……文体、风格取决于书面创作，而修辞学的地位多半超出书面创作的范围，属于真正的言语范围。同时包括书面语和口语这一活生生的言语形式。

3.修辞学力图（也有充分理由）成为一门纯客观的科学，它记录事实并将它们分类。

受索绪尔思想影响极大的法国思想家罗兰·巴特同样将修辞置于语

法之上，反之不是科学的认知，他在《文之悦》中抱怨："语言学唯句子是亲，且总是将过高的荣耀归于论断性的句法（作为逻辑形式、理性形式）。我提醒人们注意到这科学之耻：那里面压根儿就没有什么言语表达方式的语法（一种言语语法，而非写作语法；首先是法语口语语法）。"他断然否认语法的自然性，认为语法的自然性是意识形态的操作结果："意识形态凭借语言获取自然感，而尼采揭出语言是修辞或修辞艺术的结果，确是根本之论，消弭了意识形态所凭借的自然性。"可见，罗兰·巴特的批判理论资源是索绪尔和尼采的结合。

对言语具有修辞性的认识，还在非语言学领域扩散，海登·怀特认为人类历史、生活、思想领域也是修辞化的。他断言一切话语都是转义的。"转义是所有实在性话语（相对于想象性话语）都试图逃离的阴影。然而，这种逃离是徒劳的，因为转义是所有话语构建对象的过程，尽管这些话语假装如实地描述和客观地分析它们的对象。"因为任何文本活动与理解活动都是重构行为，在特定语境中，一些原本不是隐喻的词语或句子都传达了比字面意义更多的内容。这即便不是隐喻，在本质上也是转义，即修辞。同样，没有语境参考的隐喻很多时候根本也无法判断。如"我们这里有三种猫"，谁能保障这不是一个隐喻的句子？并且，即便形式上是隐喻，但其具体所指也会随语境的改变而改变。

这与高尔吉亚的观点也遥相呼应。无论是表达还是接受，只要把不熟悉的东西转为熟悉的过程就是一种转义，这就实现了言语作品即话语的修辞本质。由此，海登·怀特根据肯尼思·伯克《动机语法》讲的主导转义的比喻形态为隐喻、换喻、提喻与反讽，提出了著名的将这四种转义形式的辞格对应于四种人类精神的思想图式。实际上都是隐喻的不同类型，区别在表现、还原、综合、否定。极端后现代主义观点声称所有术语都是隐喻的，如保罗·德·曼所言："所有人类活动都有不可避免的隐喻性质。”还有人“不仅认为所有的语言都是隐喻的，还认为我们的整个生活也仅是一个隐喻——过去曾经称之为类比——对上帝真理的隐喻”。

现代语言学领域对修辞内在于语言的认知，还有另一条线索，即认知语言学。语言意义的概念化是各种心理的结构化过程，并不反映与世界的直接关系，人的认知模式是个中介。而人最重要的认知模式是隐喻，还有意象、范畴、心理模型等，既是认知模式，也是古希腊意义上的修辞范畴。就语法而言，认知语言学认为它不是自主的，属于人在言语过程中受认知模式制约形成的约定俗成的符号模式，其本身没有特殊的元素，都可以通过认知模式即修辞模式来解释。

其实认知语言学对隐喻作为语言的根本面貌的揭示并不早于美学，让·保罗（Jean Paul）《审美入门》（*Vorschule der Aesthetik*）说：“一如书写中的情形，以象形文字书写要比用字母文字书写古老，言谈中的情形也是如此，隐喻乃表示关系，而非指称客体，就此而言，隐喻就是那个较旧的词语，只不过这词语不得不渐趋黯淡消失于表达中。灵魂的灌注和化身的呈现依旧构成了一个整体，因为我与世界依旧是混融的。如此，就精神联系来说，每种语言都是一部消淡了的隐喻的字典。”这“消淡了的隐喻的字典”貌似认知语言学里所说的语言里的概念隐喻系统。在美学内部，有将美学等同于普通语言学的情形，最著名的例子是19世纪意大利美学家克罗齐。他立足于语言在起源时是一种精神创造的前提观点，推断出语言即艺术的命题。克罗齐说：“语言若是精神的创造，则永远是创造。”那么为何人们并不觉得后来的语言是创造？他的理由是，语言与美同样，都是表现，审美的基本原则是“业已建构的表现必须降低为印象，才能产生新表现”，这印象便是沉积下来的符号。既然语言的性质是精神的，那么就与美一样，语言学与美学也具有相通性，“然而，虽然我们把美学作为表现科学进行各个方面的研究，仍有待解释为本书加上一般语言学的副标题的原因；有待提出并说明论点——艺术科学和语言科学，美学和语言学，若被视为真正意义的科学，就不再是截然不同的两码事，而只是一码事”。他对修辞在语言中的重要性提高到无以复加的地步，他甚至颠倒一个词的本义与比喻义的地位。他说，就表现性来说，“比喻词就是‘本义’词，而被称作的‘本义’词，在此种情况下它若被使用，将缺乏表现性，因此是最不本义的”。因此，真正的修辞与表现或精神这一语言的根本性质相联系时，它就是表现的一部分。修辞即表现，即最能体现语言性质的部分。

国内王希杰先生从语言的实际表现而非假设的生成角度来看待语言与言语的关系，认为“言语是语言的投射和体现”，又强调言语是语言模式存在的唯一形式。那么，语言模式也只有在言语中才能生成，生成与返回在两者之间是难解难分的，这正好体现了语言的双重性面貌。从言语交际角度看，人当然是先习得了一套对言语社团成员都有效的符号关系模式构成的体系，即语言，才能进行交际活动。那么，修辞学研究的是从语言到言语的投射过程，反过来的过程王先生并不关心。这虽然有点狭义的修辞论色彩，有把语言系统与修辞系统分立的嫌疑，但王先生非常肯定地说修辞学是一门语言科学，至少说明修辞是语言内在的本质特征之一，理由可以建基于以下这两点：一是语言模式除了言语没有其他的存在形式；二是所有的言语活动必然是修辞活动（因为从语言向言语的投射过程，是一个必然转义、偏离的过程）。

王希杰先生的“三一语言学”对古希腊时期修辞地位的争议也有一种回应。中国老一代知识分子既不是有神论者，也不是怀疑论者，而是普通持唯物主义观的无神论者，这与他们的时代及教育背景有关。王先生显然是承认世界的先在性与客观性的，他认为语言跟人自身一样有天生的局限性，面对世界的无限性，语言表现出极大的缺漏性。那么语言该如何应对世界在人面前展现的新的可能性呢？那只有靠修辞，修辞能在一定程度上弥合语言有限性与其所表达的世界无限性之矛盾。所以，在王先生眼中，修辞不是修饰，不是说谎，不是诡辩，而是朝向世界之真、人心之诚的努力，修辞只服务于真理、真情、真相。此与亚里士多德的观点是相通的。但在另一方面，王先生实际上又完全赞同高尔吉亚的观点，他把修辞活动看作一种选择活动，而任何话语都是选择活动的结果，包括柏拉图说的哲学的话语或推理的话语。这就解释了高尔吉亚认为的哲学必然也是一种修辞术，因为没有什么话语不在选择中。

《孙文学说》的应用语言学思想
——兼析语言与国家①

张春泉

（西南大学文学院）

学界关于孙中山先生及其《孙文学说》的研究主要涉及哲学、政治、经济等方面，本文探讨学者较少涉及的《孙文学说》的应用语言学思想，兼及语言与国家。

孙中山先生《孙文学说》的第三章“以作文为证”较为集中地阐述了其应用语言学思想。这里所说的“应用语言学”涵括两层内容：其一，关于汉语语言和文字、口头语和书面语一般关系及其改革、规范、规划的学问；其二，关于语文教学的学问。后者是前者的专门应用，这里尤以关于语文教学的思想为重。《孙文学说》1918年12月开始撰写，次年春脱稿，1919年6月由上海华强书局出版发行；后列为其《建国方略》的第一部分，即建国方略之一，心理建设。“以作文为证”证明的是“知难行易”这一观点。“故天下事惟患于不能知耳，倘能由科学之理则，以求得其真知，则行之决无所难，此已十数回翻覆证明，无可疑义矣。”[1]用理论指导实践，是“知难行易”的某种具体体现。相应相似地，“应用语言学”不同于“语言应用”，前者指导后者。

①本文得到教育部人文社会科学研究青年基金项目“中文科技术语的认知语义研究”（BYJC740132）支持。

一、《孙文学说》的应用语言学思想之基本要义

《孙文学说》的应用语言学思想在表明理论和应用相统一的同时，体现了“知”的重要性。《孙文学说》应用语言学思想有如下基本要义。

（一）“中国文字决不当废也”

中国文字（即“汉字”）的存废、改革及规范问题，是近代以来的一个争议颇大的问题，也是语文运动的一个焦点问题，凸显了语言与社会的密切关联，体现了语言文字与国家的关系。从这个意义上说，其时关于汉字存废问题的探讨属于应用语言学的范畴。孙中山先生明确指出，“中国文字决不当废也”。这首先有普通文字学上的理据：“夫文字为思想传授之中介，与钱币为货物交换之中介，其用正相类。”[2]先生首先说明了文字“为思想传授之中介”这一重要功用，古今中外的文字皆然。然后，孙中山先生专就汉字的功能和特点阐明了中国文字不当废。“抑自人类有史以来，能纪四五千年之事翔实无间断者，亦惟中国文字所独有；则在学者正当宝贵此资料，思所以利用之。如能用古人而不为古人所惑，能役古人而不为古人所奴，则载籍皆似为我调查，而使古人为我书记，多多益善矣。”[3]因此，“必废去中国文字，又何由得古代思想而研究之”[4]？接着，《孙文学说》进一步与国外的实际做法相比较：“彼欧美学者于埃及、巴比伦之文字，国亡种灭，久不适于用者，犹不惮搜求破碎，复其旧观，亦以古人之思想足资今人学问故耳。”[5]连那些已“久不适于用者”的文字尚且“犹不惮搜求破碎，复其旧观”，何况正在使用的汉字呢？

当然，孙中山先生一方面满怀激情地指出“而我中国文字，讵反可废去乎”；另一方面，先生也充分认识到了汉字的某些局限。比如中国的口头语和用文字记录的书面语相脱离的问题，即“中国言文殊非一致”[6]。

（二）“中国言文殊非一致”

中国“言”和“文”的关系问题，也是应用语言学其时当关注的一个重点。《孙文学说》正确地指出“文字之源本出于言语”[7]，“故在三代以前，文字初成，文化限于黄河流域一区，其时言语与文字当然一致，可无疑也”[8]。但随着社会发展，二者开始不一致了，“而言语每随时代以变迁。至于为文，虽体制亦有古今之殊，要不能随言语而俱化”[9]。即在历时的动态发展过程中，“言”和“文”趋于分化。在20世纪初，能有这样的看法，能有这样的语言发展观，实属难能可贵。

孙中山先生进一步具体分析了“言文殊非一致”的原因。首先有文化方面的原因：“至于周代，文化四播，则黄河流域以外之民，巴、庸、荆、楚、吴、越、江、淮之族，受中国之文字所感化，而各习之以方言，于是言文始分。”[10]其次，又有政治军事方面的原因：“及乎周衰，戎狄四侵，外来言语羼入中原；降及五胡，乃至五代、辽、夏、金、元，各以其力蚕食中国，其言语亦不无遗留于朔北，而文字语言益以殊矣。”[11]最后，亦有语言文字自身发展的内因：“汉后文字，踵事增华，而言语则各随所便，于是始所歧者甚仅，而分道各驰，久且相距愈远。顾言语有变迁而无进化，而文字则虽仍占昔，其使用之技术实日见精研。”[12]不难发现，《孙文学说》以上关于“言”和“文”关系的看法，多有创获；其历史的、全面的、发展的语言分析方法，科学而独到。不妨说，这些看法是其语文教学上的文法观的理论前提，《孙文学说》在对“言文关系”和中国当时的语文教学实际充分认知的基础上提出了自己的文法学思想。

（三）“夫有文法以规正言语”

《孙文学说》十分注重语言教学的“学”与“术”，在讨论关于切合儿童语言文字习得的应用语言学学说中形成了孙氏文法学思想。《孙文学说》

引进并界定了“文法学”：“文法之学为何？即西人之‘葛郎玛’也。教人分字类词，联词造句，以成言文而达意志者也。”[13]这一界定中的一个很重要的关键词语是“教人”，它说明了文法学的目的和任务。概括地说，中山先生所倡导的文法学是与语言习得紧密相关的。该界定中另一个关键词语是“成言文而达意志”，这强调的是“文法”的动态外部功能，而不仅仅是静态结构形式，这本身即蕴涵了其“文法”思想的“应用”特质。先生随即明确指出了文法学的功用：“文法学是泰西各国皆有文法之学，各以本国言语文字而成书，为初学必由之径。”[14]这里的“初学”主要是指童蒙文化教育的开始。

孙中山先生结合中国自古以来的实际阐述了建立中国文法学之必要。先生指出：“然虽以中国文字势力之大，与历代能文之士之多，试一问此超越欧美之中国文学家中，果有能心知作文之法则而后含毫命简者乎？则将应之曰：否。”[15]中国此前向无系统之文法学是不争的事实，虽然中国文学很“富丽”，但是牺牲了时间，往往是用事倍功半的反复诵习并皓首穷经换来的。“中国自古以来，无文法、文理之学。为文者穷年揣摩，久而忽通，暗合于文法则有之；能自解析文章，穷其字句之所当然，与用此字句之所以然者，未之见也。”[16]显然，这种没有系统的语言文字学（含文法学）的情形不利于提高适龄儿童的学习效率，不利于国民素养的全面提升。

中山先生还进一步通过中西学童语文习得方面的对比讨论了建立中国文法学之必要性问题。“故西国学童至十岁左右者，多已通晓文法，而能运用其所识之字以为浅显之文矣。故学童之造就无论深浅，而执笔为文，则深者能深，浅者能浅，无不达意，鲜有不通之弊也。”[17]在西方，“通晓文法”成为“执笔”“达意”的必要充分条件，“通晓文法”使“执笔达意”事半功倍。而在中国，“中国向无文法之学，故学作文者非多用功于咿唔呫哔，熟读前人之文章，而尽得其格调，不能下笔为文也。故通者则全通，而不通者虽十年窗下，仍有不能联词造句以成文，殆无造就深浅之别也”[18]。之所以如此，主要是因为没有系统之文法学指导，诚所谓“知难行易”。文法学对应于“知”，而学童识字则为“行”。“若只教学童日识十字，而悉解其训诂，年识三千余字，而欲其能运用之，而作成浅显之文章者，盖无有也。”[19]正因为这样，孙中山先生以“津梁”做比喻，从反面说明了建立中国文法学的必要性和重要意义：“以无文法之学，故不能率由捷径以达速成，此犹渡水之无津梁舟楫，必当绕百十倍之道路也。中国之文人，亦良苦矣！”[20]

中国文法学的建立有其必要，亦有可能。《孙文学说》之前，在中国确实已有文法书，比如马建忠的《马氏文通》等，虽然这些文法书有这样或那样的不足，但毕竟为后出转精奠定了基础。“继马氏之后所出之文法书，虽为初学而作，惜作者于此多犹未窥三昧，讹误不免，且全引古人文章为证，而不及今时通用语言，仍非通晓作文者不能领略也。”[21]已出之文法书有较明显的局限：“然既通晓作文，又何所用乎文法？是犹已绕道而渡水矣，更何事乎津梁？所贵乎津梁者，在未渡之前也。”[22]中山先生十分敏锐地洞察到了已有文法著作的不足，进而明确指出了文法书的学习对象：“故所需乎文法者，多在十龄以下之幼童及不能执笔为文之人耳。”[23]结合具体的认知对象，先生极富前瞻性地倡言：“所望吾国好学深思之士，广搜各国最近文法之书，择取精义，为一中国文法，以演明今日通用之言语，而改良之也。夫有文法以规正言语，使全国习为普通知识，则由言语以知文法，由文法而进窥古人之文章，则升堂入室，有如反掌，而言文一致亦可由此而恢复也。”[24]这与其说是文法学在中国的美好愿景，不如说是孙中山先生对文法学的内涵、功用等的精炼概括，也是对语文教育革新的某种顶层设计。值得注意的是，这里所说的“规正”并不是让语文去迁就文法，毕竟是“由言语以知文法”，而不是反过来，即文法是建立在言语的基础之上的。“夫有文法以规正言语”思想对其后(1938年至1943年)的文法革新讨论等亦有一定的积极影响。

二、《孙文学说》的应用语言学思想之逻辑理据

《孙文学说》中的应用语言学思想有其逻辑理据。其理据从孙中山先生对逻辑的同样重视可以看出。为了不替伟人立言，我们不妨以同书(《孙文学说》)材料为证，以同一论者(孙文)的同一著作(《孙文学说》)的相关学说为依据，探究《孙文学说》的应用语言学思想之逻辑理据。《孙文学说》应用语言学思想的逻辑理据即“文理”，“文理”以及“理则”是《孙文学说》中的另一组重要概念。“文理为何？即西人之逻辑也。作者于此姑偶用‘文理’二字以翻逻辑者，非以此为适当也，乃以逻辑之施用于文章者，即为文理而已。”[25]“文理”是言语作品的逻辑，《孙文学说》之应用语言学思想即建立在言语事实(文章)的基础上。作者在同一论著中对看起来互为表里(分层)的应用语言学和逻辑学都给予了关注，这似可表明前者不是论者信手拈来的，而是理性考量的结果。同书分层参证，这或许是《孙文学说》带给我们的又一方法论意义。

事实上，对“逻辑”的认识，对术语“logic”的汉译本身即直接与应用语言学相关：一方面，逻辑学与应用语言学在研究对象、方法、性质等方面有内在的相关性；另一方面，术语问题即属应用语言学范畴；第三方面，汉译问题也是应用语言学之重要论题。“然则逻辑究为何物？当译以何名而后妥？作者于此，盖欲有所商榷也。凡稍涉猎乎逻辑者，莫不知此为诸学诸事之规则，为思想行为之门径也。人类由之而不知其道者众矣，而中国则至今尚未有其名。吾以为当译之为‘理则’者也。夫斯学至

今尚未大为发明，故专治此学者，所持之说，亦莫衷一是。”[26]中山先生首次将“logic”译为“理则”，在某种意义上揭示了逻辑的真谛。“文理”之于“理则”显示了应用语言学对于逻辑的内生关联。“而此外学者之对于理则之学，则大都如陶渊明之读书，不求甚解而已。惟人类之禀赋，其方寸自具有理则之感觉，故能文之士，研精构思，而作成不朽之文章，则无不暗合于理则者；而叩其造诣之道，则彼亦不自知其何由也。”[27]这里所说的“暗合”即凸显了逻辑之于应用语言学的理据性。说得更简单一些，就是：“不知理则之学，不能知文章之所以然。”[28]

或者可以简单地说，应用语言学作为一门学问，在注重应用的同时强调学理的重要性，是对指引实践的规则的关注。诚如孙中山先生所言：“至其穷无所遁，乃以‘神而明之，存乎其人’自解，谓非无学而何？夫学者贵知其当然与所以然，若偶能然，不得谓为学也。欲知文章之所当然，则必自文法之学始；欲知其所以然，则必自文理之学始。”[29]“文章”（言语作品）与“文法”及“文理”的关系于此一目了然。由此可推导出：“是故不知文法之学者，不能知文章之所当然也。”[30]进一步说，推而广之，“所当然”和“所以然”是“学”的重要致思方式和理据内涵，是科学的必要内容。应用语言学属于科学，“夫科学者，统系之学也，条理之学也。凡真知特识，必从科学而来也”[31]。这一看法，对其后的语言学家有直接或间接的影响，比如文法革新的主将陈望道先生曾于1938年明确指出：“语言学所讲究的，就可以用一句话说完，是讲究语言或语言活动的条理的学问。”[32]《孙文学说》的应用语言学思想，格外重视条理、理据，但绝不是关在书斋里的闭门造车式的自我理论玩赏，它充分蕴涵了实践前提，是以语文教育，乃至治国安邦、经世济民等应用为重要支撑点和瞭望塔的。

三、《孙文学说》的应用语言学思想之当下价值

《孙文学说》所表达的应用语言学思想虽然未及系统深入地展开，但是如上所述，其字字珠玑，给当今学界和民众以无尽的启示。

从近现代政治家对语言学的关注，可管窥语言与国家的密切关系。政治家对语言学的关注可在一定程度上证实：语言是多属性资源。[33]语言能力涉及每个个体的安身立命，语言又是国家的象征，语言强弱系国运。事实上，如何正确处理各种语言关系，化解语言矛盾，已成为当今世界各国面临的重大现实课题。语言涉及国家的诸多核心领域，与国家建设、发展和安全的关系日益密切，需要引起社会民众更多的关注和重视。另外，语用能力还是领导智慧的某种体现，是国家治理能力的重要组成要素。既如此，语言文字研究及其科学地应用关乎国计民生，关联日常生活，又以语文教育为重要前提。

毕竟，语言是人类最重要的交际和认知工具，语言以及记录的文字是文化传承、表情达意、科学传播的不可替代的重要载体，也是治国理政的重要工具。如前所述，中山先生《孙文学说》有言："夫文字为思想传授之中介，与钱币为货物交换之中介，其用正相类。"记录语言的文字与思想传授的关系对应类似于钱币与货物交换的关系，《孙文学说》以日常得再寻常不过且又与经世致用直接攸关的"钱币与货物交换"跟"文字为思想传授之中介"做对比，深入浅出地揭示了语言文字的重要性。

语言学习及其运用的重要性，另一伟大政治家毛泽东也敏锐地认识到了。毛泽东指出："一个人只要他对别人讲话，他就是在做宣传工作。只要他不是哑巴，他就总有几句话要讲的。所以我们的同志都非学习语言不可。"[34]略有不同的是，毛泽东强调的语用主体是成年人，而孙中山强调的是未成年人，从这个意义上说二者互相补充，相得益彰。再有，毛泽东同志在《反对党八股》中批评："我们'生造'的东西太多了，总之是'谁也不懂'。句法有长到四五十个字一句的，其中堆满了'谁也不懂的形容词之类'。"[35]这些意见在某种意义上是对孙中山"夫有文法以规正

言语”思想的具体阐发。此外，除了前引之《反对党八股》，毛泽东同志的《工作方法六十条（草案）》《在鲁迅艺术学院上的讲话》等文献的相关论述也很重视语言，且在应用语言学上亦有十分精到的见解。

如何研究如此重要的语言文字，孙中山先生的意见极富启发性：“所望吾国好学深思之士，广搜各国最近文法之书，择取精义，为一中国文法，以演明今日通用之言语，而改良之也。”这即是说要有世界眼光，不可故步自封、孤芳自赏，不可墨守成规，要有改良之志。《孙文学说》在批评《马氏文通》有泥古之嫌时指出：“且全引古人文章为证，而不及今时通用语言，仍非通晓作文者不能领略也。”不必泥古，而要古今兼用这一思想在毛泽东那里得到了承续：“当然我们坚决反对去用已经死了的语汇和典故，这是确定了的，但是好的仍然有用的东西还是应该继承。”[36]语言文字之学如此，治国理政何尝不是如此。

事实上，中外有许多其他政治家也很重视语言，并有独到的语言学思想，比如斯大林即著有《马克思主义和语言学问题》，也影响深远。政治家关注语言文字问题似不是偶然的，因为语言与国家、社会、民族、群团之间的关系实在是太密切了。如前文所述及之《孙文学说》关于我国“言文殊非一致”的原因的历史文化、政治军事等维度的解析，即为显例。有鉴于此，从另一个角度看，深入理解政治家孙中山先生的应用语言学思想无疑有助于了解其整个学说、思想，了解其所处的时代。

参考文献

[1][2][3][4][5][6][7][8][9][10][11][12][13][14][15][16][17][18][19][20][21][22][23][24][25][26][27][28][29][30][31]中山大学历史系孙中山研究室．孙中山全集（第六卷）[M]．北京：中华书局，1985.180~203

[32]陈望道．说语言[A]．复旦大学语言研究室．陈望道语文论集[C]．上海：上海教育出版社，1997.308

[33]赵世举.语言与国家[M].北京:商务印书馆,2015.8

[34][35][36]毛泽东.毛泽东选集(第三卷)[M].北京:人民出版社,1991.838

后记

POSTSCRIPT

经各方努力，在西南大学文学院的大力支持下，第一届现代语言学史高端论坛的论文集，终于将要出版了。

我们首先感谢莅临西南大学文学院参加第一届现代语言学史高端论坛的所有专家学者。感谢本论文集的各位作者。

感谢西南大学文学院院长王本朝教授一直以来对语言学及应用语言学学科建设的关心和支持！感谢西南师范大学出版社的责任编辑何雨婷女士的辛勤付出。

因各种主客观条件的限制，也许本论文集还有诸多遗憾，还请各位作者及读者海涵。

图书在版编目(CIP)数据

现代语言学史论集 / 张春泉, 李心释主编. — 重庆:
西南师范大学出版社, 2020.6
ISBN 978-7-5697-0099-2

Ⅰ. ①现… Ⅱ. ①张… ②李… Ⅲ. ①语言学史 - 文
集 Ⅳ. ①H0-09

中国版本图书馆CIP数据核字(2020)第045967号

现代语言学史论集

XIANDAI YUYANXUE SHILUN JI

张春泉 李心释 主编

责任编辑: 何雨婷
整体设计: 闰江文化
排　　版: 重庆大雅数码印刷有限公司·张祥
出版发行: 西南师范大学出版社
网址:www.xscbs.com　地址:重庆市北碚区天生路2号
邮编:400715　电话:023-68254353
经　　销: 全国新华书店
印　　刷: 重庆市正前方彩色印刷有限公司
幅面尺寸: 148mm×210mm
印　　张: 8.5
字　　数: 200千字
版　　次: 2020年6月 第1版
印　　次: 2020年6月 第1次印刷
书　　号: ISBN 978-7-5697-0099-2

定　　价: 60.00